坂本悟史　｜著
コマースデザイン株式会社

売れる！
EC事業の
経営・運営

ネットショップ担当者、
チームのための成功法則。

インプレス

本書について

■ 本書の内容は、2024年9月時点の情報をもとに構成しています。本書の発行後に各種サービスやソフトウェアの機能、画面などが変更される場合があります。

■ 本書発行後の情報については、弊社のWebページ (https://book.impress.co.jp/) などで可能な限りお知らせいたします。すべての情報の即時掲載および確実な解決をお約束することはできかねます。

■ 本書の運用により生じる直接的または間接的な損害について、著者および弊社では一切の責任を負いかねます。あらかじめご理解、ご了承ください。

■ 本書発行後に仕様が変更されたハードウェア、ソフトウェア、サービスの内容などに関するご質問にはお答えできない場合があります。該当書籍の奥付に記載されている初版発行日から3年が経過した場合、もしくは該当書籍で紹介している製品やサービスについて提供会社によるサポートが終了した場合は、ご質問にお答えしかねる場合があります。また、以下のご質問にはお答えできませんのでご了承ください。
・書籍に掲載している内容以外のご質問
・ハードウェア、ソフトウェア、サービス自体の不具合に関するご質問

■ 本書に記載されている会社名、製品名、サービス名は、一般に各開発メーカーおよびサービス提供元の登録商標または商標です。なお、本文中には™および®マークは明記していません。

ECの仕事で迷子にならないための「地図」を作りたくて。

　私は、EC業界に関わって20年以上、累計1,000社以上の支援をしてきました。EC事業に関わる多くの方々とお話しし、悩みを聞く毎日。たくさんの事例に接する中でふと気づきました。実は、みんな似たパターンで苦労しているということに。

　ベテラン経営者から新人まで、立場や環境は違っても、みんな悩みながら前に進もうと頑張っています。そんな方々の力になるべく、ノウハウや考え方を学び、集め、作ってきました。

　前著『売れるネットショップ開業・運営』は、「この本に救われた」「何回も読んでいる」と多くの支持をいただきました。EC販促のバイブルのようにも使っていただけたと自負しています。しかし昨今のEC市場は拡大を続け、競争は苛烈に。販路やツールは増え、仕事も複雑化しました。

　もう販促だけでは問題を解決できない、と、我々コマースデザインでは「ECの経営全体」をテーマとした研究とブログやメルマガでの情報発信をしてきました。そのノウハウは、697万文字（書籍約70冊分）に上ります。

　本書は、このような取り組みから必要だと痛感した、EC運営・経営の全体を「販売」「業務」「組織」「戦略」の4分類に整理して、どんな立場の人にも分かるよう、かみ砕いて書きました。

　この本を手に取ってくれたあなたの抱える課題も、きっと過去に誰かが取り組んできた課題なので、答えが見つかるはずです。本書が、「ECの地図」としてあなたの助けになることを、心から願っています。

2024年9月

著者代表 坂本悟史

目的別 本書の活用方法

　本書は、EC事業全般のテーマを扱うので、内容が多めです。
　読む前に、**まずは自分のテーマを決めましょう。**「特に必要な箇所」から読み始めることをお勧めします。ただ「ECの全体感」を理解したい場合は、最初から読み進めるのが一番です。

ECのスキルを身につけたい、深めたい方へ

　データ分析や、商品ページの見せ方など、人それぞれに苦手分野があるようです。本書では、こういった「典型的な苦手科目」を、分かりやすく解説しています。「受け身で指示を受けるのではなく、自分の意見を持って、主体的に動きたい」という方が多いので、作業手順や最新情報より、**長く使える「考え方・判断基準」**に重点を置きました。考え方が身につくと、上司や先輩と同じ目線で議論できるようになるはずです。

もっと売上を伸ばしたい方へ

　一通り施策はやったけど、思うほど売れておらず、「何かやり残しがあるんじゃないか」と考える方が多いようです。本書では**重要施策を網羅したので、ざっと読むと「盲点」**が見つかります。実は、販売技術だけでなく、顧客心理の理解や新商品の開拓なども大切です。伸びしろは、常に視界の外にあります。

良いリーダーや先輩でありたい方へ

　勘と経験だけでなく「セオリーを身につけて、的確な判断ができるようになりたい」という相談をよく頂きます。この本では、EC経営の全体像を

体系化し、典型的な成功と失敗のパターンを多く紹介しているので、**あなたの経験と結びつけることで「自分のノウハウ」を言語化できます**。また、本書を現場メンバーとの共通言語にすると、話が早くなり、仕事の進捗が良くなっていきます。

目先の仕事に追われて「時間が足りない」方へ

　EC業務はどんどん複雑化しています。その結果「能率が悪く、長期的なことを考える時間が取れていない」ケースが多いようです。しかしこれは、解決できる課題です。まずは、**業務整理と効率化・組織化による「余剰時間の確保」**です。リーダーが作業から解放されると、事業の成長が始まります。本書では、年間計画や外注活用など様々なアプローチを紹介します。

自店舗の未来を描きたい方へ

　時代が変わる中で、**明るい未来を目指したい**。まずは、気持ちの余裕と時間が必要です。特に中小は、売上や利益だけでなく、自分の気分がアガる・得意なことが生きる領域で成長を目指すのがお勧めです。本書では戦略として、**自店舗の強みを発見し、新商品やブランディングの計画を立て、プロジェクト化して実現する**方法を紹介します。

　自分のテーマは決まりましたか？
　では、ページをめくって「今の自分に必要な法則」を見つけてください。

目 次

ECの仕事で迷子にならないための「地図」を作りたくて。 ……………………… 3
目的別 本書の活用方法 ………………………………………………………………… 4
読み始める前に ………………………………………………………………………… 10
無料特典の入手方法について ………………………………………………………… 16

販 売 編　17

EC販売の構造

法則		
1	販売は「比較されている自覚」から始まる………………………	19
2	販売施策は「集客・接客・追客」の3種類………………………	24
3	「棲み分け・ダレナゼ・キャラ立ち」で、選ばれる商品になる………	28
4	売上を因数分解し「指標化・数値化」して分析する………………	32

集 客

5	施策の特徴と優先度を理解して「集客プラン」を作る………	36
6	SEOや検索広告などの「プル集客」……………………………	41
7	ディスプレイ広告や純広告などの「プッシュ集客」………	48
8	SNS・プレスリリースなどの「フック集客」………………	53

接 客

9	基本の商品ページは「アンサーファースト」で作る………	58
10	重要な商品ページは「BEAFの法則」で作る………………	63
11	客単価アップなら「ついで買い・まとめ買い」……………	68
12	回遊性を高めるなら「カテゴリ設計と引き込み導線」……	73

追 客

13	「追客」は、継続フォローでリピート促進&高評価を目指す………	78
14	イベントとクーポンで「リピート機会」を企画する………	83
15	好意的レビューやUGCを増やして、評判を高める………	87
16	印象に残る「購入後のメールと同封物」でリピート促進……	92

コラム

「ZMOT」を知っていますか？…………………………………………… 96

業 務 編　　　97

EC業務の構造

法則
- 17　実行力を高める「EC運営体制」とは……………………… 99
- 18　EC業務の心臓部「商品マスタ」を運用する……………… 104
- 19　EC部署の「役割・管理指標」を定義・運用する………… 108
- 20　チームの一体感を作る「組織目標・売上目標」………… 112

MD（マーチャンダイジング）
- 21　「通年商品」の発注と在庫管理の考え方………………… 116
- 22　「季節性商品」の発注と在庫管理の考え方……………… 120
- 23　「既存商品」の見直し・削減、「新商品」の検討………… 124
- 24　単品での利益管理と「価格最適化」で儲けを増やす…… 128

SF（ストアフロント）
- 25　商品登録～ページ制作の「業務フロー化・パターン化」…… 133
- 26　イベントスケジュールを管理する「販促カレンダー」…… 137
- 27　「商品分析と顧客分析」で、次の一手を見つける……… 141
- 28　ムダ使いしないための「広告運用・検証・テコ入れ」…… 145

BY（バックヤード）
- 29　円滑な受注処理のための「システム導入とパターン化」…… 148
- 30　CS（カスタマーサポート）は「効率と親切」を両立する……… 152
- 31　出荷体制の「効率化と繁忙期対策」……………………… 155
- 32　ケース別「物流委託vs自社出荷」の比較検討…………… 160

コラム　値上げと値下げのコツ ……………………………… 164

組織編 165

EC組織の構造
- 法則33 時間を生み出すために「ECチーム」を作る …… 167
- 法則34 EC組織の「段階的成長ステージと必要スキル」 …… 170
- 法則35 自律的なメンバー連携に必須の「メガネ理論」 …… 174
- 法則36 EC現場の人手不足・定型業務サポートには「AI活用」 …… 179

セルフマネジメント
- 法則37 業務時間をフル活用する「タスク管理とイシュー管理」 …… 184
- 法則38 仕事の悩みをクリアにする「問題解決思考」 …… 189
- 法則39 攻めの時間を捻出する「業務の整理整頓」 …… 195
- 法則40 仕事の「スマートな頼み方」と「上手な受け取り方」 …… 200

ワークマネジメント
- 法則41 「業務棚卸し」をして、移管先を決める …… 205
- 法則42 「職種と組織の設計」から、適切な人材配置を考える …… 210
- 法則43 「EC人材」のバリエーションと採用・育成 …… 215
- 法則44 「定例会議」で、組織の実行スピードを上げる …… 221

チームマネジメント
- 法則45 EC組織における「リーダーの役割と責任」 …… 226
- 法則46 警戒心を解いて「自発的な文化」を創る …… 231
- 法則47 「プロジェクト」で戦略を実現する …… 236
- 法則48 「自律の促進」は、情報共有から始まる …… 241

コラム 「人が育つ環境」を作るには？ …… 246

戦略編 247

EC戦略の構造
法則
- 49 戦略とは「理想設定」&「実現計画」 …… 249
- 50 中小ECの勝ち筋「ブラックオーシャン戦略」 …… 253
- 51 中小ECの成長ループを作る「価値の再投資」 …… 258
- 52 EC経営戦略の実施順序（商品戦略・店舗戦略・企業戦略）…263

商品戦略
- 53 顧客の解像度を高め、打ち手を生み出す「顧客研究」 …… 267
- 54 EC戦略としての「商品企画」と「商品開拓」 …… 272
- 55 既存商品を「EC向け商品」に変える、通販商品化のパターン … 277
- 56 ECの「サービス強化」のバリエーション …… 282

店舗戦略
- 57 顧客から見た、あなたの店の「存在意義」を考える …… 287
- 58 「ABCDの法則」で、模倣できない店舗を作る …… 292
- 59 店舗コンセプトを語れるよう「言語化」する …… 297
- 60 言語化したコンセプトを「デザインにして発信」する … 302

企業戦略
- 61 「会計分析」でコスト削減・投資判断する …… 308
- 62 EC多モール展開など「幅広い販路開拓」を考える …… 313
- 63 等身大の「経営目的と理念」を設定する …… 318
- 64 チームの未来を「経営計画」で描き、共有する …… 323

コラム
みんなで「一隅」を照らそう …… 329

ECマンダラ図について補足 …… 330
あとがき …… 332
謝辞 …… 333
索引 …… 334

読み始める前に

本書の構成と、EC事業の全体像

　本書では、EC事業の重要テーマを網羅するために、**「販売・業務・組織・戦略」の4つのパート**に分けて書きました。

　売上が伸び悩んでいる場合は「販売編」、EC業務が混乱している場合は「業務編」、マネジメントやコミュニケーションに課題があるなら「組織編」、新商品やブランディングなど未来に向けた取り組みは「戦略編」を参照してください。

　これら4要素は、人体における器官……呼吸器系・消化器系・循環器系・神経系のようなものです。つながっていて、日々循環しています。
　人間が病気になるのは、呼吸や消化や血液などの「流れ」が滞った時ですよね。EC事業においても、販売や業務や組織の「流れ」が滞ると、ムリやムダが発生します。流れを整えると、仕事がスムーズになります。

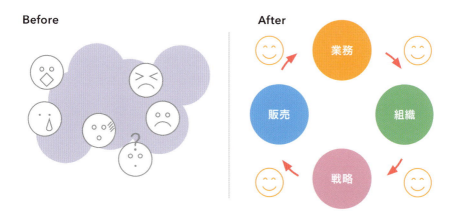

販売編 の4要素

前提構造
- EC販売の**土台となる考え方は、選ばれた理由を把握する「ダレナゼ」**です。
- 我々は「お客さんから比較される立場」なので、選ばれるかが売上を左右します。過去の購入客の選んだ理由を把握し、強調して表現すると、選ばれやすくなります。

主な要素
- 検索や広告やSNSなどで露出をしていく**「集客」**
- 商品や店舗について紹介し、様々な商品を提案する**「接客」**
- リピート購入やレビュー記入促進、UGC獲得のための**「追客」**

業務編 の4要素

前提構造
- EC業務の土台となる考え方は、仕入れから出荷までの**「バトンリレー構造」**です。
- 各業務の非効率を解消し、担当それぞれの役割や目標を定義し、なめらかに連携します。

主な要素
- 仕入れや製造を担当する**MD（マーチャンダイジング）の効率化**
- 販売を担当する**SF（ストアフロント）の効率化**
- 受注処理やCS・出荷を担当する**BY（バックヤード）の効率化**

組織編 の4要素

前提構造
・<u>土台となる考え方は「移管と委任」</u>です。リーダーの時間的余裕を作ることで、未来への投資が可能になるからです。
・背景として、ECはルーチン業務の比率が高いため、外注活用や役割分担の見直しで生産性を高めやすい傾向にあります。

主な要素
・個々人の生産性を高める**「セルフマネジメント」**
・業務を洗い出して負荷を配分する**「ワークマネジメント」**
・メンバーそれぞれが能動的に動くための**「チームマネジメント」**

戦略編 の4要素

前提構造
・<u>土台となる考え方は、独自の強みを作る「ブラックオーシャン戦略」</u>です。深海に棲む魚のように、大手が入って来づらい領域を見つけ、自社の強みを磨いていきます。
・事業の未来や中長期の方針を言葉にして、組織全体に共有します。

主な要素
・顧客を研究しつつ商品企画や開拓を行う**「商品戦略」**
・ブランディングや設備に投資をしていく**「店舗戦略」**
・会計や経営計画を扱う**「企業戦略」**

実践を支える便利ツールを紹介

内容が多いので、読んで実践するのは大変ですよね。特典として、便利なツールと考え方を用意しました。**お手数ですが、まずダウンロードをお願いします**（手順は16ページ参照）。

特典1「AIコンサルタント・コマのすけ」に相談する

チャット形式のAIを用意しました。「こういう悩みがある」「これを知りたい」といった**相談をすると、本書の内容に準拠して、AIが回答します。**内容への質問や相談も対応できます。

無料で24時間使い放題です。パソコンでもスマホでも動きます。仕事に悩んだら、いつでも声をかけてください。チーム内での話し合いの際に「コマのすけに聞いてみよう」などと思い出して頂けると嬉しいです。

　　　　　　　　　　　　　　　　　　売上が伸びないので相談に乗って

🐾 売上が伸び悩んでいるとのことですね。まず、現状をもう少し詳しく教えてください。どの商品の売上が特に下がっているのでしょうか。外部環境の変化など、心当たりはありますか？

　　　　　　　　　　　　　　　　心当たりがないのに全体的に落ちてるんだよね

🐾 それは心配ですね。まず、全体的な売上低下の原因を探るために、**どの商品が以前と比べて売上が落ちているか**確認しましょう。全体が落ちているように見えても、実際は特定の商品で大きく下がっている場合があります。また、アクセス数や転換率、リピート状況も要確認です。

ご相談内容に合致する記事は以下です。どれについて解説しましょうか？

業務編 法則27「商品分析と顧客分析」で、次の一手を見つける
販売編 法則13 継続フォローでリピート促進＆評判を高める「追客」

特典2「ECノウハウのポスター」を壁に貼る

　本書で紹介するEC運営のノウハウを、1枚のポスターにまとめました。印刷して壁に貼っておくと、運営方針の検討や議論に役立ちます。

　本書は、全部で64記事（法則）があります。4編×4要素×各4記事で体系的・規則的にまとめてあります。これらの4×4×4＝64記事を、以下のマンダラ形式でまとめました。なぜマンダラ？　と思いますよね。それは巻末「ECマンダラ図について補足」で解説しています。

　筆者の力作なのですが、紙面では字が小さくて読めませんでした（下図は簡略図です）。これも「特典」として無料ダウンロードできます。何枚か印刷するとポスターのサイズになります。壁に貼って眺めながら、本編を読み進めてください。

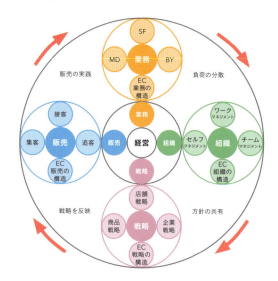

特典3「本編で説明しきれない」補足情報

　実は、最初にも述べたように、本書の素材は、弊社がこれまで作ってきた膨大なブログや提案資料で、697万文字ありました。当然、泣く泣くカットした情報がたくさんあります。

本編に載せきれなかった情報を資料にしておきました。「具体的にはどうやればいいのかな」と思ったら、この補足資料のことを思い出して、ダウンロードしてください。

取り組み方のコツ

お読みになった後の、取り組み方のコツを紹介します。

読んだら実践する

読み進めていくと、「これが優先かもしれない」という施策候補が見つかります。ただ「やると良さそうなこと」は山のようにありますが、すべて実行する必要はありません。**「やってみたい候補」を一通りピックアップした後に、優先順位を付けて、1つずつ取り組む**のがよいと思います。

優先順位を付ける際には、メーカー型・仕入れ型といった自社の特性も考慮してください。例えば仕入れ型ECで取扱商品が多い場合は、業務編のMD（法則21〜24）のような在庫管理が重要になります。メーカー型ECでオリジナル商品が重要な場合は、販売編の「BEAFの法則（法則10）」が重要になります。

チームやパートナーと共有する

チームでEC運営している場合、本書は、認識を揃えたり、チームワーク向上に使えます。仕入れ担当や制作担当や受注担当など、各役割の内容と苦労を紹介している（法則20など）ので、お互いの立場を分かり合うことができます。みんなの気持ちと仕事がつながると、毎日がもっとスムーズに、未来が今より明るくなるはずです。

では早速、本編を見ていきましょう。

無料特典の入手方法について

　本書をご購入いただいた皆様に、**AIコンサルタント「コマのすけ」、ECマンダラ、その他の補足情報を購入特典として無償提供します**。読み進める助けになりますので、お手数ですが、早めにお手続きください。

　出版社（インプレス）の会員サイト、CLUB Impressへの会員登録が必要です（無料）。案内PDFがダウンロードされますので、記載の手順に沿って特典を入手してください。

本書の商品情報ページ
https://book.impress.co.jp/books/1123101100

特典を利用する

1. 上記URLを参考に、商品情報ページを表示し、①**[特典を利用する]**をクリックします。

2. ②**[会員登録する(無料)]**から登録を進めます。

3. 再度ログインして、③**質問の回答**を入力し、④**[確認]**をクリックします。

4. ダウンロード画面が表示されるので、ダウンロードするファイルを選んで⑤**[ダウンロード]**をクリックします。

販 売 編

売上を伸ばす施策を紹介。「お客さんからどう見られているか」を把握した上、「集客・接客・追客」という3分類の販促施策を実行します。

売り方は「お客さん目線」で考える

　EC販売は、自分たちの商品がお客さんから「どう比べられているか」を理解すれば、何を伝えるべきかが分かるので、進め方がクリアになります。マンダラ図では、土台となる「見比べられている構造」への理解から始まり、時計回りに「集客・接客・追客」という3つの施策を解説します。

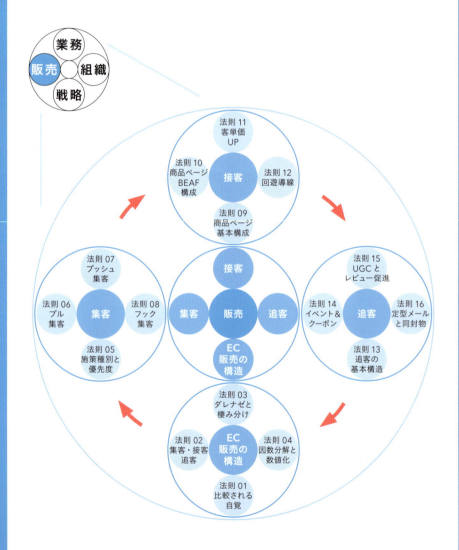

※マンダラ図は、特典からダウンロードできます（16ページ参照）。

法則 1 販売は「比較されている自覚」から始まる

EC販売の構造について解説します。まず、自分が買い物をする時のことを思い出してみてください。目についたものや、検索で一番最初に出てきた商品を買うでしょうか？ 違うはずです。あれこれ見比べて選んでいますよね。自店舗の商品も同じ様に「見比べられている」ことを理解しましょう。

現代の商売は「比較されている」

今やあらゆる商売が、ネット上のプラットフォームで比較されています。Amazonや楽天市場、UberEats、食べログやじゃらんnetなど、「比較しながら探せる便利なサービス」が身の回りにたくさんありますよね。

　お客さんは、スマホでサクサクと商品やサービスを調べ、一番「安い順」や「早い順」や「人気順」で並べ替えて選んでいます。ハウスクリーニングや引越し業者なども簡単に比較できる時代です。

　このようにプラットフォームが発達した結果、現代のあらゆる事業者は「徹底的な比較」にさらされているのです。商売は本質的に比較されるものですが、その比較が買い手にとっては「圧倒的に簡単」で、売り手にとっては「圧倒的にシビア」になっています。

　よって、**我々事業者が、お客さんに選んでもらうためには、たくさんの他社と比較されて「選ばれる」ことが必要不可欠**なのです。特にECモールでは顕著ですが、本店（独自ドメイン店）でも、Google検索結果や検索画面での広告で比較されているので、状況は同じことです。ほとんどの商売は、「比較」から逃れられません。

「比較される」と「価格競争になる」のか？

　たくさんのお店と比較されると、大変な競争になる……それで疲弊する……と思いますよね。みんなが同じようなものを売っているなら、**安くてお得なほうが選ばれるはずだ、と思いますよね。しかし、必ずしもそうとは限りません。**

　実際のところ、お客さんの比較基準は「価格だけではない」からです。例えば先日、筆者が軽作業を依頼した便利屋さんと話した際、「最初は料金が安いほうが売れるかなと思ったけれど、案外『自分の全力の笑顔写真』などを載せているほうが、ちゃんとお客さんが来てくれる」と言っていました。確かに、やみくもに最安を選ぶのは、「安かろう悪かろう」かもしれないというリスクを感じることもあります。

　この方は、人となりをアピールし、信頼してもらいLINEでつながって、声をかけやすくすることでリピートを獲得しているそうです（筆者もリピートしています）。他にも、女性向けに特化したサービスで差別化している事業者さんもいるそうです。

　このように、利用者によって比較基準は「価格以外」にもたくさんあるのです。それもそのはず、人間は一人一人違う生活事情や価値観や好みやライフスタイルを持っているからです。つまり、**「価格以外の比較基準」に敏感になることが、選ばれることへの近道**と言えます。

　もちろん価格競争できる商品やお店は価格競争路線でもよいのですが、「安い商品は不安を感じさせやすい」ことも事実です。このような場合、「安さの秘密は契約農家さんからの直接仕入れ。プロ愛用の店だから、この価格でレストラン品質」などと安くできる理由を訴求すると、安さ以外の魅力も追加されます。武器が増えるので、安さがウリの皆さんも「比較基準の多様性」には敏感になってください。

お客さんの比較基準は実は様々

　お客さんがサービスを選ぶ際の判断基準は、価格や早さだけでなく、個包装（小分けで小さいからちょうどいい）、バリエーション（他にない色だった、タイトなのが良い、締め付けないのが良い）、対象（高齢者でも使いやすい）などなど、実に様々な**比較ポイントがある**ものです。

　だからこそ、私たち事業者には**徹底的に見比べられながらも、コスパだけで徹底比較される「非合理な価格競争」には巻き込まれず、別の角度から魅力を打ち出せる余地がある**のです。「誰しもが思いつく、分かりやすい比較基準」に閉じず、「一部の人だけが重視する特殊な比較基準」にフォーカスできると、競争回避ができます。

　そして、ECは全国から（あるいは世界から）お客さんが集まりますから、実店舗では考えられないほどニッチな比較基準を持つ人も、本当に多いのです。最近では、AIによって、ユーザーの好みの基準に合わせて「おすすめ順」で提案されることも増えました。ニッチな好みとニッチな商品は案外出会いやすくなっています。

　一朝一夕にできることではありませんが、「見比べられている」というシビアな状況認識を持ちながらも、「なんとか別軸を見つけて競争を回避する」ことで、平和な商売を目指すことができます。

EC市場は「懐が広い」

　お客さんは「自分の目的」に合わせて、お店や商品を選びます。「うちの子供の誕生日だから、かわいくて、ちょっとサプライズ感のあるケーキがいいな」というお客さんなら、そういった商品が選ばれます。逆に大人

図 1-1　EC市場は懐が広い

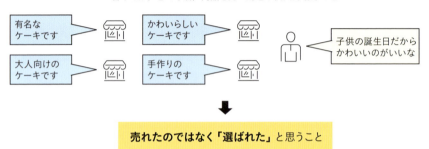

の誕生日には、また違ったケーキが選ばれるでしょう。

　市場とはマッチングです。つまり、勝つか負けるかの「店同士の競争」ではなく、**「それぞれの商品が、それぞれ最適なお客さんと結ばれる」**関係を成立させることなのです。

　だから、自分の商品の特徴を「〇〇したい人にオススメ」とアピールすれば十分です。そのために、**自分の商品の良さを知り、「自分と相性の良いお客さん」にアピールすることが大切**です。

　EC市場はどんどん大きくなっており、日本国内で2022年には年間23兆円規模と、ずっと右肩上がりを続けています。これが意味することは、「巨大市場にやってくるお客さんの全体数がどんどん増えているので、ニッチな商品でもマッチング成立しやすい」ということです。

事実、筆者は、2000年代に楽天社員としてECコンサルタントをしていた頃、乾物の「かんぴょう」を売るネットショップを担当したことがありますが、その頃は1円も売れませんでした。でも現在では、たくさんのレビューがついて、よく売れています。わざわざECでかんぴょうを取り寄せたい人は全国にわずかしかいないと思いますが、全国からお店に集まってくるので、まとまった売上になるわけですね。

競争が激しいようで、意外とチャンスもあるというECの経済構造が伝わりましたか。EC市場の懐は広いので、小規模事業や後発であっても、うまく工夫すれば事業を成立させることができます。

ただし、その大前提となるのが「比較されている」という自覚です。社内の都合ばかり考えず、自分の世界に閉じこもらず、**他社と自社の商品が「見比べられている」現場に目を向けましょう**。特に、検索結果画面で、隣にいるライバルと自分を謙虚に比べてください。そうすることで、自分が何をすべきかが見えてきます。

法則2から、具体的な施策を紹介していきます。

> **ワンポイント**
>
> 面白いことに、ネットでは売れ筋の商品が実店舗と違うことが少なくありません。とある靴屋さんは、実店舗ではコンバースがよく売れるのに、ネットでは「安全靴(工事現場で使う靴)」が売れていました。なぜなら、コンバースは商圏の広いネットでは競争が激しすぎましたが、安全靴はネットでは他店に品揃えがなかったのでよく売れたわけです。ちなみに、このエピソードを教えてくれた靴屋さんは、ニッチな靴の販売をスタート地点として、今では、色々な靴が売れる有名ネット靴屋さんになりました。

法則 2　販売施策は「集客・接客・追客」の3種類

前述のように、お客さんは検索などを通して圧倒的に多くの商品を比較しています。では、どうすれば売上を伸ばせるのでしょうか。ECの販売方法は無数にありますが、あらゆる施策は、「集客・接客・追客」というこの3つのいずれかにほぼ当てはまります。これらの分類を覚えてください。

集客・接客・追客で「選ばれる店」になろう

まず実店舗に例えて説明します。（昔ながらの）実店舗の「集客」は、駅前でのビラ配りや呼び込み、折り込みチラシの封入など。「接客」は、店員さんが対応したり、整えられた棚やPOP。「追客（ついきゃく）」はDMなどでリピート促進したり、イベントを案内するなどです。これらを組み合わせて販売を促進するわけです。

では、これらの施策は、ECの場合どうなるでしょうか。目的は同じでも、実店舗とはやり方が違います。

図 2-1　販促施策は大きく3つ

お客さんの視界に入る「集客」

　ECの集客では、「検索経由」の来店が最も購入につながりやすく、優先度も高いです。露出し、興味を引いて、クリックしてもらうことで、お客さんが来店します。
　よって、検索結果画面からの集客（検索対策）では、以下が必須です。

- 視界に入らないと、候補にすら入りません。検索結果ページなどに商品を露出させる必要があります。
- 露出するだけでなく表示された検索結果の中で、「コレ良さそう」と思ってもらう必要があります。

　ただ、検索による集客は競争も激しいです。そこで、**検索対策以外の集客施策も模索していくべきです**。例えば、SNSやメルマガ、広告を出したり、ブログを書いたり、SNSを運用したり、インフルエンサーに紹介してもらったり、プレスリリースを送ってメディアで紹介してもらったり……と、ちょっと遠回りにはなりますが、多くの有効な施策があります。
　ネットショップは実店舗と比べて家賃が安いですが、集客に手間やコストがかかるんです。

商品選びを手伝う「接客」

　お客さんが見に来てくれると、その商品は、「購入候補」になります。他にもライバル商品がいくつかありますよね。これら「購入候補の商品ページたち」の中で、一番良さそうだと判断される、つまり優勝すると、購入されるわけです。これが商品ページ接客です。

実店舗では、店員が直接会話しながら案内できますが、商品ページ接客の場合は、**お客さんと会話が始まる前にあらかじめ先回りして案内を書いておく**必要があります。興味を引く情報、不安を解消する情報、写真と文章、動画など。

商品ページ以外では、関連商品や店内イベントの紹介も接客施策の一部です。ECは実店舗と違ってバーチャルな買い物で、「記憶に残りにくい」構造があるため、対策として写真やストーリーによる店舗紹介も有効です。

リピート購入を促す「追客」

購入したお客さんへのリピート集客も重要です。一度購入したお客さんに対し、メルマガやSNSで「次の購入機会」や面白い情報を提供します。「買い物を手伝うための手紙」と思って書くようにしましょう。縁が続き、さらなる売上が発生します。これを追客（ついきゃく、お客さんに追加連絡すること）と言います。他には、以下のような追客施策があります。

- 使い方・関連商品・ストーリーなどが伝わる同封物
- 購入後のお礼メールとフォローメール
- メルマガでの新商品や関連商品の案内

また、ECには、ユーザーの感想コメントや評判がネット上に蓄積されていく側面もあります。購入したお客さんが、満足すると良いレビューを書いてくれたり、SNSで紹介してくれますよね。このようなクチコミ情報を、UGC（User Generated Contents）と呼びます。UGCは、他のお客さんの集客につながりますし、安心材料になりますよね。UGCは財産です。

ただ、不満な場合も影響力を持ちます。ネガティブレビューは購入率を

下げてしまいます。だから、**悪印象を防ぎ、好印象を残し、UGCを増やす****ことで、売上を伸ばします。**

このように、追客施策による「リピート促進とUGC促進」にコツコツ取り組むと、徐々にお店の存在感が高まっていきます。

何からやったらいい？　着手順序について

どの施策を優先すべきかは状況によります。本書の「販売編」では、主な販売施策を一通り紹介していきますので、まず一通り読んでください。

そして「ここができてないな」という、大きなやり残しを見つけたら、そこを優先して取り組んでください。集客・接客・追客は一連の流れになっていますよね。パイプの水漏れを探すようなイメージで「最も致命的な穴を見つけて埋めていく」ことがお勧めです。

例えば、商品ページに大きな穴が空いている（案内すべきことが案内できていない）なら、見に来てくれたお客さんが購入できないので、最優先課題になります。検索結果になかなか表示されず埋もれているなら、まずはそこが優先です。

そもそも忙しくてECの販促施策に**取り組む時間がないという場合は、****むしろ販促ではなく「業務効率」に穴がある**ので、本書の「組織編」を読んで、時間を確保するのが最優先です。

👆 UGC (User Generated Contents)

ブログ、動画共有サイトへの投稿、掲示板の投稿、レビュー、クチコミなど、ユーザーによって生み出される様々なコンテンツの総称。

法則 3
「棲み分け・ダレナゼ・キャラ立ち」で、選ばれる商品になる

ECの世界には、一見すると競合商品が多くて、自店舗の商品が埋もれているように見えますよね。でも実は、商品の特性やターゲットとするお客さんによって、上手に棲み分けされているんです。ここでは、棲み分けを意識して「埋もれずに存在感を発揮する」考え方をご紹介します。

ネットならではの「棲み分け構造」とは?

　ECは全国大会です。ローコストで全国に販売ができるため、当然無数の企業が参入して、競争が激しくなります。一方で、「ニッチな需要」も全国から集まってくるのでニッチな商品でもまとまった売上を作ることができます。

　例えばネットで「誕生日 ケーキ」で検索して買うとして、お客さんみんなが「人気で美味しい誕生日ケーキ」を買おうとしているわけではありません。**それぞれ別々の人生を生きているので、それぞれの比較基準があります**。法則1で紹介したように、「小さい男の子が喜ぶケーキがいいな」「甘いものが苦手な大人のためのケーキがいいな」「サプライズに使えるケーキがいいな」などと様々な需要があります。すると、それぞれ「パトカーやキャラクターのケーキ」「ビターなチョコケーキ」「顔写真とメッセージ入りケーキ」などが選ばれます。これが**棲み分け構造**です。あるいは、タオルを検索してみても「ホテル的な贅沢タオル」「タオルギフト」「機能性の速乾タオル」「業務用タオル」のように棲み分けされています。こた

つでも、安価な小型のこたつは一人暮らしの学生、標準的な布団付きセットはファミリー向け、高級でオールシーズン使えるこたつはインテリアにこだわる層など。ですから、似たような商品でも、厳密には競合ではなかったりします。

一見すると、ライバルが多くて自分の商品は埋もれているように感じるかもしれません。でも、**売上がゼロじゃないなら、誰かには選ばれている**んです。大勢からは選ばれていなくても、選んでくれる人がいるなら、必ず選ばれる理由があるはずです。

「なぜ、こんな無名商品を選んでくれたんだろう？」

「有名な会社や人気の商品もある中で、何でウチの商品を選んでくれたんだろう？」と考えてみてください。
「選んでくれない人たち」や「選んでもらえない理由」よりも、**「ウチを選んでくれた人」は、何をしたい人（ダレ）で、ナゼ自分を選んでくれたのか。自分のどこを気に入ったのか**を、（感謝と共に）把握することが大切。これを**「ダレナゼ」**と言います。ダレナゼを把握しましょう。

よくある勘違いは、自分たちが思う「強み」と、お客さんが感じる「魅力」のズレです。例えば「お菓子の風林火山製法こそが当社のウリだ！」と思っ

図3-1　食い違う「選んでくれる理由」

ていても、実際のお客さんは「小分けできてパッケージがかわいい」という理由で買っていたりします。「選んでくれている理由」を知らずに、風林火山製法のアピールをしている。自分の商品はかわいいものですが、これでは**「親バカ状態」**です（メーカーさんに多いです）。コダワリも大切ですが、まずはダレナゼです。

周りを見回して「キャラ立ち」を目指そう

　まずは、脱・親バカとして、たくさんのライバル商品の中から「自分の商品を選んでくれた人」がどんな良さを感じていたのかを理解しましょう。「ダレナゼ理解」がスタート地点です。

　そして、**その人が認めてくれた自分の魅力を、多くの人に向けてもっと伝わりやすく表現していく**ことが、選ばれるお店になるための第一歩なんです。

　誕生日ケーキの中で一番になる必要はありません。「自分の息子のための誕生日ケーキを探している人」にとって一番の商品になれればいいんです。筆者はこれを「キャラ立ち」と呼んでいます。ダレナゼを把握し、キャラ立ちをしていきましょう。そうすると「棲み分け」ができます。

　前述の「小さい男の子が喜ぶ」ケーキを探しているお客さんなら、見せたいのは、**「小さい男の子が笑顔で驚いている誕生日の写真」**とケーキですよね。キャッチコピーは「記憶に残る誕生日」とか。キャラが立ってますよね。

　しかし残念ながら、多くの商品ページで、ランキング1位です、今ならポイント5倍です、パティシエがこだわりましたとか、ズレたアピールがされています。実店舗なら一人一人のお客さんの要望を伺って、対話しながら案内できますが、ネットでは一方通行になりがちですよね。

「ダレナゼ」と「キャラ立ち」を実践しよう

　ここでは簡単に、ダレナゼとキャラ立ちの実践について紹介します。
　まずダレナゼです。お客さんに「選ばれている理由」を調べましょう。どういうシーンで、どういう用途で使われているのか。類似商品が色々ある中でなぜ選ばれたのか。商品レビューがたまっていれば、それを読むのが一番手っ取り早いです。たまっていなければ、店頭のお客さんなどに話しかけて探ったり、購入者へのアンケートがお勧めです（詳しくは法則53を参照）。
「ダレナゼ」が分かったら、次は「キャラ立ち」です。ダレナゼ＝お客さんが商品を選んだ理由を把握し、その情報を元に商品ページを直していけば、お客さんのニーズに応えられる、キャラの立った商品ページになります。例えば、レビューで「パッケージがかわいい」という評価が多ければ、その点を強調します。新築祝いに使われることが多いなら「新築祝いに人気」と追記します。お客さんから言及・評価されていない箇所は、削らなくてもいいですが、あまり目立たせる必要はないでしょう。このように、**お客さんの実際の評価と、親バカ状態だった商品ページのギャップを埋めていきましょう。**

> **ワンポイント**
> 「自分で自分を評価する」だけでなく「相手基準で自分を評価してみる」という話でした。自己満足を避け、相手の期待を踏まえることが、どんな仕事でも重要ですよね。この話は組織編にも出てきます（法則35）。

法則
4

売上を因数分解し「指標化・数値化」して分析する

お客さんの動き方には流れがあります。「お店に入った」「商品を手に取った」「買ったり買わなかったりした」「一度買ったお客さんがまた来てくれた」。このような「物理的な動き」を数字で表し（数値化）、「集客・接客・追客」の3フェーズを踏まえて、分析しましょう。

売上を「分解」すると、状況がよく分かる

　売上にまつわる数値には色々あります。例えばECサイトの売上は、「売上＝アクセス人数×転換率×客単価」という方程式で表すことができます。これを**「売上方程式」**と言います。

　「集客」でアクセス人数を増やし、「接客」で転換率（＝購入率）と客単価を上げれば、売上は伸びるはずですね。

　ただ、経験者の方はご存知と思いますが、この方程式は例え話で、そのままでは使えません。実際は、お店の売上は商品売上の合計ですから、実践での方程式は以下のようになります。

売上＝
商品Aのページアクセス人数	×	転換率	×	商品単価	
商品Bのページアクセス人数	×	転換率	×	商品単価	……
商品Cのページアクセス人数	×	転換率	×	商品単価	

　他にも、実践的な方程式が色々作れます。

売上 ＝ リピーター売上 ＋ 新規客売上

売上 ＝ 本店（独自ドメイン店）売上 ＋ 楽天市場店売上 ＋ Amazon 店売上 …

　本当に大切なのは、これら「方程式」よりも、「要素に分解する」という考え方です。上記の方程式は、どの方程式も、売上を「売上を構成する要素」に分解していますよね。これを「因数分解」と言います。

因数分解すると、仕事をコントロールできる

　「因数分解」といえば中学校で習う数学ですが、ビジネスでの因数分解は、数字を「複数の要素」に分解して、理解しやすくすることです。

　前述のように**「売上を複数の要素に分解する」**と、例えば売上が落ちてきた時、**どの要素が下がっているかを調べられる**ので、「この商品の売上が落ちたから、売上が減ったのかな」「リピーターが減ったから、売上が減ったのかな」などと、原因を推定しやすくなります。

　また「どの要素を動かして売上を伸ばそうか」などと作戦も考えやすくなります。特定商品やカテゴリの売上を伸ばすのか、リピーターの売上を伸ばすのか、Amazon店の売上を伸ばすのかなど。このように、**何ごとも「要素ごとに分ける」**と、**状況がよく分かります。**「分ける」と「分かる」は似ているんです。

　売上アップは、「パイプの水漏れを見つけてふさぐ」作業に似ています。お客さんの購買プロセス──検索結果から来店して、ページを見てくれて

いる——のに、商品を買わない。水漏れですね。商品ページに穴が空いているかもしれませんね。**因数分解しておくと、この「水漏れ穴の発見作業」に便利**なのです。

このような因数分解についての感覚がないと、色々な問題が発生します。まず問題の全体像が把握できません。焦るばかりで、議論も曖昧になります。効果測定もできません。その結果、全く効果のない施策に時間とリソースを費やしてしまうかもしれません。

数字で状況を確認し、施策を検討する

以上を踏まえて、実践につなげるには、「商品単位」で見ていくのが基本です。

まず注目すべき商品を特定します。例えば、これまで売れていたうどんが売れなくなった。次に、**各要素を見ます。**「商品ページの閲覧人数が減ったのかな」「転換率が下がったのかな」などと点検します。

転換率が下がっているなどのデータを見た後に、実際の商品ページなども見に行ってチェックします。すると、夏場なのにアツアツの「かけうどん」写真のままだった、これが数字が悪くなった原因だ、などと分かります。夏らしい「ざるうどん」の写真に差し替えると数字が戻るはずです。修正した後に、改めて数字を確認します。

こういった具体的な分析についての詳細は、法則27で紹介します。

前述の通り、様々な角度から分解できますが、図4-1は、分析の観点となる指標の例です。

図4-1　分析の観点となる指標例

集客系指標	高い表示回数＝多くの人が目にしている 高いクリック率＝多くの人が反応している
接客系指標	高い商品ページ転換率＝多くの人が購入する（もしくは見に来る人が少ない） 1人あたりの閲覧ページ数＝色んなページ・商品に興味を持ってくれている
追客系指標	レビュー記入率＝指定期間のレビュー記入数÷購入件数 年間平均リピート回数＝年間のべ購入客数÷年間ユニーク購入客数 指名検索の上昇率＝指定期間の指名検索数÷前年の指名検索数
利益系指標	限界利益率＝マージンや経費を抜いていくら儲かるか（法則24参照）

　これらの数字が実際に計測・取得できるかどうかは、モールや本店や広告のシステム次第ですが、分かる範囲で数字を使って状況を把握し、打ち手を考えていきます。

　以上を踏まえて、次の法則からは「集客・接客・追客」の具体的な施策を紹介していきます。

> **ワンポイント**
> 「因数分解」は、色んなことに使えます。例えばコスト管理でも販促費・人件費・物流費などに分解しますよね。普段の生活でも、ダイエットは摂取カロリー（食べるもの）と消費カロリー（運動）に分解できますね。日頃から「この数字は何に分解できるかな」と意識していると、数字に強くなれます。

法則 5

施策の特徴と優先度を理解して「集客プラン」を作る

ここから、**集客の話**です。集客施策は、SEO（検索エンジン最適化）、SNS 活用、広告、モールイベント参加、プレスリリース等々、たくさんあります。何からやるべきか？ 時間も予算も人手も限られているので、優先順位が必要です。集客施策の分類を理解し、集客プランを立てましょう。

集客施策の分類と優先順位

「あの施策が売れるらしい」「○○集客やったほうがいいよ」集客施策については色んな情報が飛び交います。実行すると売上に直結しそうな気がして、つい色々手を出してしまいがちですが、一度に実施する施策は絞らないと運営が大変になるばかりです。**集客施策は大きく分けて「プル集客」「プッシュ集客」「フック集客」の3つ**に分類できます。

まずは「プル集客」は、SEOなどで、**すでに需要がある顧客を引き寄せる**施策です。次に「プッシュ集客」。これは、実店舗での宣伝や、ネット広告などで、こちらから売り込んで**「潜在的な需要」を掘り起こす**施策です。そして最後に「フック集客」。これは、**SNS などで、間接的な方法で顧客を引きつける**施策です。

SEO は明らかに競争が激しそうなので、SNS に気持ちを惹かれる方も多いかと思います。ただ、SNS はなかなか売上には直結しません。筆者としては、まずはプル集客から始め、次にプッシュ集客、最後に「投資として」フック集客と手がけることをお勧めします。

図 5-1　販売施策の実行手順

施策	特徴	手法の例	重要ポイント	優先度
プル集客	・需要が顕在化した顧客向け ・安定した売上の供給源	・商品検索 ・Web 検索 ・検索連動型広告など	・競争が激しいので、ダレナゼ理解に基づいた工夫が必須 ・キーワード想定や第一画像の調整など	最優先
プッシュ集客	・潜在的な需要を喚起して販売 ・商材により向き不向きがある	・オフライン集客 ・純広告 ・ディスプレイ広告など	・需要を「思い出してもらう」メッセージ設計 ・ステップ販売、イベント販売、トライアル販売など	相性が良い商材なら、2番目に優先
フック集客	・販売ではない間接接点づくり ・役立つ情報や話題性、エンタメを提供	・ブログ・動画・SNS でコンテンツ発信 ・イベント開催 ・プレスリリースなど	・急な売上は期待せず、投資として考える ・通常業務を工夫して、時間を捻出する	他の施策が済んだ後に実施

売上に直結するが競争も激しい「プル集客」

　プル集客は、「すでに明確な需要がある顧客」に向けた施策です。対象は、検索経由で来店するお客さんです。施策としては主に、GoogleやECモールでの**「検索の仕様を見越した調整」＝SEOと、検索連動型広告**です。

　例えば「父の日 ビール」で検索してやってきたお客さんに対し、商品の露出を高めます。すでに購入するつもりで検索しているため、商品ページを見てくれれば買ってもらえる可能性が高いわけです。

　特にSEOは、手間はかかりますが、外注しなければ費用がかかりません。なので、優先順位としては最優先です。当然みんな優先して実施するので競争が激しくなり、自分の商品が埋もれがちですが、法則3で解説したように「一見埋もれていても本当は棲み分けできている」ので諦めずに取り組みましょう。

　SEOでまず大事なのは、お客さんの頭の中（検索意図）と検索キーワード

を先読みすることです。楽天市場やAmazonなどでの商品検索キーワードなら、商品カテゴリ名（例：クラフトビール）やブランド名（例：よなよなエール）など明確な需要を示すキーワードだけでなく、商品の用途（例：お中元）や詳細ジャンル（例：IPA）や属性（例：お試し）を表すキーワードを踏まえてSEOを施しましょう。なお、Google検索とECモールの商品検索では、仕様は違いますが「先読みの重要性」は同じです。

　法則3で紹介した「棲み分け構造」と「ダレナゼ」がイメージできれば、キーワードの想定がしやすくなるはずです。具体的な施策は次の法則6で紹介します。

潜在需要を開拓できる「プッシュ集客」

　プッシュ集客は、まだ顕在化していない潜在的な需要を掘り起こす施策です。いわば「父の日に何を贈るか決めていない」お客さんが**探し始める前に**、**「今年の父の日はクラフトビールが人気！　早割クーポンをどうぞ」等と売り込む**方法です。

　代表的な施策は、実店舗でのオフライン集客、ディスプレイ広告・純広告・SNS広告、インフルエンサーマーケティングなどです。広告は、プッシュ集客の主要な手段です。手始めにやるにはディスプレイ広告、SNS広告を活用します。出稿先の属性を絞り込んで、特定のターゲット層に対して訴求することも有効です。

　SEOなどのプル集客だけでは競争が激しく限界があるため、プッシュ集客を組み合わせることで、それまでの限界を超えることができます。

　お客さんがまだ能動的に探していない状態なので、こちらから働きかけて需要を「思い出してもらう」必要があります。「そういえば父の日まだ決めてなかった。確かにビール、いいかも」といった反応を引き出すこと

です。なので集客媒体も重要ですが、「思い出してもらうようなメッセージ設計」が非常に重要になってきます。

もし実店舗がある場合は「ネットショップ用クーポン」を提供することでECでの販売に誘導することができます。催事やポップアップストアで販売するなど、リアルの接点からクーポンで集客するのもプッシュ集客として有効です。

ただし、プッシュ集客は、商材によって向き不向きがあり、「潜在的にその商品を求めている人がどれくらい存在するか」が重要です。例えば「最近目の下のたるみが気になりますよね」という訴求は反応する人が多くても、「毎日の薪割りって大変ですよね」という訴求は、対象者が少ないので、不特定多数へのプッシュ集客は不向きです。こういう場合は、まずプル集客を突き詰めることが優先です。

その次の段階で「どういう人に広告を見てほしいか細かく設定して配信できる」タイプのディスプレイ広告やSNS広告に取り組むとよいでしょう。

中長期で強みを築いていく「フック集客」

フック集客は、販売ではなく、お役立ち情報やイベントなどエンターテイメントの発信を通じて**「間接的に」顧客と接点を作る方法**です。

直接的な販売ではなく、じんわり覚えてもらい後につなげるのがフック集客の目的です。売上につながることもありますが、最初からあまり期待しないで、投資と思って長い目で取り組むことがお勧めです。EC事業者のSNS運用は「やってみたけど売上につながらない」というのは当然で、急いで売上を作りたいなら他の施策を優先したほうがいいでしょう。

施策としてはブログや動画の発信、SNS投稿、オフライン・オンライン

でのイベント開催、プレスリリースなどが該当します。

　ブログなどで「○○な時に○○する方法」「○○の健康効果とは」といったテキストコンテンツを発信してGoogle検索での露出を目指す**「コンテンツマーケティング」施策は、フック集客の中心的な手法**です。実は、販売系の検索キーワードと違って調べ物のキーワードは競争が少ない傾向です。例えば販売系のキーワード（例：ネクタイ）は競争が激しいですが、調べ物のキーワード（例：ネクタイの結び方）は競争が少ないわけです。

　もちろん調べ物のお客さんを集めても、購入に直結しません。しかし**専門性のあるコンテンツをたくさん作ると、サイト全体のGoogle検索順位が高まる**効果があるのです（詳しくは法則8参照）。

　実店舗やオンラインでのイベント開催もフック集客に有効です。大きくなったEC事業者は「商品の製造過程を見学できる工場見学」を開催して地元の子供達を呼んだり、旅行がてら工場見学に来る大人たちが集まって、それがSNSで拡散されたりします。

　すぐに売れるわけではないですが、人々の記憶とネット上に思い出が蓄積されていくのは、お店にとって重要な資産だと言えます。

　集客プランとしては、前述の比較表を踏まえ、まずはプル集客に力を入れるのが基本です。あとは商品特性を踏まえて、プッシュ集客かフック集客のどちらを選ぶかを決めます。法則6から各施策を紹介するので、まずは理解を深めてから検討してください。

> **ワンポイント**
> 集客施策は商品によって相性の良し悪しがあります。また以前は良かった施策も効果が落ちることがあります。定期的に施策の効果を検証し、効果のない施策を中止するなどして、リソースを再配分しましょう。そうすれば、新しい集客方法に取り組む余裕が生まれます。

法則 6 SEOや検索広告などの「プル集客」

> プル集客は、検索経由を中心とした「能動的に情報を探しに来るお客さん」を対象とした集客方法です。想定すべき検索エンジンは2種類あり、それぞれ仕様が違います。1つは楽天市場やAmazonなどECモールの「商品検索」で、もう1つはGoogleなどの「Web検索」です。

「商品検索」と「Web検索」の違い

商品検索もWeb検索も、**「検索結果画面でなるべく上位に表示されて、お客さんの視界に入り、興味を持ってクリックしてもらう」**ことで、集客ができます。

以下の3要素を高めることで、プル集客力がアップします。

①**バリュー要素**：検索エンジンからの評価
②**マッチング要素**：検索意図とキーワードから逆算した作り込み
③**クリック率**：見た目の分かりやすさ

あらゆる検索サービスは、**「各ユーザーの需要」**と**「商品や情報たち」**のマッチングサービスだと言えます。需要にマッチした商品や情報はたくさんあるので、その中から**「最も価値（バリュー）の高い情報」**から順に表示されます。

ECモールの「商品検索」では、**売上実績や評価の高い「商品」が上位**

に表示され、Googleなどの「Web検索」では、**評価の高い「サイト」や「ページ」**が上位に表示されます。

ただ、いずれも前述の「バリューはあるか、マッチングしたか、クリック率が高いか」で集客の成否が決まるという構造は同じです。この**基本を理解しておくと、仕組みが変わっても、状況判断がスムーズ**になります。

ECモール検索は「商品ごとの最適化」が大切

ECモールの「商品検索」では、どのECモールでも、**当該商品の「直近の売上」が高いと順位が上がります。**よく売れるものを上位表示させることで、ECモールにもマージン売上が発生するので、当然ですね。ただ、出店者にとっては、**「検索順位を上げて売上を伸ばしたい」のに「売上が伸びないと検索順位が上がらない」**という矛盾が発生します。このままでは検索順位が低いままになります。

対策としては、まず「マッチング要素」への対策を優先します。

● キーワード先読みと網羅で「マッチング要素」に注力

ECモールの商品検索で表示されるかどうかは、商品名や商品説明文などの商品情報に検索キーワードが含まれているかどうかが判断基準となります。そのため、**検索されうるキーワードを幅広く記入しておくことで検索にヒットしやすくなります。**例えば「ババロア」といった一般名詞だけでなく「スイーツ」「洋菓子」などのカテゴリ名、「デザート」「お中元」などの用途、「バースデーケーキ」に対しての「誕生日ケーキ」といった別表記、「誕生日 男の子」といった対象者などの「間接的なキーワード」を入れていくことが重要です。

モールECの商品検索では、仕様上、出店者がカテゴリページを作っていても、その内容は商品検索に反映されません。よって、ヒットさせるには**必然的に「カテゴリに書くような情報も商品ページの中に書いていく」ことになります**。その結果、ECモールでは「単語の羅列のような読みづらい商品名」になる傾向にあります。

　さらに、キーワードの記入だけでなく各ECモールが定義した**商品カテゴリやタグ・商品属性を適切に登録する**ことも、マッチング率を高める方法です。靴であれば、サイズや「メンズ」といった商品属性情報を商品情報に登録しておくことで、検索にヒットしやすくなります。

　このような施策は、1商品だけで実施しても体感効果は少ないのですが、店舗内の全商品で徹底することによって大きな成果が出ます。そのためには、商品マスタ（法則18）の整備、商品登録や更新時の仕組み化が重要です（法則25）。

※ 関係のない単語を羅列するなどはペナルティの対象となります。商品検索のアルゴリズムは、Web検索と比べると精度が低い傾向ですが、お客さんがお金を払うものですから、人間による巡回チェックが行われています。

● 売上が伸びると「バリュー要素」が高まる

　このように、1つ1つの商品で検索キーワードを先読みし、**「マッチング要素やクリック率」を向上させ、売上実績を積み上げます**（「バリューを高める」に該当）。**すると検索順位が上がって売上が伸びて、順位が上位で安定するという、好循環に入ります。**あるいは、後述する検索連動型広告でブーストをかけて、人為的に検索順位を上げることもできます。

　その他の影響要素としては、出荷スピードがあります。ECモールごとに基準は違いますが、注文から発送までの期間が短い商品ほどバリューが高くなります。レビューの平均点数や件数も影響するので意識しましょう。

● **商品検索結果で目立って「クリック率」を向上**

　上位表示されたとしても、クリックされないと売上にはつながりません。そこで、以前紹介した**検索結果に表示される「商品画像」**で興味を引きます。また、**商品名の頭に「国産」「大容量」**など、**魅力を端的に表現した単語を追加する**ことも有効です。法則3で紹介した「ダレナゼ」を踏まえ、お客さんの目線で書きましょう。

　同じECモールでもAmazonは例外で、「カート獲得」が最大の影響要素になります。楽天市場やYahoo!ショッピングと違い、**Amazonでは出品者が違っていても同じ製品なら商品ページは1つに統合**され、価格が安く出荷が早い店の商品だけが「代表」として表示されます。なので、商品情報を調整することができません。仕入れ商品よりオリジナル商品のほうが競争を避けやすい構造だとも言えます（別注商品などのオリジナル商品企画については法則54を参照してください）。

図6-1　マッチング要素とバリュー要素

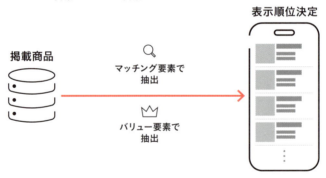

Web検索は「サイト全体の最適化」が重要

● **Web検索の「バリュー要素」は、サイト全体の専門性が重要**

　ECモールでは「商品」が強めに評価されるのに対して、Googleでは個々

のページを総合した「サイト全体への評価」が影響します。**読者にとって「専門性と信頼性のある情報」を提供しているサイトが高く評価されます**。また、借り物ではなく独自の経験であったり、専門家としての裏付け（権威性）があるほうが好評価になります（経験や権威性、専門性などの評価される基準をまとめてE-E-A-Tと言います）。

基準としては、検索エンジンが記事を読んで品質を高く評価したり、信頼できる外部サイトから言及されると、バリュー要素が強まっていきます。ページ表示速度やスマホでの閲覧に適しているかなどの「使い勝手」も影響します。

Web検索は、「基本的に商品を探している」ECモールと違い、ユーザーは情報を調べています。読者にとって価値ある情報（例：毛ガニの食べ方）を発信し、「毛ガニの食べ方を知りたい」人を集めても毛ガニの売上に直結はしませんが、前述の「権威性」にあたるので、じりじりとサイト全体の評価が高まります。サイト全体の専門性が評価されると、徐々に売上に直結する検索キーワード（例：毛ガニ 取り寄せ）でも有利になります。この状態を目指し、半年以上はかけて、長期的な取り組みとして取り組みましょう。この後の「フック集客」で紹介する、コンテンツマーケティング施策（法則8）が有効です。

● Web検索の「マッチング要素」

商品検索では商品だけが表示されますが、**GoogleなどWeb検索ではカテゴリページやトップページが表示されやすい**ようです。特に、「複数の商品ページやコンテンツを束ねるカテゴリページ」がよく上位に表示されます。そのため、サイト内の各ページが**階層構造になるよう設計する**ことが重要です。これをトピッククラスターモデルと言います。

作業手順としては、「そのサイトでユーザーが検索しそうな様々なキーワード」をいったん全部洗い出し、主要なキーワードを配置する形で階層

構造を作ります。つまり、上位にカテゴリを作り、下位に詳細ページを配置します（例えば、沖縄料理カテゴリの下に、沖縄料理に関連する商品や情報を配置）。

キーワードは、ページタイトルや見出し、本文中など、適切な場所に自然に配置します。細かい表記揺れ（例：誕生日ケーキとバースデーケーキの違い）は、検索エンジンが理解してくれるので、細かく網羅する必要はありません。意味が伝わりやすいライティングであれば大丈夫です。

商品検索では「検索キーワードの先読みと網羅的記入」が重要ですが、**Web検索では単語にとらわれすぎず、自社の専門性を生かして「ユーザーに役立つ情報を発信する」**ことに意識を置いてください。

● **Web検索の「クリック率」**

Web検索で**クリック率を上げるには、ページのタイトルやdescriptionと呼ばれる「ページの説明文」の調整が有効**です。検索結果画面でどのように表示されるかを想定し、分かりやすく書きましょう。

ただ、今後のWeb検索では**「AIがユーザーの需要に合わせて情報を要約して表示する」場面が増えてくる**と予想されます。AIの発展によって、Web検索がどう変わるかに注目し、柔軟にやり方を変えていきましょう。

検索連動広告について

広告について補足します。**ECモールやGoogleでも、検索結果画面には、通常の検索結果に加えて検索連動型の広告が表示できます。**ユーザーが検索したキーワードに関連する広告を表示する仕組みのことです。

GoogleなどのWeb検索結果に表示される検索連動型広告は、リスティング広告とも呼ばれ、検索結果画面の上部や下部に表示されます。商品名だけでなく、悩みや課題に関するキーワードでも広告を配信できるのが特

徴です。

　楽天市場やAmazonなどのECモールにも、検索連動型広告が存在します。楽天市場の「RPP広告」、Amazonの「スポンサー広告」などがそれにあたります。

　いずれもクリック課金制かつ入札制で、競争の激しいキーワードは値段が上がっていきます。また、**出しっぱなしだとどんどん無駄にお金がかかってしまうので、こまめに調整することが大変重要です。**商品の在庫や、季節ごとの需要変動やモールイベント動向も考慮しましょう。費用を抑えるなら、収益性の高い商品に絞って広告を出稿するのがお勧めです（広告の効果検証と運用は法則28を参照）。

● データフィード広告について

　取扱商品数が多いECの場合は、**商品情報データを活用した広告**が使われます。例えば、Googleで商品について検索すると、ECモールのように「画像付きの商品検索結果」が表示されることがありますよね。これをGoogleショッピング広告と呼びます。

　GoogleやFacebookなどの媒体側が指定するフォーマットに合わせて、手持ちの商品情報を加工したデータを提供することで、広告が表示されます。これは、**ECモールに商品情報をアップロードするのと同じこと**です。「原稿」ではなく「商品データ」を渡して、自動で原稿を生成してもらうわけですね。

　広告媒体に提供された商品情報データは、プル集客だけでなく、プッシュ集客（例：ページの閲覧時に表示されるディスプレイ広告）でも使われます。こちらについては、法則7で解説します。

法則 7　ディスプレイ広告や純広告などの「プッシュ集客」

> プル型の検索対策は、効果的ですが、競争が激しい側面があります。そこで「お客さんが検索する前に接触して販売してしまおう」というのがプッシュ集客です。プル型で集客基盤を作った後に取り組んでください。潜在需要を「思い出してもらう」アプローチが特徴です。

プッシュ集客の3つの戦略

　プッシュ集客は、こちらから売り込んで「潜在需要を顕在化させる」という難易度が高い施策です。

　お客さん側は「もともと検討していない」状況ですから、動いてもらうためには、何かしらのキッカケが必要です。つまり、キッカケの設計が重要です。例えば「このメールを見ている方限定で」「今なら早割」「在庫限りの先着順」「このクーポンを使うと〇〇プレゼント」などです。

　これらを「オファー」と呼びます。何かしらの特典を提案するのです。**オファーには「限定感：今だけ・ここだけでしか入手できないという感覚」「理由付け：なぜ今すぐ購入する必要があるのかの明確な説明」という要素があります。**

　プッシュ集客の典型的なパターンは、大きく3つあります。

1. ステップ販売
- 実店舗やサイト内でオファーして、LINEやメルマガ登録へ誘導
- オファーは、ノベルティやクーポンなどの「登録特典」

2. イベント販売

- ECモール等のイベント会場などで露出して、特集ページへ誘導
- オファーは「早割・期間限定・割引」など

3. トライアル販売

- ディスプレイ広告などの媒体でオファーして、お試し品へ誘導
- オファーは「今だけお得にお試しできます」など

ステップ販売

いったん**特典を提示して読者になってもらい、あとはじっくりと距離を詰めていきます。**広告というよりは、実店舗などの無料で露出できる媒体で集客します。LINE友だち登録などのSNSフォロー、メルマガ登録で特典を提供します。モニターアンケートに回答してくれたら特典、というケースもあります。

ここでいう特典とは、割引やノベルティだけでなく情報も含みます。「○○レシピを差し上げます」などです。特典がなくても、「SNSフォロー（メルマガ読者登録）すると割引クーポンをお届けします」でもOKです。

露出先

- 実店舗、催事、ポップアップストア、展示会など
- チラシ、名刺、封筒などの既存の印刷物（ECサイトのURLを記載）
- 会社サイト（コーポレートサイトからリンクを張る）
- 他社とのコラボ（配送時に自社のチラシを同封、相互送客）

特典

- クーポンによる割引

- ノベルティグッズのプレゼント
- 限定コンテンツ（動画、情報）へのアクセス権
- 次回購入時の特典

イベント販売

　母の日や父の日など、ECモールや各種メディアではよくイベントが開催されていますね。ECモールやメディアはこういった特集を広告媒体として販売しています。例えば、「楽天の父の日ページのこの位置のバナー広告は何週間掲載でいくら」など、掲載箇所や広さなどによって様々な枠があります。ECモール出店者は、このような広告枠を購入して、この特集ページから自店舗へ集客します。リンク先は「父の日クラフトビール特集」などの店舗の特集ページや、商品ページです。

イベント会場ページを見て「そういえば○○が必要だったな」などと思い出しているお客さんと、店舗側のページを接続するようなイメージで文脈を設計します。

　せっかく興味を示しても、まだいいや、となってしまわないよう、季節ギフトの**早割や先着順販売などで「今判断しないといけない」状況**を作り出せると、「顧客の予定になかった買い物」を促すことができます。これは広告施策に限りません。

　広告などから飛んできたお客さんへ向けて表示するページをランディングページ（LP）と呼びます。ECの一般的な商品ページは「検索結果で競合商品と見比べられて選ばれる」ためのページなので、比較優位性のアピールが重要ですが、こういった販売方法のページでは、テレビ通販のようなお客さんを説得するような、長いページ構成のほうが有利です。

　検索連動型広告と違い、期間限定での掲載ですから、掲載開始後、**広告**

の効果が出ないと感じた時は、広告原稿やランディングページの品質をこまめに改善しましょう。掲載終了後も効果検証し、今後も出稿するかどうか考えましょう。詳しくは法則28の効果検証を見てください。

トライアル販売

広告媒体を使って露出して「今だけお試し品が安い」と提案し、トライアル商品を買ってもらって、その後通常商品の定期購入へと誘導するアプローチです。単品リピート通販でよく行われます。

オファーは、お悩み訴求が中心です。「ダイエットしたくないですか」とか「最近疲れてきたなと思いませんか」とか「年齢肌が気になっていませんか」といった、多くの人に共通する潜在的な課題感を提示し、そして「そういうお悩みを持っている人は、今このトライアル品を手軽に試すチャンスです」と話が展開します。

ただ、これは相性が良い商材と悪い商材とがあります。潜在需要に訴えかけるといっても、「薪割りするのが大変だと思いませんか」と問うたところでほとんどの現代人は薪割りをしていませんね。実は「薪割り機」という商品はあるのですが、対象人口が少ないので、この方法でのオファーは向きません。

露出先としては以下のような広告媒体が中心です。

- **ディスプレイ広告**：ユーザーの興味や閲覧サイトの関連性に基づいて、Webサイトの隙間などに表示される広告
- **インフィード広告**：コンテンツやSNSのフィード内に［PR］などと表記しつつ、自然に組み込まれる広告
- **純広告**：特定のWebサイトや媒体に直接掲載される広告

トライアル販売の場合は、「確かに、言われてみるとそれは自分にとって必要だ・重要だ」と、潜在欲求を思い出してもらえるようなページが必要です。概ね**「○○でお困りでありませんか？」「○○って困りますよね」といった「課題感を思い出してもらう」ような表現が多い**傾向です。一般的な商品ページとは少し違う技術が必要なので、まずは同業他社がどのような形で広告を出しているかを観察し、試しに買ったりして勉強させてもらうのがよいでしょう。

なお、検索経由の購入と比べ、「広告経由で購入したお客さんはあまり長くリピートしてくれない」傾向もあるので、**単品リピート通販モデルで収益が取れるかどうかは、見せ方だけでなく、商品との相性が影響します。**当たると大きい売り方ですが、失敗事例も多いので注意してください。

● ディスプレイ広告の配信

ここまでで紹介した3つのプッシュ集客戦略とは別に、「シンプルに商品広告を配信する」方法もあります。

法則6で紹介した**「データフィード広告」は、ディスプレイ型広告としても使うことができます。**過去に別のサイトで見た商品情報が、今見ているサイトに表示されていたことはありませんか？　これはリターゲティング広告と呼ばれる手法で、ユーザーに「思い出してもらう」効果があります。また、ユーザーの趣味嗜好に応じて、AIが需要を先読みして表示される広告もあります。これらの広告面は多くのWebサイトに掲載されています。

このように、特に「取扱商品数が多いEC」における、本店（独自ドメイン店）の広告運用では、データフィードが大変重要です。**モールに商品情報をアップロードするのと似ています**よね。EC業務の心臓部である「商品マスタ（法則18）」を整備することで、ディスプレイ広告の運用精度が向上します。

法則 8 SNS・プレスリリースなどの「フック集客」

> ここではSNS、コンテンツマーケティング、プレスリリースを使った「フック集客」の方法を紹介します。広報的・間接的な要素が大きく、長期的に考えるべき「投資」です。すぐに売上につながりませんが、じっくりお店の個性を育ててくれます。

フック集客の本質

典型的なフック集客は、以下の通りです。

- SNSで日々の活動や「ユーザーにとって有益な情報」を発信
- コンテンツマーケティングでは役立つ情報や楽しい読み物を提供
- プレスリリースでは、メディアを通じて幅広い層にアピール

フック集客は、情報発信なのですが、いずれもすぐに売上につながることは、おそらくないと思います。だから取り組み順序としては、少し先です。また、商品の特性によって最適な形が変わってくるので、じっくり検討して取り組んでください。

SNSなどで、右脳的な「雰囲気」の発信

日々商品を頑張って作ったりしているシーンをショート動画にしたり、

写真にしたりして発信します。「買ってください」ではなく、**ふわっと「雰囲気」を発信して、ライブ感や親近感**を作ります。

　例えば、パン屋さんがSNSで毎日の焼きたてパンの写真を投稿したり、ブログで美味しいパンの食べ方を紹介したりするイメージです。また、海外で商品を視察しているところや自社農場で人参を収穫するところ。アウトドア用品店のスタッフが「今日のキャンプ飯」を発信するなど、プライベートのついでもよいでしょう。何か活動した時は忘れず写真や動画を撮っておくとよいでしょう。「仕事のついでのブランディング」作業です。

● 雰囲気を発信すると「実在感」が生まれる

　このような発信は、フォロワーにとっては、いわば一瞬の工場見学や社会見学です。**一度工場見学に行くとその会社の商品はちょっと自分にとって実在感のある特別な感じがします**よね。「今日も朝早くから仕入れに行ってきました！」といった投稿は、真面目な姿勢を伝えられます。

　デジタルの世界でありながら温かみを感じる、この「実在感」がポイントです。**「人として認識してもらえる」**ことは 将来的な資産です。

　主な媒体はInstagramやX(旧Twitter) ですが、Facebookで友達相手に発信することも有効です。大事なのは 媒体ではなく内容なので、あちこち転用していきましょう。

　また、こういったSNSアカウントは顧客とのコミュニケーションツールになります。発信の合間には、**時折エゴサーチをして、商品の感想を書いているお客さんにお礼や説明をする**などして、地道な関係づくりの活動もできます。またあらためて何か紹介してくれるかもしれません。

● お客さんやインフルエンサーからの紹介を促進

　第三者によるお店や商品についてのSNS発信を増やすためには、有償で紹介を依頼する方法もあります。インフルエンサーに依頼したり、モニター

を募集して商品をInstagramで紹介してもらう「ギフティング」と呼ばれる施策です。

ただ、商品に愛着がない紹介はどうしても不自然になる恐れがありますし、広告目的であることが不明瞭な投稿をさせるとステマ規制に抵触するリスクもあるので、十分調べてから取り組んでください。

まずはあまり下心を持たないで、「自主的に紹介してくれる人との関係を育んでいく」のが一番だと思います。

記事や動画を中心に、左脳的な「情報」の発信

ブログや動画などで情報を提供する施策もよく使われています。例えば、アウトドアの楽しみ方や猫との暮らし方など、お客さんにとって役立つ情報や、楽しめる内容を提供することです。コンテンツを作ったら、前述のSNSなどでもお知らせします。媒体間の転用を意識しましょう。

● **コンテンツマーケティングで検索順位を上げる**

特に、Google検索を考慮しつつブログなどテキストで配信することは「コンテンツマーケティング」と呼ばれます。

ユーザーのニーズや疑問に答えることをメインに考えるため、「○○したい」や「○○の意味」などを教える内容が多めになります。「毛ガニの食べ方」を見ている人は、すでに購入した人でしょう。「ナッツの健康効果」を見ている人が、即座にナッツを購入するわけではありません。

副次効果、というよりもこちらが主なメリットなのですが、**コンテンツマーケティングの大きな利点は、Googleからの評価が高まって、検索順位の向上に寄与する**点です。特定テーマに関する豊富なコンテンツは、そのテーマに詳しいサイトとして検索エンジンから評価されて、「毛ガニ 取

り寄せ」といった買い物直結キーワードでの検索上位になります。

　サイトの評価を上げていくために良質なコンテンツを増やしましょう。

● **他媒体での情報発信も、ブログに転用する**

　YouTubeなどの動画を見るユーザーは「実際どうなのかという感覚」を把握したくて調べる人が多いと思います。やってみてどうなのか、比べてみるとどうなのか、文字とか写真だけでは分からないところを把握する用途で使われます。**再生回数が低くても売れます。何十回程度の視聴回数の動画で、1つ数十万円の高額な家具が売れたというケース**もあります。

　このように動画やInstagramで情報配信している場合も、その内容をテキスト化してブログに乗せましょう。SEO効果がありますし、コンテンツの使い回しは効率的です。

　条件として、法則6でも紹介したように、Googleで評価されるためにはサイト全体の一貫性と専門性が重要になります。いわば「月刊◯◯」といった雑誌のようなイメージで、特定テーマを持っている必要があります。「自分は何の専門家なのか」を考えつつ、情報発信をしていきましょう。

プレスリリースで、メディア掲載を促進

　プレスリリースは、**自分都合ではなく「メディアの都合」を考慮し、メディアが取り上げやすい形で発信する**ことが有効です。

　PR TIMESなどのプレスリリース配信媒体を使って、手軽に配信できます。**他社の事例がたくさん載っているので、参考になります。**文面は、ChatGPTなどのAIツールを使うと、ある程度の下書きを出力してくれます。

　まず大切なのは、メディアの動きを把握することです。実は、メディアが1年のうち報じるイベントは、ほぼ決まっているのです。お正月、成人

式、バレンタイン、節分、花粉症の季節、春休み、ひな祭り、ホワイトデー、新生活、ゴールデンウィーク、子供の日、母の日……。こういったイベントに合わせて企画を考えて配信します。

あるお店では、バレンタインに合わせ、ところてんベースの商品「チョコろてん」を企画、リリース配信したところ、メディアに毎年取り上げられるようになりました。また、防災の日に合わせてプレスリリースしたあるお店では、20社ほどのメディアで紹介されました。

型破りな商品で注目を集める方法もあります。あるお店では、1枚3万円する「貴族のピザ」を企画しました。一般消費者向けではありませんでしたが、フォワグラやトリュフをふんだんに使った斬新さからテレビ番組で紹介され、「テレビで紹介された店」という実績を作ることができました。

諦めず、色んな角度からコツコツ試していくとよいでしょう。

● **効率化して、コツコツ取り組む**

お店の運営で手一杯の状態で、フック集客を続けることは難しいでしょう。やると分かりますが、**情報発信しながらモノを売るのは、ある意味「2つの仕事を並行してやる」ようなもの**です。情報発信しているお店は、お客さんからすると楽しそうに見えると思いますが、通常業務を賢く効率化しておくことが大前提なのです。まずは、商品の仕入れや在庫管理、受注処理など、基本的な業務をしっかりと整えた上で、気持ちに余裕が出てくれば、フック集客を始める時期です。

> **ワンポイント**
> こういった情報発信をしていても、フォロワー数の増加は計測できますが、この活動でいくら売上につながった、といった明確な費用対効果はなかなか出しづらいですよね。だから、多くの人にとっては、気持ちが続きません。もしあなたが、損得抜きでこういった情報発信を楽しめる性格なら、それはお店にとってかなり大きな差別化要素かもしれません。

法則 9 基本の商品ページは「アンサーファースト」で作る

ここから、**接客**の話に入ります。現在のECは、スマホ経由での購入が中心です。移動中などスキマ時間で購入するシーンも多いため、お客さんの購入判断はどんどん短時間になっています。こういった状況に合わせた「端的な商品ページ」の作り方を紹介します。

スマホ前提の商品ページは「要約」が命

現代の商品ページは、スマホ環境で、電車の中やテレビを見ながらなど、**集中力の続かない状況で閲覧される**ことが多いです。また、その構造は「正方形のサムネイル画像を組み合わせたもの」が中心です。いわば10コマ漫画のようなイメージです。1画像1メッセージで、お客さんはフリック操作で商品の概要を把握するという構造になっています。

あなたが販売する商品にはたくさんの情報があり、伝えたいことも色々あると思いますが、このような「お客さんはせっかち」という状況を鑑みると「お客さんが特に知りたいであろうこと」を先に伝えることが大切です。そのためには、お客さんのニーズを理解し「要約して端的に伝える力」が重要。

自分が言いたいことを言う前に、まず「相手が聞きたいこと」や「相手が知るべきこと」から教えてあげましょう。これを**アンサーファーストの原則**と言います。

アンサーファーストを実践するには、相手が聞きたいことを理解する＝

顧客理解が重要です。「ダレナゼ」の話、覚えていますか？ お客さんは、何の用途・目的で、どういう比較基準で商品を探しているかそれぞれ違います。検索結果の中から「自分の都合にちょうどいい商品」を選ぶというのがお客さんの動き方です。

例えば子供の弁当のおかずの冷凍食品を探しているなら、自分の子供が好きそうか、体に良いかといった観点で比較するはずです。「子供は好きそうかな？ OK！」「体に良さそうかな？ OK！」というように、心配な点をチェックしながら商品を見ています。つまり、**商品ページとは、お客さんの「心の中のクエスチョン」に対する「アンサー」**なのです。

制作する前に、「まずリサーチ」が大事

ダレナゼを理解し、アピールポイントを決めるにはどうすればいいか？ 一番分かりやすいのは、商品レビューです。**どういうお客さんがどういう理由で買ってくれているのかを、レビューを読み込んで理解**していきましょう。

- 何が目的で、どういう用途で、どんな経緯で探していたのか
- 似たような商品がある中で、何が決め手になって選んだのか

例えば「子供の卒園式のために色々着回せるレディースフォーマルを探していました。出産してからちょっと体型が変わったので体型カバー機能を重視して選びました」といった声がレビュー内に複数あれば、**この商品の「お客さんの興味と決め手」は「体型カバー機能」**ですから、それを商品ページでアピールすればよいわけです。他にも「卒園式や入学式など色々使い回せます」などと書き添えるとよさそうです。

もちろん、同じ商品でも人によって感想は違います。同じ冷凍ピザでも、働く親が買えば「子供が喜ぶし、調理が簡単だから」、単身者が買うと「遅く帰ってきてもすぐ食べられて、保存が利くから」などという声が見られるかもしれません。**主要な購入理由は一通りページに載せたい**ので、よく観察しましょう。まだレビューが付いていないなら、類似商品や他社商品のレビューを参考にしましょう。

リサーチの結果、意外なことが分かる場合があります。例えば、エコバッグを販売していて、社内では「素材感」を重視してきたけれど、実際のレビューでは「畳んだ時のコンパクトさ」が評価されていたりします。その場合、当然アピール内容は修正します。

社内取材も重要です。MD担当やバイヤー、社内の職人、販売スタッフ、CS担当に「この商品は何がウリ？」「どんな問い合わせがある？」などと話を聞きます。商品を対面販売しているつもりで口に出してしゃべってもらって録音して、AIなどで文字起こししたものをベースに文章化すると、短時間で情報を整理できます（より詳しい「顧客研究」については法則53を参照してください）。

リサーチが済んだら、商品ページを作る

● 優先順位を付ける

レビュー分析と社内取材で得られた情報を参考に、アピールポイントを整理し、アンサーファーストの原則に基づいて、優先順位を付けていきます。

具体的には、**その商品の「魅力ベスト3」を考えます**。自分が伝えたい魅力ではなく、あくまでお客さんから評判の良い魅力で選びます。シンプルな箇条書きで整理してみましょう。例えば前出のエコバッグならば以下

のようになります。

1. コンパクトに畳めて、ポケットに入る
2. 耐荷重10kgで、重い買い物も安心
3. 撥水加工で濡れても平気

　優先順位が決まったら、テキストや画像で何を伝えるべきか、どんな写真を撮影するべきかのイメージも湧いてきますよね。

● 画像は「パターン化」すると早く作れる

　商品画像は、1枚目には全体の要約、次の画像では「コンパクトに畳める」、次の画像で「耐荷重」、次の画像で「撥水加工」、という流れを作ります。
※AmazonなどECモールによっては1枚目の画像に文字入れ制限があります。その場合は2枚目以降にアピールを書きましょう。

　できれば、**商品写真の構図や、商品画像のレイアウトパターンは、商品の傾向や購買層ごとなどに、ある程度決めておく**のがお勧めです。典型的な構図があらかじめ決まっていれば、撮影時間が短縮されますし、画像制作もスムーズです。詳細は、この後の「ワンポイント」を参照してください。

　また、アピールする際は、**商品画像とテキストで役割分担する**ことも効果的です。例えばエコバッグなら、画像では「折りたたんだ状態とバッグにモノをたくさん入れた状態」を見せ、テキストで「○kg入れても破れません」などと説明するといった具合です。メリハリを付け、情報を詰め込みすぎないよう注意してください。

● テキストは数値やファクトを入れて具体的に

　テキストは具体的に書きましょう。

・数字を使って具体的に示す　例：「軽い」→「重さわずか50g」
・比喩を用いてイメージしやすくする
　例：「大容量」→「500mlのペットボトルが6本入る」
・お客さんの使用シーンを想起させる
　例：「撥水加工」→「急な雨でも中身を守る」

　そして、一番大切なのは商品名と第一画像（一番上に表示される画像）です。ダレナゼを踏まえて、検索結果で目立つようにするには、商品名の冒頭やサムネイル画像に、端的な強みを一言で追加します。「たっぷり1kg」「雑誌○○で紹介」「国産」などと、一言入れるだけでクリック率が倍増した事例もあります。

> **ワンポイント**
> 少ない商品数を工夫して売っていくお店と、たくさんの商品を効率的に登録する必要があるお店では、一品一品にかける手間は変わってきます。商品ページを日々登録・更新していく業務については、法則25を参照してください。なるべく型を作って、パターン化していくと早くなりますよ。

法則 10

重要な商品ページは「BEAFの法則」で作る

ここでは、商品の魅力や実績、優位性などを分かりやすく伝える、「重要商品ページの作り込み」について紹介します。特に力を入れたい商品で、積極的に売っていく場合には必須です。色々なアピールを整理して分かりやすく伝えるための方法です。

商品ページ構成「BEAFの法則」

パワフルな商品ページには、だいたい「BEAF」の4要素が揃っています。①**Benefit**（購入メリット）、②**Evidence**（証拠）、③**Advantage**（競合優位性）、④**Feature**（様々な特徴）、それぞれの頭文字を取って「**BEAFの法則**」と言います。

まず、Benefitで商品の魅力、問題解決、購入メリットを表現。例えば、美容液なら「肌のハリと潤いを1週間で実感できる高保湿美容液」など。

次にEvidenceで「信頼性の論拠」を示します。「グルメ雑誌で何度も紹介され、あの有名レストランでも人気」など。Advantageでは類似製品との差別化を図ります。「独自成分○○配合で、通常の保湿クリームの2倍の保湿力」など。

最後にFeatureで、賞味期限やサイズや組み立て方法など、情報を網羅的に提供し、購入の最終決定を後押しします。

実はこの構成、お客さんの右脳と左脳にアプローチする効果があります。**Benefitは主に右脳に働きかけ、感情的な「興味」を引き出します**。その後、「でも、そんなに良い商品なのだろうか」という疑いにEvidenceを示し、

「他にもいい商品があるんじゃないの？」に対してAdvantageを、「でも○○は大丈夫かな」に対してFeatureで詳細情報を伝えて、すべての不安をクリアして、お買い上げとなります。

　つまりこれらは、「お客さんが持つクエスチョン」に対してのアンサーですよね。「アンサーファーストの原則」を突き詰めると「BEAFの法則」になるわけです。

図10-1 BEAFの構造

Benefit（購入メリット）の訴求

　Benefitの訴求は、商品によって「ポジティブ訴求」と「ネガティブ訴求」のどちらかで表現します。

● ポジティブ訴求

「理想の生活」を描写。かわいい／スマートな自分の姿、楽しい誕生日の風景、スッキリ収納されたキレイな部屋。**商品が使われるシーンや体験を、まずイメージ写真で表現**します。

　文章でも、どんな良いことがあるかを描写します。「レビュー抜粋」が有効です。例えば、父の日ギフトなら「普段喜ばない父が初めて大喜びして、感謝されました♪」、問題解決なら「長年のあの苦痛から解放されました。今ではもう手放せません」など。

● ネガティブ訴求

「イヤなこと」を指摘して、それを「解決」する商品を紹介。階段を歩く時の膝の痛み、年々深くなる目尻のシワ、子供の周りで飛び散っているホコリ、浴槽の汚れなど。

健康食品が典型です。そこまでの困りごとじゃなくても、**「プチ不便・不安」を伝えると、潜在ニーズが浮かび上がります。**「調理に時間がかかる→ワンタッチで時短になります」など。「夏のレジャー。はしゃぎすぎてスマホをなくしちゃった…… そうなる前に、キャリングケースをお使いください!」「この収納ケースがあると、こんなにスッキリ片付きます(Before/After対比)」など。

Evidence(証拠)の提示

評判や品質を証明する「証拠」を示します。実に様々なものがあります。累計販売数50万枚突破、○○ランキング1位などの販売実績、農林水産大臣賞などの受賞実績、テレビや雑誌などのメディアでの紹介実績、北海道などの地域ブランド、「著名スタイリスト○○さん絶賛」などの推奨コメント、医師・栄養士など専門家の監修、セレブやスポーツ選手が愛用、「○○ホテルチェーンで採用」「△△航空の機内で使用」といったBtoB実績、創業明治○年などの企業としての実績等々です。

これらを商品画像に掲載するには、紹介されたメディアの写真、実店舗の行列、王冠をあしらった受賞マーク、数字やグラフなどの視覚的な工夫が必要です。ちなみに「楽天市場ランキング受賞」は取りやすいですが、それだけに頼るのはやめましょう。レビューやモニターなどの「お客さんの声」を効果的に活用することも重要です。

Advantage（競合優位性）のアピール

「この味わいの秘密、実は○○なんです」などと、自社商品が**「他社の類似商品と比べてどのように優れているか」**を示します。

　Benefitでアピールしている「品質や効果」、Evidenceでアピールしている「実績」を生み出す要素とも言えます。複数あることが多いので、「この商品が選ばれる3つの理由」といった表現で、番号付きで列挙していく構成が鉄板です。
　謙虚な人は「うちの商品にそんな強みはない」と言いがちですが、お客さん目線で考えてみてください。例えば干物を売っているとして、お客さんが最も目にするのはスーパーに置いてある安い干物です。ECで取り扱う商品はこういった商品よりは1ランク2ランク上のものが多いので、たいていAdvantageがあります。

　一般と違う原材料、手間のかかった製造工程、凝ったデザイン、「化粧水・美容液・乳液の3役をこの1本で完結」といった機能性。あるいは量の多さ。返品・交換の保証、アフターサービスなど。**「安さの秘密は、問屋を通さず直接買い付け」といった背景情報も有効**です。

　視覚要素でも表現しましょう。味噌蔵での仕事風景、性能比較グラフや、使用前後の効果を示す写真など。驚いた顔と吹き出しを画像に入れて「えっ、こんなにたくさん!?」などと商品のボリューム感をアピールすることもできます。

Feature（様々な特徴）の説明

　Featureでは、お客さんの「**でも、これは大丈夫？**」という**疑問や不安を解消し、最終的な購入決定を後押しします。**

　例えば、家具なら「組み立ては難しくないか」「重すぎないか、1人でも設置できるか」、入浴剤であれば「追い炊きできるか」「24時間風呂でも大丈夫か」といった細かい観点です。写真には、Benefitで使う「イメージ写真」と違い、「ディテール写真」を載せていきます。

　商品のスペック、重量、材質、使用方法、サイズ、賞味期限、成分、組み立て方法、お手入れ方法などなど、対象となる情報は多く、たくさんの画像のうちFeatureに当たる情報が全体の約8割を占めることもよくあります。

　目的は不安の解消ですから、説明文でも「オーブンレンジにぴったり収まるサイズの耐熱皿」、「○m²」だけではなく「約○畳分」などとイメージできるよう伝えることが重要です。

　商品ページでFeature部分の情報不足があると、問い合わせが入るか、購入しないで離脱します。なのでCS担当者と連携して「問い合わせでよく聞かれること」や、「色味が画像と異なる場合がある」「手作業による製造のため、サイズに若干のばらつきがある」といった注意事項をコツコツ追加して情報を網羅していきましょう。**CSの効率化にもなります。**

　以上の見せ方の具体的な事例は、**楽天市場やAmazonでの商品ランキングで、「自店舗と同じカテゴリ」の人気商品を見て**、実例から学ぶのが一番お勧めです。

法則 11 客単価アップなら「ついで買い・まとめ買い」

お客さんが1品だけ購入するのではなく、複数種類やまとめ買いをしてくれると嬉しいですよね。せっかく他の商品や複数買いしてもらえるチャンスがあっても、お客さんの目につかないとチャンスが生かせないので、上手にお勧めして、少しでも多く買ってもらえるように案内しましょう。

客単価アップの考え方

　ファストフード店でハンバーガーを買う時「ポテトもいかがですか？」「新商品の○○バーガーはいかが？」と薦められ、つい買ってしまったことはありませんか？　ここに客単価アップのヒントがあります。

　ポテトやドリンクなどの利益率の高いサイドメニューを薦めることで、利益を確保しています。いわゆる「ついで買い」の提案です。「クロスセル施策」と呼びます。

　「新商品の○○バーガー」をすすめるのは、より単価の高い「グレードアップ」の提案です。「アップセル施策」と呼びます。

　これはECならではの話ですが、「○円以上で送料無料」という基準があると、お客さんはそのラインを目指して購入しようとします。このような線を提示して、上の金額を目指すよう促すことを「引き上げ施策」と呼びます。

　これら客単価アップ施策が成功すると、来客数が現状のままでも、1人当たりの売上が上がります。また、送料無料商品の場合は、複数同梱すると

図11-1 客単価アップの考え方

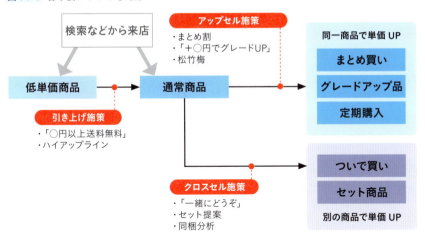

送料1個分の利益が増えます。「3,980円以上で送料無料」の店なら、例えば4,000円＋4,000円の商品同梱で、送料1個分の費用が浮いて、利益になります。

「別の商品」を薦めるクロスセル施策

● 関連商品の案内

「ついで買い」施策の第一歩としては、商品から商品にリンクを張って案内をします。ショッピングカートやシステムによって関連商品に自動リンクを張ったり、決済画面でお薦めすることもありますが、**特に併売率が高くて利益率も高いような商品は、手動でお薦めリンクを張ります。**

具体的には、商品ページ内で「一緒にどうぞ」というエリアを作って、一言キャッチコピーと一緒に関連商品へのリンクを張ります。例えば**「この椅子の下に保護マットを置くと床が傷付きません」といった説得力**が必要です。他にも、スマホケースと保護フィルム、シャツとネクタイ、ラン

ニングシューズとランニングソックス、デジカメとメモリーカードなど。商品ではなく追加保証のようなサービスを案内するケースもあります。

- ● **セット商品の企画と案内**

　単価が低い商品・選ぶのに迷うような商品は「お薦めセット」のようにまとめると買いやすくなります。飲食店のコース料理のようなものです。「アロマディフューザーとエッセンシャルオイルとフェイシャルマスクの癒やしセット」などと、ギフトセットにすることもできます。ギフト系の検索キーワードからの流入も期待できます。

　少し上級の方法ですが、購入データを見て「ある商品を買う人が、他のどの商品を併せてよく買っているか」を深掘りすると、セット企画が作りやすくなります。これを同梱分析（バスケット分析）と呼びます。単価と必然性を高めつつ、利益率も考慮します。ただ、セット商品は在庫管理が複雑になるので業務フローも考慮して設計しましょう。

「まとめ買い」「上位品」に引き上げるアップセル施策

- ● **同一商品まとめ買い**

「2個買うと○％オフ」「○個買うと1つ無料」などと動機づけをすることで、買い足す気持ちが発生する施策です。**「単品よりもまとめ買いがお得」という状況を作る**わけです。

　買いすぎても使わないかも、という心理が発生するので、「まとめ買いで保存が効く」「家族みんなで使える」といった訴求を適宜追加します。

- ● **グレードアップ（上位）品**

　レストランの「○円追加すると和牛にグレードアップします」という感

じで、上位モデルを紹介します。「大切な記念日に。18金モデルは20年経っても輝きが変わりません。アレルギーも出にくいです」などと一言添えます。

　有名な手法では、「松竹梅」もあります。**松（上位商品）、竹（中間商品）、梅（低価格商品）を並べて比較**します。松クラスの大手ブランド品を案内しつつ、ノーブランドの竹・梅のほうが実は利益率が高い、という見せ方もできます。単価は下がるけれど利益が増えます。

● 定期購入

　健康食品、ダイエット食品、化粧品、入浴剤など「継続して使い続ける商品」は、**「お得な定期コース」**を案内します。
「お試しサイズを3回買うより、大容量サイズのほうが○○円お得です」「注文忘れがなくなり、自然とダイエットが継続できます」といった一言が重要です。

　使用後にフォローメールを送り、本商品への移行を促します。システムが必要ですが、お試し商品購入時の決済画面で「今定期コースにすれば○％オフ」などと、購入前に定期購入シフトを狙う方法もあります。

「一定以上でお得」に見せる引き上げ施策

● 送料無料ラインの最適化

「いくら買えば送料無料になるか」を示す基準＝**送料無料ラインを、客単価分布を見ながら適切に設定**します。
　ECモールによっては送料無料ラインが事前に設定されていますが、自由に調整できる場合は、自店舗の状況に即して調整しましょう。

まず、購入データから、お客さんが「どのくらいの値段の買い物をしているのか」を把握します（客単価分析と呼びます）。これにより、適切な送料無料ラインの設定ができるようになります。例えば、客単価が3,000円台に集中している場合、4,000〜5,000円くらいに送料無料ラインを設定することで、追加購入を促すことができます。

　その上で「<u>○円以上で送料無料！　一緒にどうぞ</u>」などと低単価品を案内したり、低単価商品の一覧画面（検索結果画面）へのリンクを張ります。

● **ハイアップラインの活用**

　送料無料ラインの上にさらに特典を設ける「第二の基準線＝ハイアップライン」を設けて、高額な購入を促します。

　例えば、**「5,000円以上送料無料、10,000円以上ならおまけを１個進呈」など。まとめ買いクーポンとして提供するのも有効**です。これも、前述の客単価分析を参考に行います。

● **モール買いまわりラインの活用**

　楽天スーパーセールでは、○商品買うと付与されるポイントが増える、という仕組みになっているので、期間内に色んなお店で買って回る（買いまわり）をするお客さんが増えます。ただ、1,000円以上の購入でないと買いまわりとしてカウントされません。そこで、1,000円未満の低単価商品は○個まとめ買いすると○％オフといった提案をすると、単価が上がりやすくなります。

　以上のように、客単価アップは「心理戦」です。お客さんの気持ちを想定し、様々な要素を調整して、最も効果的な方法を見つけていきましょう。販売担当の腕の見せ所です。

法則 12

回遊性を高めるなら 「カテゴリ設計と引き込み導線」

「お客さんが色々な商品を見て回りやすいか」の度合いを「回遊性」と呼びます。ここでは、効果的なナビゲーション設計やカテゴリの最適化、魅力的な引き込み導線の構築など、具体的な対策を通じて回遊性と滞在時間を高め、転換率を上げる方法を解説します。

サイト設計の考え方

　回遊性とは、ユーザーがサイト内で複数のページを閲覧し、長く滞在する度合いを指します。この回遊性を高めることは、ECサイトの売上向上に直結する重要な要素です。

　ECは実店舗と比べ、お客さんが出ていってしまう「離脱」が発生しやすいですよね。離脱する時は、検索を経由して自店舗に訪れて、そのまま検索結果画面に戻ってしまうという動き方が多いです。**ECの最大の競合は、実は「ECモールやGoogleの検索結果画面」**かもしれません。

　でも、せっかく来てくれたのだから、自分のお店の中をあちこち見てほしいですよね。検索結果への離脱を防ぎ、お店の中を回遊し続けてもらうにはどうしたらよいでしょうか。**「検索結果に戻るよりも探しやすいお店」なら、離脱はもっと防げるはず**です。そのためには、検索しなくても先回りして色々提案してくれるお店、気が利いてるお店になる必要があります。図12-1をご覧ください。

図 12-1　離脱を防ぐお店にする

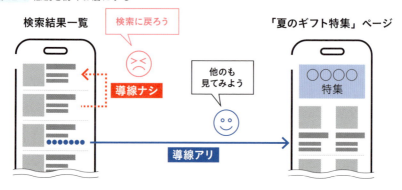

カテゴリ整備で商品を探しやすくする

　まず商品カテゴリの整備を行います。ある程度売れている本店（独自ドメイン店）であれば、SEOに直結するのでカテゴリは整備されているはずですが、ECモールの場合は、**カテゴリを作り込んでいなくても商品検索経由でお客さんが来てくれるため、どうしても整備が後回しになりがち**です。なんとなく感覚で増築を繰り返したカテゴリが、意味不明な状態になっていることが珍しくありません。

　実店舗ならお客さんが混乱するので、すぐに店員が気づくはずです。しかしECでは気づかれないまま放置されがちです。

● **カテゴリの設計方法**

　対策としては、アクセス解析（GoogleのサーチコンソールやR楽天のR-Datatool）を見て、どんな検索キーワードで来店されているかを確認します。「初心者」というキーワードが多ければ、そこから想像を膨らませて、細かく刻んだ「初心者向け」「入門セット」といったカテゴリやナビゲーションを作ります。「掛け布団」であれば、タオルケット、肌掛け布団、羽毛布団、毛布などと細かく種類や用途で分けたサブカテゴリがあると、探しやすいですよね。

また、カテゴリの切り口は様々あるので、図12-2を参考にしてください。

図12-2 カテゴリの切り口の例

カテゴライズの主軸になる切り口	商品分類で探す	
	ブランド／メーカーで探す	
	購入動機で探す	
より細かい需要を拾う切り口	用途で探す	「業務用」「ホームパーティー用」「朝食用」など
	容量で探す	「大容量」「まとめ買い」「単身者用」など
	経験レベル	「初心者向け」「入門用」「ベテラン用」など
	難易度	「お手軽メニュー」「腕によりを掛けるメニュー」など
	年齢別	「お子様用」「シニア用」「子猫用」など
	性別	「メンズ」「レディース」など
	身長・体重別	「大きいサイズ」「小さいサイズ」など
	価格帯検索	「1,000円以下」「5,000円均一」など
	ランキング	「当店お薦めベスト3」「現在の売れ筋」など
	店舗内検索	任意のキーワードで検索

※簡易的にカテゴリを追加するには、「店舗内検索結果にリンクする」という方法があります。商品説明文の中に「初心者向け」「女性向け」など何でもキーワードを仕込んでおいて、検索結果に直接リンクすればいいだけです。

ナビゲーションと引き込み導線

　お店のサイトは、トップページから順に見てもらえると思われがちですが、特にECモールでは、ネットショップへの入り口はトップページではありません。たいてい、検索やメルマガや広告を経由して、いきなり商品ページに入ってくる。そして、離脱します。

　商品ページで離脱する理由の多くは「思っていた商品と違った」なので、検索結果画面に戻ることなく「もっとピッタリの商品」を提案できるとよいわけです。その一例が「商品比較」です（図12-3）。類似商品それぞれの違いを一覧化して各商品にリンクします。これを見れば、自分が選ぶべきなのはどの商品なのかが分かりやすくなります。

図 12-3 商品の比較コンテンツ例

商品の種類	商品A	商品B	商品C
商品イメージ			
サイズ	15インチノートPC対応	コンパクト	大容量・旅行用
素材	本革(トップグレインレザー)	PVCレザー	本革(トップグレインレザー)
価格	20,000円	8,000円	50,000円
特徴	防水加工、ショルダーストラップ付き	軽量、ショルダーストラップ付き	防水加工、手縫い仕上げ、優れた耐久性、ショルダーストラップ付き

その他の店内回遊促進として、以下のような方法が挙げられます。

● 関連商品の提案

現在見ている商品と関連性の高い商品を適切に提案します。例えば、アパレルで、コーディネート写真から着用している他の商品に案内をするなど。追加購入の可能性を高めます。

● カテゴリ間の移動を容易に

現在のカテゴリに関連する他のカテゴリへのリンクを分かりやすく配置します。例えば、メンズシャツを見ているお客さんに、ネクタイやスーツのカテゴリへのリンクを提供します。あるいは「夏のファッション特集」へのリンクを設置します。

特集ページ・セールページ

店側から「今なら、こういった商品はどうですか？」と提案するのが「特集ページ」です。**実店舗で言えば、デパートやスーパーマーケットで行われる「北海道グルメフェア」のようなイベント**ですね。

特集ページには、「お客さんを引き寄せる効果」があります。お客さん

は通常、検索結果画面を見て「この中で一番良い商品を選ぼう」と考えていますが、自サイトを見て「検索するよりもこの特集ページの中で探すほうが楽だし、良いものがありそう」と思ってもらえれば、そのお客さんはお店の中で商品を選んでくれます。

デパートのバレンタイン特設会場がまさにそれ。チョコレートや菓子店、各種ギフトを1カ所に集めることで、お客さんは断然プレゼントを探しやすくなり、「歩き回ると疲れるし、この中で選ぼう」となるわけです。

他にも、**特集ページ内をお客さんが回遊してくれるので「普段は目立たない商品が売れる」**、数多くの商品が並ぶので「どれかは気に入ってもらえて売れる＝購入率が上がる」などの利点もあります。

特集ページのテーマは、売れ筋商品を集めた「今当店で人気の商品が勢揃い」、用途に合わせた商品選定で「ハロウィンで絶対目立つコスプレ特集」、客層に応じた「30代から始めるエイジングケア特集」あるいは「セールページ」など、様々な企画が考えられます。特にセール特集ページでは、お客さんは掘り出し物を探そうと巡回するので、「あまり値引きしていない商品」も勢いで売れる傾向があります。

> **ワンポイント**
> 回遊性アップの一番のコツは、実は「余計な情報を削ること」かもしれません。お客さんが求めている情報に絞って導線を作ると、反応が急増します。

法則 **13** 「追客」は、継続フォローで リピート促進&高評価を目指す

> ここからは追客の話です。まず、メルマガやLINEを活用した「追客施策」を紹介します。これは購入客や見込客へのリピート促進に加えて、好感度を高めて高評価レビューを増やすなどの「店舗・商品の評判」を高める効果も期待できる施策です。

追客施策について

　追客で使う媒体は、後述する「メルマガ」「LINE」が中心ですが、他にも同封物や定型メール、紙のDM、1to1電話フォロー、SNSが使えます。対象は、購入済みのお客さんに加え、LINE友達やフォロワーなど「購入まで至っていない見込客」を含みます。

　追客を頑張るとネット上にたくさんの評判が蓄積されたり、口コミが発生したりといった理想的な状態になりますよ。

　ネット上のお客さんは、初見においては複数の選択肢を徹底して見比べる厳しい側面がありますが、一方で「いちいち比べるのが面倒」「いったん信頼した店になれば価格で比べずに買う」という側面もあります。

　つまり、競争の激しいECにおいて、追客は「競争を避ける・有利にする」効果が期待できるわけです。**特にリピートしない商品は「ネット上に蓄積された評判」が今後の集客力を左右する**ので、コツコツ取り組んでいきましょう。追客施策はあまり費用がかからないのも魅力です。

現代のメルマガは「通知メール」的

　以前はメルマガによるリピート促進は活発に行われていましたが、ユーザーの閲覧環境がPCからスマホになったこと、受け取る情報量が圧倒的に増えたことにより、その形式は大きく変わっています。

　簡単に言うと、**シンプルな通知メールのような形**が増えています。その理由は、商品ページと同じでお客さんがスマホ環境で「時間がない中で見る」からです。

　告知内容は、開催中イベントの通知、新着商品の通知、夏の○○特集のお知らせ、モール内イベント（今ならポイント○倍）が中心です。リンク先には、法則12で紹介した「特集ページ」を載せます。

　凝ったやり方も可能ですが、まずはシンプルな形でよいと思います。ただし、「楽天のイベントにそのまま乗っかってコピペしただけの件名と内容」のメルマガは読み飛ばされますし、むしろ配信停止が増えるので要注意です。形はシンプルでも内容は独自性を大切にしてください。

　ブログなどのコンテンツ制作（フック集客）をしている場合は、そのコンテンツをメルマガにも載せるとよいでしょう。

　開封されるかどうかは件名が重要です。**件名は、メルマガ本文のメリットを端的に要約する**ケースが多いです。読み物の場合は「カビ対策、意外な○○で解決できます」などと、伏せ字で興味を引くのもアリです。有名店のメルマガをいくつか取るとイメージが湧くと思います。AIに書いてもらうこともできます（法則36を参照）。

　補足として、スマホのメールソフトでは件名よりも送信者名が大きく表記されるので、実は「店舗名」もかなり重要です（ちなみに店舗名は検索対策にも有効です）。細かい工夫としては、**メルマガ冒頭部分では、スタッフの**

図 13-1 メルマガの運用事例

▲ シンプルなレイアウトで、特集ページや商品ページに誘導するのが基本（画像はイメージ例です）

図 13-2 メルマガでのスタッフ紹介の例

▲ 店長の顔写真や、キャラクターを全面に押し出して顧客とコミュニケーションを図っている（イカ屋荘三郎）

名乗りや顔写真・アイコンを入れると、売り手の「実在感」が発生します。人間が商売をしている感じが出ます。何度も流すと、顔と名前を覚えてくれるわけです。

シンプルな通知メール形式であれば、後述するLINEにも原稿を転用できます。本文の字数も数百文字程度で済み、Excelやスプレッドシートで原稿管理ができます。スプレッドシートで進行表を作って、決まった日に流していくわけです。業務フローが確立されると負担が少なく取り組めますし、スタッフへの移管も可能になります（法則26参照）。

継続的に出し続ける手間は発生しますが、かなり定型的な作業なので、スタッフに移管できる割合は大きいです。まだやっていない方はぜひ検討してください（業務移管は、法則41参照）。

効果検証については、メルマガも方程式で因数分解をすることができるので、メルマガの各段階（開封、クリック、購入）を数値で管理し、改善点を

特定して対策を講じるとよいでしょう。開封率はどうか、クリック率がどうかなどを見ていきます。

メルマガ売上 ＝ 配信数 × 開封率 × クリック率 ×（転換率×客単価）

LINE活用

　LINEは、SNSの一種ですが、集客よりはメルマガに近い存在です。法則7の**プッシュ施策**で紹介したように**「LINE友だち登録で100ポイント」**などの「**オファー**」を案内して、**友だちになってもらい、情報を発信**します。メルマガと違うのは次の点です。

①反応が早い。短いオファーを投げてすぐ反応してくれる
②リッチメニューがあるので、出張所のような案内ができる

　他にも、対話やセグメント配信などの1to1的なカスタマイズ対応が可能です。リッチメニュー（トーク画面の下部に表示できるタイル状のメニュー）では、以下のような機能を持たせることが一般的です。この場合、メニューから選択するので、メルマガやトークによるオファーとちょっと違う買い物体験ができます。

1. 商品カテゴリー一覧
2. キャンペーン・特集・新着商品の案内
3. 問い合わせの誘導
4. コンテンツやSNSへの導線
5. ユーザー状況に応じたカスタマイズ提案

また、LINEを活用した問い合わせ機能も重要です。**問い合わせを削減したい場合は、リッチメニューから「よくあるお問い合わせ」に誘導する**ことで、自分で問題解決をしてもらい、CSの手間を減らせます（法則30）。

逆に高単価な商品を扱う店などで、「たくさん問い合わせてもらって対話の機会を作りたい」場合は、無料相談などを謳い、問い合わせを増やすこともできます。

YouTube動画やブログ記事があるお店はLINEからブログに誘導したりブログからLINEに誘導したりもよいでしょう。フック集客でコンテンツを発信して新規ユーザーと接点を持つ→プッシュ集客で友達獲得→LINE追客でコンテンツをさらに見てもらったり買い物してもらったり、という流れを作ることができるわけです。

> **ワンポイント**
> メルマガやLINEによる追客は、「出品型」の事業者にはできない「お店」ならではの活動です。お店の名前や特長を覚えてもらえれば、店舗名での検索が増えるなど、ブランドが強まっていきます。

法則 14 イベントとクーポンで「リピート機会」を企画する

リピート率を高めるには、「リピートするためのきっかけ」が必要です。自然発生するリピートもありますが、待つだけではなく「リピートのきっかけ」を人為的にたくさん企画して、年間スケジュールの中に組み込んで、何度もお知らせしていくことで、リピート購入率や頻度が上がっていきます。

クーポン等で「リピートのきっかけ」を企画する

リピート機会となるようなイベントを企画しましょう。基本的な施策の構造は、「○○特集」や「○○セール」といった**特設ページを作って、メルマガやLINEから案内する**というシンプルなものです。共通のナビゲーションを使って、店舗ページ内から回遊導線を張るのもよいでしょう。

一部の人には、「(セール以外で)お客さんへ案内を出す」ことへの遠慮があるようです。一度配信して売れなかったからといった諦めることはありません。DMを受け取った時は何も買わなかったけど、店の存在を覚えていて別の機会で買ったといった経験はありませんか。**何かしら発信して、常に「存在感を出し続ける」**のが大切なのです。

企画には、大きく2種類あります。以前購入したのとは**別の商品でリピートしてもらう「店舗リピート」**と、以前と**同じ商品で再購入・まとめ買い・定期購入をしてもらう「商品リピート」**です。

● 店舗リピート企画は豊富な企画で案内

店舗リピート企画は、最初に「水槽」を買ったお客さんに他の「アクア

リウム用品」などを買ってもらうようなイメージで、「他の色んな商品」を案内していくリピート購入提案です。

　ECモールでは、「ECモールでポイントが多くなる日」やセールイベントに便乗した配信が多いですね。ポイントが◯倍付くから今リピートするとお得等々。他にも、母の日・父の日・敬老の日などの「季節ギフト」、新生活・冷暖房・おせちなどの「季節需要」、花粉対策や夏バテなどの「季節提案」、「北海道フェア開催中」「春の新作が入荷しました」など、なんでもOKです。

　メルマガやLINEは、「もうすぐ大掃除の季節ですね」「年末は忙しいので、バタバタしないよう準備はお早めに！」とか「足元の冷え、つらくありませんか？」などと、「なんとなく頭の中にあるニーズ」をうまく「思い出してもらう」文面にします。その意味では、プッシュ集客と同じです。

　世の中では毎年似たようなことをしているので、各イベントの開催時期は予測できますよね。自店舗の過去の経験も振り返りつつ、バタつかないよう年間スケジュールを作りましょう。例えばギフトイベントは他店も同じ動きをするので、早めにイベント開始して、早割提案をするほうがよいですね（法則26参照）。

● 商品リピート企画は自分ごとにしてもらえる工夫を

　商品リピート施策は、一度買ってくれたお客さんへの「同じ商品」のリピート提案です。

　例えば「お試し商品をお買い上げ頂いた方は、◯月◯日までなら20%オフで定期購入を申し込むチャンス」といった案内です。当該商品にセグメント（絞り込み）したり、システムで1to1配信します。複数回の文面を設定し、何日かごとに自動送信する場合もあります（ステップ配信などと呼びます）。

　消耗品でなくても「補正下着を買った方へ、洗濯替え用にもう1着いかがですか？　◯月◯日までなら10%オフ、2着買うと20%オフ」といっ

た提案ができます。割引ではなくても「特典で○○をおまけします」とか、「今だけ増量」でもOK。定期購入やまとめ買いなどの高額商品へのアップセルや、関連商品とのクロスセルも有効です。

　メルマガ件名を「○○を購入したお客様へ」といったものにすれば、「自分のことだ」と認識されやすくなるので、はるかに開封率は高くなります。この「自分に向けられているんだ」と思ってもらえることは重要で、当該商品にセグメントしたり、システムを使って1to1で配信することは、不慣れなうちは手間に感じますが、**セグメントしたメール配信のほうが全配信よりも売上が高い**というケースは珍しくありません。

　なお、1回買ったお客さんが相手とはいえ、改めての売り込みになりますから「商品の良さを思い出してもらう」ことも必要です。そのため、メルマガやLINEの文面には、「他のお客さんの満足レビュー」やマスコミや識者からの評価を載せて「やっぱりいい商品なんだな」と感じてもらうことが重要です。

売り手にも便利な「クーポン」を活用しよう

　店舗リピート・商品リピート両方ともに便利な道具が「クーポン」です。

　店舗リピート狙いであれば、「ビールの季節！ おつまみカテゴリ全品○％オフ」「20周年記念で20％オフ（お買い上げ○円以上から）」など。理由を付けると分かりやすいですね。商品リピートでは、セグメント配信でリピーター様限定のクーポンを渡す、という形になります。

　買い手側にとって、「クーポンをもらう」というのは、なぜか良いものをもらったような、嬉しい気持ちになります。売り手側にとっては、クーポンの消費件数や経由売上を比較するなどして、企画の比較や改善が考えやすく、便利です。

ちなみに、応用編として「まだレビューがついてない新商品」を試してもらうお試しクーポンを提供して、ブーストをかける方法もあります。

セール企画は「やりすぎ注意」

セール企画は、やりすぎてお客さんが慣れてしまうと「通常価格では買いたくない」という気持ち、いわゆるセール待ちが発生してしまいます。特に「定番商品をセールに出す」のは十分注意してください。不思議なもので、最初はお得で喜んでいたのに、いつしか「通常価格で買うと損した気持ちになる」という心理になってきます。これを**「損失回避バイアス」**といいます。

これを防ぐためには、セール対象商品やカテゴリが毎回違って「次にいつ何が割引になるか予測がつかない状態」にしておくことです。そうすると「セール待ちで買わない」ではなく、「買う予定になかったけどセールだからこれも買った」といった予定外の追加の買い物をしてもらえます。

在庫処分品やバーゲン用商品をうまく使いましょう。景品表示法を考慮して、通常価格での販売実績を作っておくことは忘れないようにお願いします。

> **ワンポイント**
> 店舗内イベントとしてはライブコマースという施策もありますね。実践した何社かに聞いてみましたが、ECモールが集客してくれる企画なら、勢いよく売れる場合があるようです。お祭り的なところがあるので、出演するスタッフの方にも良い経験になるようです。ただ自社開催の場合は、日頃のコンテンツ発信とフォロワー数次第かなと思います。

法則 15 好意的レビューやUGCを増やして、評判を高める

ネット上で「他のお客さんの評価」を見て、買うかどうか判断した経験はありませんか？ ここでは、ネット上で「良い評判」を作るために、「商品レビュー」や「UGC」をためるための考え方と方法を紹介します。組織全体でコツコツ取り組みましょう。

現代のお客さんは「まず評判をチェックする」

現代のお客さんは、商品を買う前に、商品ページ以上に「レビューなどの第三者評価」を見て判断することが増えています。

だから、**どんな商品であっても、買ってくれたお客さんから「良い評価」が蓄積されるようにしていくべき**です。小さな会社であろうとも、圧倒的に高い評判があれば、それはブランドです。

お客さんからの評価コメントは、レビューやUGC（User Generated Contents）と呼ばれます。商品ページなど「店の中」に記録されるのがレビューで、UGCはSNSやブログなど「店の外」にたまっていく「使ってみて良かった」という評判です。

最近では、InstagramやXなどSNSで**個人の発信力が上がっているため、ECモールの商品ページについているレビューだけでなく、店舗の外で個人が発信しているクチコミ（UGC）の重要度や集客効果も上がっています。**

良い商品・サービスであれば自然と良い評判が増えるものですが、店側

としても、悪い評判を少しでも減らし、良い評判が蓄積されるような工夫をしていきましょう。

商品レビューへの対策

● 好意的な商品レビューを増やす

モールECでは、高評価の商品レビューがたまると検索順位にプラス効果があるため、モールSEOとしても大切です。

人間心理として、「不満を感じた」時はレビューに書く強い動機がありますが、「満足した」時にはレビューを書く動機がそこまで強くありません。だからこそ、**「レビューを書くお願い」をして、レビュー数を増やします。**

方法としては、購入後のアフターフォローが有効です。例えば「フォローメールの配信」「手紙の同封」などでレビューを依頼してみましょう。おまけやクーポンなどの記入特典も有効ですが、モールEC側のガイドラインに注意して実施しましょう。

損得だけでなく**「心証」を意識してください。**クチコミの見返りに必ずしも特典は必要ありません。法則8にあるように「店としての姿勢」が発信できていて、熱意や誠実さが伝わっていれば「感想を寄せてもらえると嬉しい」「店長が喜びます」という言葉も好意的に受け取ってもらえます。

例えば商品の同封物にメッセージを書く方法があります。実は、お客さんがレビューを書くタイミングは、商品を使い込んだ後というより、**使う前の「開封した時点の印象」でレビューを書くケースも多い**ため、心証が重要なのです。これは注文後のメールなどでも同様です。

なお、サクラレビューは厳禁です。最近の消費者はPR色のあるクチコミを敏感に察知するのでかえって興ざめします。ECモールでは規約違反どころか強制退店になった事例もあります。悪質なケースでは、ステマ規制として措置命令や罰金が科せられます。

● 低評価レビューを食い止める

　お客さんからの不満には真摯に対応すべきですが、悪いレビューが怒りの頂点で書かれそのまま投稿されてしまうのは、販促としてはマイナスです。そのため、**お客さんからの不満やご指摘は、「レビューではなく直接連絡をもらう」よう誘導すること**がオススメです。

　そうすれば、お客さんの不満は直接対応で解消され、低評価レビューが書かれることもなく、お互いハッピーになります。具体的な方法としては、同封物などに「商品に問題やご不満があればお電話やメールで直接ご連絡ください」「レビューですとお待たせしてしまいます」といった言葉を添えます。

　低評価レビューを書く人は、「満足しなかった」ことを「分かってくれる相手」に伝えたい気持ちが強いようです。商品と一緒に「細心の注意を払っておりますが、ご迷惑をおかけしたらすぐご連絡を」と書かれた電話番号や二次元バーコードがあれば、何か不満があっても、そのはけ口がレビューから「連絡先の相手」に切り替わることが期待できます。

● 低評価レビューには返信する

　次に、すでに投稿されてしまった低評価レビューに対しては、「レビュー返信機能」がある場合は、店からのお詫び返信を行います（図15-1）。真摯な姿勢が伝わると、レビュー記入者本人だけでなく「そのレビューを見たお客さん」に対して、悪い印象を減らせるからです。逆に、放置すると、とても印象が悪くなります。

図 15-1　レビューへの返答例

購入者 さん

30代 女性
購入者
レビュー投稿
8件

★☆☆☆☆　　　　　　　　　　　　　　　　2024-06-30

色移りしました

洗濯したら他の洋服にも色移りしました。最低です！

▸ このレビューのURL

このレビューは参考になりましたか？

[参考になった]　[参考にならなかった]　不適切なレビューを報告する

🔒 ショップからのコメント　　　　　　　　　　2018-07-06

このたびはお客様にご不便な思いをさせてしまい、申し訳ございません。
ご指摘の色落ちの件ですが、本商品の染物製法ならではの特徴となります。独特な色合いがご好評いただいておりますが、大変色落ちしやすくなっております。
そのため洗濯機でのお洗濯に向いておらず、商品ページや同封の冊子でご案内の通り、他の衣類と分け、手洗いをしていただけますでしょうか。
お取り扱いについてご不明な点はお気軽にご相談くださいませ。

✉ このショップへ問い合わせる

UGC（SNS上での評判）への対策

　個人が発信するクチコミ（UGC）も購入判断の材料になります。購入前に、InstagramやXやGoogleで、商品名・ブランド名で検索をして大丈夫かどうかチェックするわけです。良いUGCの自然発生を待つだけでなく、何か仕掛けましょう。

　UGC対策は、レビュー対策と並行して実施します。実は「商品レビューを書く」という行為が、お客さんの中の「自分は満足している」という記憶を強めるからです。

　施策としては「ハッシュタグを付けて拡散」をお願いします。フォローメールや商品に同封するチラシにて、固有のハッシュタグ

図 15-2　メールの文面例（一部）

お買い上げありがとうございます

………

商品がお手元に届きましたら、よろしければご感想をお寄せいただいたり、画像などをSNSにUPしていただければ嬉しいです。
その際に、「#●●●●」と付けていただけると、私どもでも見つけさせていただきます！

………

を設定し、お客さんにクチコミの拡散をお願いしましょう（図15-2）。

　この際、キャンペーン（拡散すると抽選で何かがもらえる等）として企画して、メルマガやLINEやSNSで配信するのも有効です。拡散されると、接点のなかった人々にも情報が伝わっていきます。人に言いたくなるような話題性がある商品やイベントであれば、クチコミが発生しやすい傾向です。

組織的・継続的に取り組む

「良い評判をためる」のは、経営上の大テーマです。担当者の施策レベルではなく、**組織全体として取り組みましょう。**

　もしも低評価の理由が商品やサービスにある時には、社内で共有し、真摯に受け止めて、改善しましょう。もしくは、**お客さんの誤解に由来する場合は、商品ページ上での案内を見直して、誤解を防ぎましょう。**

　レビューだけでなくCSでの声も同様です。チームで運営している場合は、商品担当（MD担当）、販売担当（SF担当）、CS担当（BY担当）の合同活動となります。連携については法則17をご覧ください。同時に、好評価レビューも、担当者間で共有しましょう。製造スタッフのやりがいになりますし、商品ページに載せるエビデンス（法則9、10）にも使えます。

> **ワンポイント**
> 良いレビューやUGCを増やす土台として、店舗やブランドのコンセプトを発信し、記憶してもらうことが有効です。コンセプトを覚えてもらうと、ユーザーが自発的にInstagramやX紹介するクチコミ機会も増えるからです。コンセプト定義は、戦略編の「ABCDの法則（法則58・59）」で紹介します。

法則 16 印象に残る「購入後のメールと同封物」でリピート促進

購入後のお客さんとの接触機会を増やすことで、印象UPとリピート購入につなげましょう。ここでは、購入後に送る「定型メール（サンクスメールやフォローメール）」と、商品に同封するチラシなどの「同封物」の活用を紹介します。一度仕組みを設定すれば、あとは「自動的に」購入客をフォローできます。

定型連絡メールを見直す

　ECモールでは、注文内容確認メールがシステムから自動配信されますが、店舗からもオリジナルの内容で送ると、店の存在感が強まります。

　こういったサンクスメールやフォローメールなどの「定型的にお客さんに連絡するメール」は、トランザクションメールとも呼ばれます。

　注文が受け付けられたか、いつ到着するのかなどの必要な情報が書かれており、**お客さんにとって「必要なメール」**なので、**開封率が高く、告知媒体としての効果**があります。

● サンクスメール（受注確認メール）・発送完了メール

　気になりそうなことを、先回りして載せておくとよいでしょう。例えば、「FAQ（よくあるお問い合わせ）のリンク」「商品お届け日の変更方法」「商品取り扱い上の注意点」「領収書の発行」「注文キャンセル・返品・交換」などです。地道なことですが、**特にFAQへの導線は、CS対応が効率化され、問い合わせが減少する効果**があります。

　また、少しでも記憶に残るよう、簡単にお店の紹介を入れるのもよいで

しょう。「○○専門店△△屋」といった**「特長が伝わる店舗名」であれば、名乗るだけでアピールになります。**

● フォローメール

　接触頻度が高いほど記憶には残るので、サンクスメールを1回だけ送って終わりにせず、発送完了メールや、到着後のフォローメールも送るお店も多いです。

　お礼を伝え、商品や配送に問題がなかったかと確認します。法則15で紹介した**「満足したらレビュー依頼、問題があった場合は直接連絡」**もhere行います。

同封物を工夫する

　同封物はメルマガとは違い、開封率100％の媒体です。購入客は、届いた包みを必ず開封し、中に入っているものを確認し、取り出します。そこに何か伝えたいことを記載したチラシ類を同封しておけば、必ず一度は目に入ります。

　チラシなど資材の費用はかかりますが、それほど高くありません（新規ユーザーを集客してくる費用のほうがよほど高いです）。パンフレットや冊子のように**きちんとした体裁のものでなく、「白黒のA4紙一枚」でも構いません。**

　お薦め商品・期間限定商品の案内や店舗紹介などを掲載し、レビュー依頼やリピート購入促進をします。商品の使い方や続ける意義をチラシで伝えることも、継続購入の動機付けとなります。

　ここでも、店舗名や店舗の特徴を印象付ける工夫をするとよいでしょう。法則59、60で紹介する**店舗コンセプトやデザインが定まっていれば、同封物でもアピールします。**購入時に店舗名を少しでも覚えてもらえるかが、お客さんの記憶を左右して、リピート購入のきっかけに影響するからです。

図 16-1 同封冊子の事例

◀ 柔らかいデザインの同封冊子
Neco to ohirune／ねことおひるね

　長く同じチラシを使いたい場合は「時間が経っても変わらない情報」を掲載しますが、新聞のような体裁で、季節ごとにチラシの内容を変えるケースもあります。**一方、コストダウンや環境への配慮などのために同封物を入れない運用もあります。ここは店の方針次第です。**

● おまけを活用

　商品サンプルをおまけとして付けるのも有効です。気に入ってもらえると本商品をリピートしてもらえるきっかけになりますし、ちょっとしたサプライズプレゼントは、購入客の心証をアップしてくれます。「注文していない商品が入っている」と誤解されないように、簡単な説明メモを付けましょう。

● クーポンも活用

　お客さんの背中を押す「お得感」があると、よりリピート率がアップするものです。同封チラシに、例えば「次回購入時500円引き」や「特定の商品を10％オフ」などのクーポンを付けておくことで、店舗リピート

につながります。

● **同封物の注意点**

ギフト注文の場合は、善かれと思って入れた同封物がトラブルを招く可能性があるので要注意です。金額が書いてある納品書の同封を控えたり、同封物も差し替えるなど、注文者の面子を潰してしまわないような気配りが必要です。例えば、おまけなども、ギフト送付先に同梱するべきなのかどうか、購入客に前もって確認しておくとトラブルを回避できるでしょう。

● **資材も広告ツールの一種**

同封物だけでなく、梱包資材もお店を記憶してもらう効果があります。

ある程度の出荷数になったら、オリジナルの梱包資材を作ることもよいかもしれません。ポイントは、運送会社の規定サイズに納まるサイズで作って運賃を抑えること、そして商品の収まりがよいサイズで作り緩衝材不要で梱包できるようにすることです。メール便は特に出荷数が多くなりやすく、資材としては安いので、該当する方は検討するとよいでしょう。

図 16-2 主な同梱物

種類	備考
購入した商品の説明書	商品の仕様・使い方・注意点などを伝え、満足度アップ
あいさつ状	・購入に対しての御礼と店の紹介を伝え、信頼度アップ ・お客さんの名前を載せ、手書きだと特別感UP ・ショップレター風に、お店の近況を伝えるのも◎
宣伝チラシ	他の関連商品を伝え、リピート購入へつなげるための商品カタログ
一体型チラシ	あいさつ状と宣伝チラシを1つにまとめたもの
おまけ	・粗品をサプライズ・プレゼントし、満足度アップ ・お店の注目商品やサンプルを、無料で配布
ノベルティ・パッケージ	・ショップ名や店舗ロゴ付きのグッズやパッケージで店舗アピール ・日常使いしてもらうことで、お店を覚えてもらえる

「ZMOT」を知っていますか？

　筆者の個人的な買い物では「YouTuberがお薦めする商品を検索して買う」パターンが増えています。皆さんはどうでしょうか。世の中全体でも、YouTuberなどの「特定テーマに詳しく、商品やライフスタイルをお薦めする人＝インフルエンサー」に影響されて買い物するケースが増えているようです。

　以前は、まず「子供が小学生になったから学習机を買わないと」という「外部刺激」があり、次に「商品検索」して商品を比較していました。この場合は２段階ですね。現代では「外部刺激」の後に、**インフルエンサーなど「事前情報」に触れて、その後「商品検索」という３段階**になっています。たまたまYouTubeで視聴したり、検索して能動的に下調べしたり……。

　この流れにおける、従来の初回接点（商品情報）を、**FMOT（First Moment Of Truth・エフモット）と呼びます。「事前情報」を、ZMOT（Zero Moment Of Truth・ジーモット）と呼びます**（2011年ごろにGoogleが提唱した概念です）。

　つまりお客さんは「FMOT」以前に「ZMOT」の影響を受けているわけです。だから、**ZMOTで何が起こっているかを把握すると、販促のヒントになる**かもしれません。

　例えば、某店舗は、自店舗では「某インフルエンサーのオススメ品」が買われる傾向が多いことに気づき、その人が薦める商品を意識的に取り揃えて紹介することで、上手に売上を伸ばしました。

　上級者向けの話ですが、顧客理解を深めるための観点として、ちょっと意識してみてください。法則15で紹介したUGC推進や、法則5のインフルエンサー施策も有効です。

業務編

EC業務が効率的になる考え方を紹介。「バトンリレー構造」に基づいて、仕入れから出荷までの各プロセスを効率化していきます。

「なめらかなバトンリレー」を目指す

　EC業務は、商品の仕入れ・製造から始まって、販売・受注処理・出荷へと「つながっていく仕事」なので、各役割を理解すれば、流れがスムーズになります。マンダラ図では、土台となる「バトンリレー構造」への理解から始まり、時計回りに「MD」「SF」「BY」という3つの役割と重要ポイントを解説します。

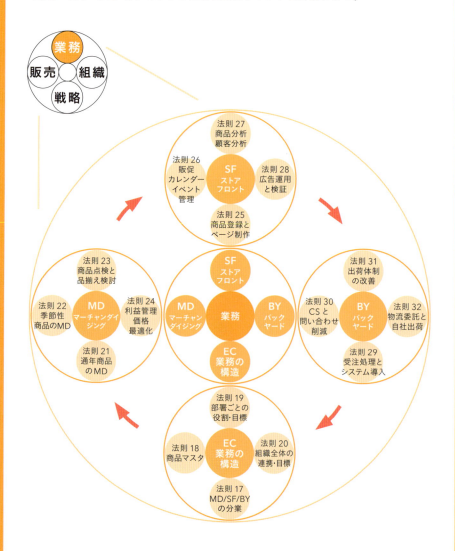

※マンダラ図は、特典からダウンロードできます（16ページ参照）。

法則 17　実行力を高める「EC運営体制」とは

> まずEC業務の構造について解説します。EC事業の運営体制はバトンリレーの構造になっています。下図のように、商品を仕入れたり製造したりするところから始まり、商品登録から販売、受注処理を経て、商品が出荷されていきます。各部署がスムーズに連携することで、初めて業績が上がります。

EC業務は「バトンリレー構造」

EC事業には様々な業務があります（図17-1）。それらはバトンリレーのようにつながっています。まず商品情報がEC販売用のシステムに登録さ

図17-1　EC（小売）の流れ

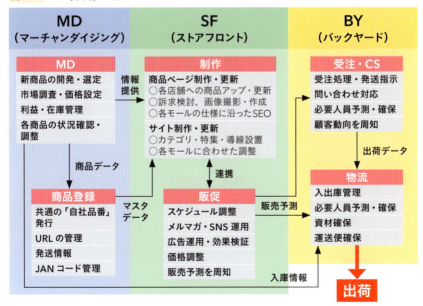

れ、写真撮影や商品ページ制作を経て販売が開始されます。ここで検索対策や広告、メルマガ、SNSなどの販促が行われます。注文が入ったら受注処理されて、適宜問い合わせ対応や返品対応がされて出荷されます。本書では、これらを、MD（マーチャンダイジング）・SF（ストアフロント）・BY（バックヤード）という3つの役割として定義し、解説します。

バトンリレー構造が見えないとどうなる？

　バトンリレーとは、**全員がそれぞれの役割を果たさなければ、成果が出ない**という意味です。例えば、集客や販売がうまくいっても欠品していたら売上になりませんね。誰がコケてもうまくいかなくなるので、各部署がお互いに様子を見合ってフォローし合う必要があります。

　ですが、ECの職場ではみんなが画面を覗き込んでいるため、**同じ部屋にいるのに互いに何をやっているかよく見えない**、という状態がよくあります。状況が見えづらいから、担当者の連携がうまくいかず、リーダーが細かく関与しないといけなくなる。

　忙しいからこそ各部署の役割や業務内容をしっかりと整理し、全体最適で運営することが重要です。チームが成長したら役割も委任していきます（法則42）。

　まずは図17-1のようなバトンリレー図を社内で共有し、各役割を相互理解することが大切。お互いの業務やつながりを可視化し、理解し合うことで、部署間の連携が円滑になります。そうなればリーダーの負担も軽減されます。

EC運営体制の各役割を理解する

　実際の組織ではこの通りではなく、兼任も多いのですが、分かりやすくするために、本書では以下の3つの役割として説明します。

● MDの役割と業務内容

　MD（マーチャンダイジング）は、商品の企画・選定・調達を担当します。需要予測に基づいた商品の仕入れや在庫管理、原価・定価の設定も行います。**販売戦略を立案し、売れるものを作るor仕入れて、適切に在庫管理する**のが仕事です。

● SFの役割と業務内容

　SF（ストアフロント）は、ECサイトの制作・運営を担当します。**商品ページの作成、コンテンツ制作、サイト改善、集客施策の実施などを行い、お客さんにとって魅力的な商品ページやECサイトを提供する**役割です。MDが決めた範囲内での価格調整を行い、お客さんの反応を見ながら商品のアピールも調整していきます。

● BYの役割と業務内容

　BY（バックヤード）は、**受注処理・出荷・在庫管理・CS（カスタマーサポート）などを担当します**。事業全体を俯瞰し、現場の課題を経営層にフィードバックする役割も担います。

　加えて、**ECにおいては、BYは唯一お客さんからの「直接の声」が届く部署でもあります**。これをMDやSFに伝えることも、非常に大切です。BYは事業全体を支えるポジションとして発信すべきですし、MDやSFは、BYからの声を尊重することが大切です。

その他のサポート的な役回りとして、社内業務や組織を整えたり、経理や労務管理を行う管理担当者と、状況を俯瞰して調整し、戦略や投資や危機管理をする経営者がいます。

規模別の分業と拡大

● 最初は兼任で、徐々に分業が進む

<u>小規模のECでは、1人が複数の役割を兼任</u>することが一般的です。<u>大きな組織になるとMDの部署、SFの部署、BYの部署というように組織化</u>されていきます。子供が成長すると服が体に合わなくなるように、古い体制では回らなくなり、新しい体制に変わるわけです。組織化については組織編で説明します。

● 基盤システムが効率を支える

EC用の基幹システムの上で業務を動かすと、仕事がスムーズになります。これは、商品マスタやOMS（Order Management System）と言います。「通販システム」とも呼ばれます。法則18で紹介します。

● 相互支援できる「兼務スキル」も重要

<u>ECの競争力の根幹はMDです。</u>SFはそれを増幅させる役割なので、MDが弱ければパワーは伸びません。また、<u>BYは後始末係ではなく、事業全体を俯瞰できる立場です。</u>MDやSF、そして経営者に判断材料として情報を伝えていきます。

ECはバトンリレーの構造なので、どこかの部署が忙しくなるとバトンがうまく渡せなくなります。また「忙しくなるタイミング」がズレる傾向

です。例えばセールイベントなら、最初にMDが忙しく、次にSFが忙しくなり、最後にBYが忙しくなります。

　その意味でも、**違う部署の仕事について、お互いに対応できる（兼務できる）ようになっていると、負荷を分散できる**上に、お互いのことが理解できてチームワークも良くなります。

　また、ECの業務には定型的な作業も多く含まれています。これについては、作業をパートや在宅スタッフに委託することで効率化を図るのがお勧めです。最初に作った業務フローを続けていると「ベテランが定型業務で時間を使いすぎる」「ベテランが忙しそうで他のメンバーが質問できない」といった現象が起こります。この点への対応については組織編の「ワークマネジメント」（法則41～44）で紹介します。

　バトンリレー構造とは、「全体のバランスが大切」という意味でもあります。 事業の成長やメンバーの出入りなど色々ありますが、状況に対応して、バランスよく体制を維持しましょう。

ワンポイント
EC事業がメインではない会社で、「本業で扱っている商品をEC用途に転用するのがECの仕事」という場合もあります。この場合は、本書でいうMD担当者の役割がちょっと変わり「EC向け在庫を確保し、販売用の素材を調達する」「ECに使える材料がないか社内に目を光らせる」といった仕事になります。

法則 18 EC業務の心臓部「商品マスタ」を運用する

EC業務は、集客から始まり、接客、梱包・発送、アフターフォローまでの一連の流れがバトンリレーのように連携して成り立っています。これらすべての業務をつなぐのが、「商品マスタ」と呼ばれるデータベースです。まさにEC業務の心臓部とも言える、大変重要な情報基盤です。

商品マスタとOMSが
EC業務のバトンリレーを支える

● 商品マスタは業務間で受け渡す共通のバトンの役割

商品マスタ（図18-1）には、お店で扱う商品の基本情報が登録されています。商品名や画像、価格、在庫数、カテゴリなど、商品に関するあらゆる情報が集約されています。集客時の広告や、商品ページでの接客、在庫管

図18-1 商品マスタで、EC各業務がつながっている

理や発送手配など、EC業務のあらゆる場面でこの商品マスタのデータが参照されます。つまり、商品マスタはEC業務の各工程をつなぐ、共通のバトンのような役割を果たしているのです。

● **OMSは商品マスタを動かすプラットフォームとなる**

そして、**商品マスタをEC業務全体で効果的に活用するためのプラットフォームとなるのが、「OMS(オーダーマネジメントシステム)」**です。「通販システム」や「ネットショップ一元管理システム」とも呼ばれますが、長いので本書ではOMSと呼称します。

OMSは受注管理、在庫連携、商品情報管理などの機能を備えたシステムで、商品マスタのデータをもとに、複数のECサイトやモールへの商品情報の連携、受注対応、在庫引き当てなどを一元管理します。OMSにより、商品情報を起点としたEC業務全体の自動化・効率化が可能となるのです。

EC業務をバトンリレーのようにスムーズに連携させるには、商品マスタという共通のバトンと、それを動かすOMSというプラットフォームが不可欠なのです。商品の基本情報を一元管理し、それをもとにオペレーションを自動化する。これにより初めて、スムーズな業務連携が可能になります。つまり、EC業務全体の効率化とスピードアップが実現できるのです。商品マスタとOMSは、EC業務という大きな仕組みを支える重要な基盤と言えます。

商品マスタがないと経営判断がしづらい

● **モールやページごとに情報の新旧がバラバラになる**

商品マスタがない状態では、ECモールや自社サイトの各商品ページを個別に更新するしか管理方法がありません。すると、ページによって情報の新旧がバラバラになってしまいます。価格や在庫数が実態と乖離したり、

商品説明が古いままだったりと、お客さんに混乱を与えかねません。情報が一元化されていないため、常に各ページの整合性をチェックしなければならず、運用負荷も高くなります。

● **商品の仕入れ値や利益率が分からなくなる**

商品マスタでは、商品の仕入れ値や利益率も管理します。これらのデータがないと、どの商品がどれだけ儲かっているのか、どこから仕入れるのが最適なのかが分からなくなります。値引きをしすぎて赤字になっていたり、機会損失や利益率低下のリスクがあります。

● **売上や利益の把握が難しくなる**

売上や利益を把握するには、受注データと商品マスタを連携させる必要があります。商品の仕入れ値や利益率のデータがないと、どの商品や商品カテゴリが売れ筋で、どれだけ儲かっているのかを正確に把握できません。商品マスタを連携せず分析しても、売上が伸びているのに利益が出ていないなどの問題に気づくのが遅れ、適切なアクションができなくなってしまいます。

商品マスタ整備とOMS導入の考え方

商品マスタを整備し、OMSを導入する目的は、商品情報の一元管理とEC業務全体の効率化にあります。OMSを使うことで、複数モールの商品情報を一括管理できます。EC業務の様々な工程を、商品マスタを起点として自動化・省力化していきます。

バラバラに管理されていた商品データを集約し、それをOMSで自動連携させることで、情報の整合性を保ちつつ、受注処理や在庫管理、発送手

配などを素早く行えるようになります。人的オペレーションを減らし、スピードと正確性を高めることが狙いです。

OMSは、パッケージ型とカスタマイズ型があります。パッケージ型はシンプルな代わりにECモールの仕様変更に迅速に対応できるので、規模が小さいうちは前者中心で検討するとよいでしょう。カスタマイズ型のほうが特殊な運用に対応できますが、運用コストが高いです。よく利用されるOMSとして、パッケージ型では「CROSS MALL（クロスモール）」「ネクストエンジン」、カスタマイズ型では「通販する蔵」や「特攻店長」などが有名です。

導入の第一歩は、商品マスタの整備です。商品名や型番、画像、価格など、必要十分な情報を過不足なく登録します。この際、メーカー品番だけでなく**自社品番も設定しておく**ことが大切です。そうすれば、仮にメーカー品番が変更になっても自社品番で商品を特定できますし、分析もしやすくなります。独自のセット商品を組むためにも、自社品番が必要です。

メーカー名や商品カテゴリなどの要素を記号化して含めた自社品番を設計することで「自社品番だけ見るとかなりのことが分かる」状態にできます。これは業務や分析の効率を高めます。

まだ商品数が少なかったり、小規模な段階では、OMSを導入する手間のほうが大きいかもしれません。まだ不要かもしれませんが、その重要性は認識しておいてください。タイミングを見計らって徐々にシステム化をしていきましょう。

法則 19 EC部署の「役割・管理指標」を定義・運用する

前述のようにEC事業はバトンリレー構造の助け合いが重要です。ただ、バトンリレーだからこそ、各担当者の役割がどこからどこまでかを定義しないと「これは誰の仕事?」という混乱が起きやすく、バトンが落ちる事態が発生しやすくなります。これは組織が大きくなってくると特に重要になります。

各EC部署の役割

ここでは各担当者における仕事の範囲を把握しましょう。また、EC業務を円滑化し成長させる上で、役割に対応して持っておくべき指標も取り上げていきます。これらはあくまで例なので、参考にして自分たちのチーム用に書き直してください。

●MD/仕入れ・企画担当の役割

仕入れ・企画担当は、「何を」「なぜ」「どのくらい」売るかを決める仕

図19-1 MD/仕入れ・企画担当

役割	・商品企画(商品を探す) ・発注仕入れ(どのくらい売れるかを判断する) ・販売計画・在庫管理(売れ行きを見守ってコントロールする)
指標	・売上高:各商品やカテゴリの売上 ・在庫回転率:在庫がどれだけ効率的に売れているか ・商品別利益率:商品ごとの利益の割合
姿勢	・数字と事実に基づいて状況を把握する ・消費者の生活や商品の使用シーンをよく理解する ・仮説・実行・検証しながら、セオリーをつかむ(PDCA)

事です。商品の選定ないし企画、在庫管理、価格設定を行います。

※メーカー型ECと仕入れ型ECとでは、仕事内容が変わってきます（法則54参照）。

● **MD/商品登録担当の役割と指標**

商品登録担当は、商品情報のデータベースへの登録や更新を行います。

図19-2　MD/商品登録担当

役割	・商品登録
指標	・登録スピード：新商品の情報登録スピードを計測して改善 ・登録精度：商品情報の正確性(ミスの少なさ)を計測する

● **SF/制作担当の役割と指標**

制作担当の仕事は、「どうやって売るか」を決めることです。具体的には、Webサイトのデザインやコンテンツ制作を担当します。

図19-3　SF/制作担当

役割	・商品ページ制作・更新 ・撮影・ささげ(撮影・採寸・原稿)
指標	・制作スピード(着手から制作完了までの所要時間) ・ページ完成度(わかりやすさ、魅力度)、チェック担当の差し戻しの少なさ

● **SF/販促担当の役割と指標**

販促部門の仕事は、「いつ」「いくらで」売るかを決めることです。「いつ」は、例として、セールに集中させる、定番商品として常時売るなどを決めることです。「いくらで」は、通常時の価格チェックはもちろん、セール時にはいくら、クーポンの割引率はいくらといった販促戦略を立てることなどが該当します。

図19-4 SF/販促担当

役割	・販促計画・実行・検証・分析 ・情報発信(メルマガ・SNSなど) ・サイト内での商品配置の決定 ・セール時期や価格、広告活用、クーポン販促の検討
指標	・売上高：各商品・カテゴリ・モールごとの売上 ・利益額：各商品・カテゴリ・モールごとの利益

● BY/受注・CS担当の役割と指標

　受注・CSの仕事は、注文を受け付け、問い合わせに答えることです。注文処理、顧客対応、アフターサービスなどを行います。

図19-5 BY/受注・CS担当

役割	・問い合わせ対応 ・受注処理 ・返品・交換対応
指標	・レビュー満足度：サービスに対する顧客の満足度 ・応答時間：顧客の問い合わせに対する応答速度 ・問題解決率：顧客の問題がどれだけ効率的に解決されるか

● BY/物流担当の役割と指標

　物流部門の仕事は、商品を適切に保管し、届けることです。商品の保管、梱包、配送を担当します。

図19-6 BY/物流担当

役割	・商品ピッキング・梱包・配送 ・出荷場の改善 ・返品・交換対応 ・配送業者との連携
指標	・配送時間：注文から配送完了までの時間 ・配送精度：誤配送や破損の発生率 ・コスト削減：物流コストの効率化 ・出荷ミス率 ・配送リードタイム ・在庫回転率

● その他の役割

　他にも様々な役割があります。システム担当は、Webサイトのシステム面の開発と保守を担います。経営者は、各部署を統括し、長期的な方向性や戦略を定めます。人事・労務・経理などの管理担当者が、マネジメント的な役割を担う場合もあります。

定義後の運用こそが大事

　各部署の役割をはっきりさせると、「この仕事はどの部署が担当なんだっけ」といった、もやもやした状態が減ります。

　ただ**役割外の仕事をやらないわけではないので注意**してください。小さな組織では何でもやる姿勢は必要です。サッカーでも、ポジションは決めますが、状況次第で柔軟に動きますよね。特に初期は「複数人の何でも屋」から始まって、徐々に分業していくことが多いです（法則42）。

　縦割りにするとバトンが落ちやすくなるため、分担しながら統合することが重要です。**大切なのは、全員が自分の持ち場を理解し、全体の目標に向かって協力することです。**

法則
20 | チームの一体感を作る
「組織目標・売上目標」

法則19では、EC事業の担当ごとの役割を定義しました。しかし、ECの運営体制はバトンリレーの構造になっているため、分担だけでなく連携が重要です。各担当者がお互いの仕事を理解して協力し合うために、部署間連携の方針と、みんなで目指す「全体目標」について紹介します。

EC事業の「全体目標」

　社内に複数の責任者がいる段階（組織編「委任期（法則34）」）になったら、**ECチーム全体に売上目標を設定して、全部署で達成を目指します。**全員の目標を設定することで、みんなでこれを目指そうとまとまるからです。目標に掲げるのは通常、売上目標や利益目標となります。

　売上目標を掲げたのであれば、「現在の商品が今のペースで売れるといくらの売上になりそうか」という現実の売上を「予測」し、それと売上目標との差分を比較して、施策を考えます。

　<u>予測値と目標との差分が分かったら、「どのように埋めるか」を考えます。</u>安売りや広告予算は枠を決めてその範囲内として、あとは数を売るための工夫を尽くすことになります。あるいは商品を追加します。

　なお「前年在庫が山積み状態でセール開催」すれば、当然「前年対比で売上を大きく伸ばしました」という見え方になりますが、これは良くないことですよね。<u>売上目標は分かりやすいのですが、目標はマネジメント手段の1つであり、絶対視しない</u>よう注意が必要です。

　ちなみに、実力のあるチームに対しては、2つの目標が設定される場合

があります。「最低限絶対に達成してほしい」通常目標と「ここまで行くと素晴らしい」ハイアップ目標の2種類です。ハイアップ目標には、多めに在庫を積んだり新しい販促を試すなど、挑戦を促す作用があります。

EC事業の「部署間対立」パターン

　EC事業は、各部署がバトンをつなぐように仕事を進める構造になっています。しかし、**相互に依存する関係だからこそ、相手にストレスを感じたり、感情的になる**場合もあります（人間関係と同じです）。構造上、普通にしていても、お互いにストレスを感じてしまうのです。

　例えば、SF担当とBY担当の間で、衝突が起こる場合があります。SF担当は「売上を伸ばしたい」。BY担当は、発送件数の急増や、熨斗などの細かなオーダーによって作業量が変わり、販促担当者に振り回されます。突然の出荷指示に「こんなに注文処理できない」「発送が多すぎる」と不平を漏らすことがあります。せっかく売上が伸びたのに、ギスギスしてしまうのです。

　同様に、SF担当がMD担当に対して、「こんな商品売れないだろう」「売れないのをこっちのせいにしないで」と思ったりもします。

　そして、**特にストレスを受けるのがBY担当**です。なぜなら、MD担当やSF担当の仕事の「川下」に位置しているからです。仕事の矛盾や波動の負荷を一手に受けて、疲弊したり、感情的になりがち。

　バトンリレー構造では、「忙しくなるタイミング」もズレます。セール前に忙しいのはSF担当、セール後に忙しいのはBY担当といった具合です。自分が忙しいのに、相手がのんきにしているように見えかねません。

　ただ、これらは誰が悪いのではなく、構造的な問題です。自然とそうなるのです。

図20-1 よくある対立の構図

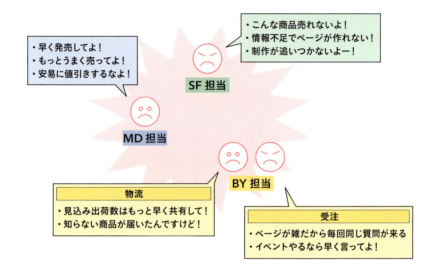

部署間対立を解消する工夫

● 「後工程」に配慮しよう

　この問題への対策は、「バトンを渡す相手」に配慮することです。自分のバトンを受け取る「後工程」の人が、動きやすいように意識することです。前述の通り、**特にBY担当に対して配慮しましょう。**

　ECの売上は「お客さんに届いて」初めて発生します。受注した段階ではありません。つまり、**「BYの処理能力の限界＝売上の限界」**なのです。

● 特にBY担当をケアしよう

　BY担当の声や、BYでのデータが、MD担当やSF担当に対して届き、きちんと受け止められる状態になると、負担が川下にのしかかるのではなく、「情報が循環する」構造になり、全体の最適化がスムーズに進むと考えられます。

そのために**BY担当から情報を上げる仕組みが必要**です。BY担当本人も、経営全体のための提言をする、重要な役割を担っているという自覚が必要です。経営者や他部署も、CSに届く声や出荷場や倉庫の状況などに興味を持ち、現場に入っていって対話をする姿勢が必要です。

問題が起こってからの対応にならないよう、**各担当者同士で、定例会議やイベントの前後などに話し合って、状況認識を共有**し、必要なルール決めをするとよいでしょう。暇な時に話し合おうね、という意味ではなく、**定例会議として「定期的に」「強制的に」話し合って合意を取る**ほうが、火種が埋もれず、問題が大きくなる前に解決できるようです。

● 他の業務と兼任することで理解を深める

また、相互理解のためにも効率化のためにも、「兼任」が有効です。イベント時にみんなで出荷するのはよく行われていると思いますが、例えば受注担当に余裕があれば制作や販促に関わる、販促担当が暇な時にはCSに関わる、などをお勧めします。**「持ち回りで全スタッフがCSに参加する」**という会社や、**研修として「各担当がお互いの業務を体験する機会」**を作っている会社もあります。

法則 21 「通年商品」の発注と在庫管理の考え方

> **ここからはMD業務の話です。**適切な在庫管理は、売れ残りや値引きのリスクを減らし、担当者の迷いを減らして本質的な仕事に集中できる状態を作ります。キャッシュフロー改善にもつながる大切な仕事です。まず、「通年売れる商品」の在庫管理について説明します。

適正在庫量の把握

　欠品や在庫過多など在庫に問題がある時は、在庫管理の基準が曖昧で、発注や製造のタイミングが感覚的になっている傾向にあります。「そろそろ無くなるかな」と思ったころには発注が遅すぎたり、「欠品を避けたい」と考えて過剰在庫になりがちという自覚があれば要注意です。これを防ぐには、**実態に基づいて適正在庫と発注の基準を作る**ことです。基準が明確になれば、判断がスムーズになりますし、他の人に任せることもできるようになります。

　在庫量は、「〇日分の在庫」というように、日数や週数で定義します。
　平均毎日10個売れる商品があるとします。発注してから商品が到着するまでの日数（リードタイム）が10日間かかると仮定します。すると、在庫数が100個を割ったら欠品します。なぜなら、毎日10個売れるのに、届くまで10日かかるから、入庫が間に合いません。**ギリギリでは危ないので、どの程度余裕を持った在庫にしたいか（安全在庫量）を決めます。**1日余裕を持つなら、「110個を割った時点で発注する」という基準が作れます。

実際のところは、現状在庫や発注ロット数、今後の需要（季節やECモール内のイベント時期）、競合動向なども影響します。温暖化の影響で、以前より売れ始める時期がズレることもあります。

何週間分持っておくかは店や商品によって変わってきます。

在庫の適正化に向けてやるべきことは、まず**棚卸しによる正確な在庫把握**です。期首在庫と期末在庫から回転率を計算して、在庫の健全度を可視化します。

発注アラートには色んな方法がある

次に、各商品の販売実績から、何日分の在庫を持つのがちょうどよいかが見えてきます。すると、**商品ごとの発注点**を定義できます（図21-1）。すると「今発注してください」というアラートが出せるようになります。

専用のシステムを組まなくても、Excelで対応しているお店は多くあります。法則18で紹介したOMSを導入している場合、発注アラート機能

図21-1 発注点のイメージ

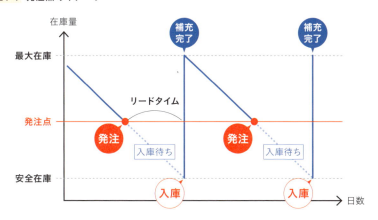

が入っていることが多いので、確認してみてください。このようにルール化することで、発注や製造における迷いを減らし、販売に注力できるようになります。

　ちなみに筆者が見た事例では、**出荷スタッフがピッキングをする際に、「今の売れ行きだとそろそろ無くなるな」を感覚的に判定して、MD担当者に付箋などで発注依頼**するというアナログ運用もありました。この方法は、実在庫（データ上の在庫ではなく本当の在庫）ベースで判断できるという強みもあります。このような運用をする場合は、出荷スタッフとの関係性が重要になりますね（スタッフの自律参加については法則46を参照）。

「在庫センス」こそが競争力

在庫を最適化することは、EC事業者としての競争力そのものです。

　昔は「受注発注」と呼ばれる取り寄せ販売で、注文が入ってから販売者がメーカーに在庫を問い合わせて直送してもらう、という売り方が多くありました。この形なら、何十万もの商品を販売することができるので、ECモールやGoogle検索でヒットしやすく、売上が作りやすいからです。ただ、ECの浸透に伴って、この売り方は難しくなってきています。ユーザーからすると「注文前に在庫状況が分からない」のは不安を伴いますし、注文後に在庫切れと知るのも残念な体験です。最悪クレームの要因にもなります。

　この10年ほどは**「売れる商品を確実に在庫しておく」ことが重要**になってきています。同時に、取扱商品数を「絞り込む」動きが増えてきました。商品ページ数によって露出量を担保するような集客戦術よりも、適正

在庫量を判断する、この商品を扱うのか扱わないのか判断する……といったMD担当者の力量が問われています。

ちなみに、ネットとリアルの売れ行きは違います。**「近隣の実店舗ではそんなに売れない」「だからあまり扱っていない」くらいの商品が、実はネット上では売りやすい**側面があります。この点も加味して考えましょう。

ただし、「受注発注」が絶対にダメというわけではありません。筆者は、とあるマイナーな部品を購入する際に、どこも扱ってなくて困っていたところ、取り寄せ販売しているお店を見つけてありがたく購入したことがあります。希少な商品を扱うお店や、品揃えの網羅性を重視するお店では、今でも有効な施策だと思います。

法則 22 「季節性商品」の発注と在庫管理の考え方

ここでは、アパレルや母の日などのギフト商戦で売れる「季節性商品」の発注・在庫管理について紹介します。このタイプの商品は、通年商品と比べ、よりシビアな販売予測が求められます。発注しすぎると売れ残りが出て値下げしたり滞留在庫に、発注が少なすぎると欠品して機会損失となるためです。

季節性商品の特性

「季節性商品」の販売で重要なのが、昨年のデータを基にした予測です。基本的には前年の売れ行きに基づいて発注数を決めます。つまり「予測した販売数≒発注数＝販売目標」となります。

そのため、新型コロナウイルスによる外出制限や気候変動のように、外部環境変化で前提が変わると、予測がズレて大変なことになりがちです。食品や花のようなナマモノ（トレンド性が強いアパレルもナマモノですね）は特にそうです。環境変化は新しい販売チャンスを生みますが、予測して在庫を積む商売には大きなリスクとなります。

また、発注量だけでなく、発注タイミングについても判断していく必要があります。通年商品と同じように、季節性商品も、**リードタイムや発注ロット数が大きく影響**します。その商品が追加発注できるのか、発注して納品されるまでの時間がどれくらいなのかにもより変わってきます。また、前年の販売ペースを参考に、追加発注のタイミングを考えます。仮に「年1回だけの発注で追加発注ができない」場合は、さらにシビアな予測が求

められます。

　季節性商品で、かつ複数の商品を扱う場合は、MDの注意が分散して「うっかり仕入れすぎる」などのトラブルが起こる可能性があります。そこで、**販売予測と発注の判断は、なぜそのように判断したかを「1つ1つちゃんと言葉にして記録する」**ことをお勧めします。考えをクリアにする効果があり、議論のきっかけにもなります。

　前年実績のない商品は、用心深く少なめに発注するのが基本です。最初の年は少なめに発注して、売れるようなら翌年は主力になるイメージです。

販売ペースの管理

● 前年同時期比で確認し早めに対策

　毎日の売れ行きを、前年同時期の販売ペース＝在庫消化ペースと比較します。昨年と同じくらい売れているのか、下回っているのか、上回っているのか……。いつから売れ始め、どれくらいにピークが来て、最後の駆け込みがどうなのか、昨年のデータを参照しながら、日次や週次で照らし合わせて、このペースは順調なのかどうかを判断します。

　売れ行きが悪い時は、SF（ストアフロント・販売担当）側と連携して広告を打ったり、メールマガジンやSNSでの露出を増やしたりします。明らかにペースが遅い……となる前から、**早め早めにチェックしておくと、対処もスムーズ**です。

● 販売中も常に改善を加える

　また、売り出した後、**お客さんの反応を見ながら、商品ページのキャッチコピーなどの売り方を調整・テコ入れして、販売ペースアップ**を狙いま

す。具体的には、レビューなどでお客さんの反応も見ていきます。新商品の場合は「想定した訴求と違うところが評価されていた」ことが案外多いので、実際の反応を見て調整します。これもSF担当者の仕事ですが、連携して取り組みます。

また、季節ギフトの場合は、終盤の駆け込みで多くの注文が入ります。徐々に他のお店が離脱していく中で、ギリギリまで「お届け日に間に合います」と案内すると、注文が殺到して売上が伸びますが、当然リスクがあります。間に合わないと大きなトラブルになりますし、悪評レビューは長く尾を引きます。季節ギフト商戦がチキンレースだと言われる所以です。

在庫処分と在庫持ち越しの判断

その後、予測に基づいて**「商品が売れ残りそう」と判断されると、バーゲンなどで割引販売**します。この際の割引幅は、ある程度社内で決裁権を決めておいて、それでは足りない場合は事業責任者に決裁を求めることになります。

あと、安売りしすぎると既存の顧客への印象が悪くなるリスクがありますよね。メインのECサイトとは別に、法人向け卸やC2Cサイト（メルカリなど）などを使い、**別ルートで処分**することもあります。メルマガのセグメント配信（特定条件の客層だけへの配信）で常連に絞ったり、未購入客に絞って割引販売するという方法もあります。

いったん値下げをして売れ残ったものは、翌年に在庫を持ち越します。**シーズン外には値下げ販売して、次のシーズンが来たら値戻しして販売**します。ただ、持ち越し在庫は倉庫のスペースを取り、委託倉庫ならば追加費用が発生するので、あまり寝かさないに越したことはありません。

ちなみに在庫処分やバーゲンセールは当然経営全体では良くないことですが、「見た目の売上」は伸びます。MDとしては欠品するぐらいなら在庫を抱えたほうがマシという判断をしてしまう心理もあるようです。なので、経営者としてはMD担当者が「在庫を抱えすぎるとマイナス評価になる」ように、評価に反映することが重要です（廃棄ロスや来期持ち越し商品の評価減処理など）。

　逆に、滞留在庫を売ると「赤字が確定する」から、現場が「売るに売れない」状態になるケースもあるようです。実際の資産価値は下がるのに帳簿上ではそのままなので、売ると赤字になるというわけです。現場で判断しやすいよう、評価減処理をして「判断基準となる資産価値を算出」したり、責任者が処分を指示するケースもあります。

高いリスクゆえの参入障壁

　このように、季節性商品の扱いはリスクが高い傾向にあります。それと同時に、「競合が増えづらい」傾向もあります。
　季節ギフトで、**在庫を積み上げてたくさん広告を買ってギリギリまで注文を受けるという販売方法は、過去の実績に基づく予測精度があってこそできることです。だから、なかなか新規参入が難しい**のです。

　ただ、最近は外部環境変化が激しいので、前年実績に頼った予測が難しくなってきたことも事実です。工夫して予測精度を上げつつも、**季節性商品の比率を下げ、経営リスクを回避していくことも大切**です。例えば、季節ギフトではない通年ギフト（例：出産祝い）などのリスクが少ない商品からの利益を担保し、「一本足打法」にならないような調整が必要かもしれません。

法則 23 「既存商品」の見直し・削減、「新商品」の検討

ここでは、新商品の開拓と、既存商品の見直しや縮小について紹介します。後述しますが、商品には「寿命」があります。「いつまでもあると思うな売れ筋商品」の精神で、ラインナップは常に見直していきましょう。日頃から売れ行きを観察して、次の一手を考え続けることが大切です。

既存商品の経過観察

いったんリリースした商品は、経過観察と手入れが必要です。

なぜなら、安定して売れている商品には、「必ず」競合が現れるからです。**ほったらかしにしていると、どんどんシェアを削られていきます。**なぜなら、競合店舗は、あなたの商品ページを踏まえて「後出しじゃんけんで勝つ」ように販売できるからです。

例えば、あなたの商品ができないアピールをしたり、シンプルに価格で下をくぐってきたりします。だからこそ、経過観察です。どのような競合が現れているかを踏まえて、アピールポイントや価格や商品スペックなどを調整します。レビューを分析すれば、「思ったより評価されている魅力」「伝わらなかった魅力」「使いづらい点」など伝えられることが明らかになります。

また、**時間が経つと、市場の動向も変わっていきます。**例えば、10年前と今では「糖質制限」という言葉の浸透度は違います。この概念が知られていない時代では、素直な説明（糖質制限とは何か）でOKです。しかし、

糖質制限食が一般的になった現代においては「他の糖質制限とどう違うか」まで踏み込んで説明しなければいけません。時間の流れと共に競合が増えたり、お客さんが商品に詳しくなったり、新しい需要が発生したりするので、商品ページは継続的に手入れをしていく必要があるということです。

新しい商品を作れない事情や作らない方針があるとしても、**世の中はどんどん変わるので、「訴求内容のアップデート」は必須**です。

筆者の経験上、「一度作った商品ページは手入れをすると売れなくなりそうで怖い」からほったらかしてしまうという人が実は意外と多いのですが、これは競合にとっては戦いやすく、あなたにとってはシェアがどんどん下がってしまう原因になりかねません。できれば、定期的に市場や売れ方を確認し、商品の訴求を振り返る習慣をつけておくとよいでしょう。チームとしては、**SF担当(販売担当)の仕事なので、連携が必要**です(法則27を参照)。

既存商品の「寿命」と戦略的縮小

商品には「寿命」があります。これは、その商品が市場で売れなくなるというよりは、**「競合が増えて儲からなくなる」ことによる寿命**という意味です。最初は儲かるのですが、競合が増えて徐々に儲からなくなる場合がよくあります。

そこで、自ジャンルの中での「次の人気カテゴリ」を見極めて、そこで1位の商品を作っておけば、以降は安定して利益を上げることができます。特に仕入れ型ECは、新しいトレンドを見つけて早期参入することが利益の源泉の1つです。

そう考えると「早めに兆しを掴んで売り始める」ことが重要ですよね。日頃からトレンドに敏感になることが重要です(詳しくは「商品戦略」法則53、

法則54で紹介します）。

　逆に、儲からなくなった商品に執着すると、売れ残りの在庫を抱えるリスクがあります。極端なケースは、コロナ対策向け商品です。一時的なバブル需要を生み、これに乗って大量在庫を抱えたケースがよくあります。また、競合以外にも「原価が上がった」「原料が入らなくて作れなくなった」なども寿命と言えます。

　一部の商品については取り扱いをやめる必要があるかもしれません。**以前と比べて、手間ばかりかかるようになった商品はありませんか。**つらいかもしれませんが、商品ラインナップを絞るか、仕入れ商品なら在庫を持たない「取り寄せ商品」へ格下げする方法もあります。キャッシュフロー改善や業務効率の効果があります。

　自分の商品・自分のカテゴリを確立しても、**今の売れ筋商品が、将来儲からなくなるリスクを考慮して、常に次の投資について考えていきましょう。**避難訓練のようなイメージです。

新商品の検討と「自店舗との相性」

　新商品や新カテゴリの検討について紹介します。これはMDだけでなく経営領域の話なので、戦略編「商品戦略」の法則54で詳しく説明します。ここでは簡単に触れておきます。

　新しい商品を見つけたい時は、展示会を視察したりメーカー発表会などを訪れて商品をチェックすることが多いでしょう。あるいは、市場の売れ筋を見ながら、自社の製造機械で色々試作をするかもしれません。この際、どれくらい売れるか、原価はどうか……といった、判断材料を持つことが大切です。

そのためにはまずリサーチを行います。ECの場合はネット上で競合状況を観察できるので、類似商品がどの程度売れているのか、後発で参入して太刀打ちできるのか、といったところを確認・検討します。

また、「自店舗との相性」を考えます。**品揃えは「関連性」で広げていきます。何かの専門店なら、既存商品を買いに来た人が、その商品を併せて買ってくれます。つまりシナジー効果が得られます。**スーツを置いているなら、ネクタイがあったほうがいいですね。MD担当者としては「お客さんにとって、自分の店にあるとよいものは何か・必要なものは何か」を考えます。社内の観点では、**扱い慣れた・作り慣れた商品に近いかどうか。社内の設備や経験を「転用できるか」**という観点もあります。

リサーチ結果が有望だとしても、自店舗の既存資産と関係なく「単に売れるものを仕入れる」場合はシナジー効果が得られないので注意です。

このように、競合が増えてきた中で既存商品の「延命」を図りつつ、同時に「次の新規商品を探し続ける」こと、そして難しくなった領域は手放すこと。そうやって変化し続けるのがEC事業者の宿命だと言えます。

> **ワンポイント**
>
> MD担当者を育成したいけれど、センスが重要だから部下に渡しにくいという話を時々聞きます。MDの資質は定量と定性の両面があります。まずは在庫や売れ行きを把握・管理する定量的な能力。そして、定性的な市場の動きを読むセンスです。前者のような、ベテランでなくてもできる領域もあるはずなので、渡せるところは渡して、徐々にセンスが育つとよいのではと思います（業務移管については法則40を参照してください）。

販売編 / 業務編 / 組織編 / 戦略編

MD（マーチャンダイジング）

法則 24

単品での利益管理と「価格最適化」で儲けを増やす

多数の店舗がひしめくECモール内では、競争にあおられて、値下げや販促費のばらまきをしてしまいがちです。利益を確保できるよう、個々の商品の儲けを「可視化」して、適切な値付けをしましょう。そのための考え方を紹介します。

既存商品の経過観察

● 「実は儲かってない」と後から気づく

　売上が伸びたと思っていたら、後から請求が届いて、「実は儲かっていない」ことに気づくというのは、よくある話です。特にECモールでは、商品検索画面でライバル商品と比較されるので、つい値段を下げたりクーポンを配布したり、「自然と値引きしたくなってしまう」構造にあります。しかも最近は、商品原価も運賃も上がってきています。

　思ったよりも儲からない……だから**「もっと売らなければいけない」と思って、さらに販売を頑張るのは逆効果**です。値引きをして、広告を使って、ポイントを付けて、以前の2倍販売したとしても、（おそらく）状況は好転しません。なぜこのようなことになるのか？　それには、2つの理由があります。

　1つめは、値下げで売れても、利益率は下がっていて、トータルでは儲からないケースが案外多い、という話です。これは簡単な算数で証明できます（後述します）。

2つめは、モノが売れた時の利益がいくらかを「可視化していない」から、状況が見えず、最適な行動が取れないという話です。

「よく売れるけどそんなに儲からない商品」もあれば、「数は出ないけど意外と儲かる商品」もあります。これらをごちゃまぜにせず、個々の商品の原価をハッキリさせ、それぞれの価格をコントロールできる管理体制を作りましょう。

値引き販売はそんなに儲からない

値引き販売のシミュレーションをしてみましょう。前提として、ここでの商品の通常価格は100円です。変動費（原価＋諸経費）で60円。1個あたりの儲けは40円。固定費が300円かかるとします。できれば電卓で計算してください。

ケース1：通常価格で販売

10個売ると、売上は1,000円。変動費600円と固定費300円を引くと、最終的な儲けは100円になります。

ケース2：20%値下げして販売

次に、20%安くして80円で売りました。安さ効果で、販売数が2倍の20個になりました。売上は1,600円と増えましたが、変動費も1,200円に跳ね上がります。固定費300円を引くと、**儲けは100円のまま。売上は増えたのに、儲けは変わっていないのです。**

ケース3：10%値上げ（販売数が減少）

今度は逆に、10%値上げして110円にしてみました。高くなったので、売れる数は1個減って9個になりましたが、不思議なことに、儲けは150

円に増えました。売上額も990円と減ったのに、儲けは50％も増えています。

ケース４：10％値上げ（販売数が同じ）

最後に、110円に値上げしても10個売れたらどうなるでしょう。売上は1,100円に増え、なんと儲けは200円に。通常価格の時の２倍になってしまいました。

もちろん、これはあくまで一例です。商品によっては、「少し値下げしただけで極端に売上が伸びる」場面もあります。何もしなくてもお客さんが大量に引き寄せられるマグネットのような商品もあります。お伝えしたいのは、**たくさん売るのが良いとは限らない。その割引が妥当かちゃんと判断しよう**ということです。

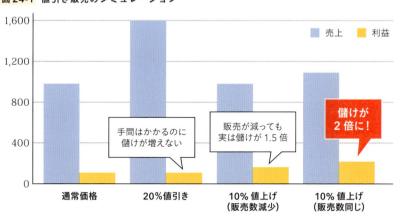

図24-1　値引き販売のシミュレーション

商品ごとの利益を可視化する「単品管理」

自分の商品が１つ売れたらいくらの利益をもたらすか、ご存知でしょう

か。「商品ごとの儲けを細かく見ること」が大切です。これを**「利益の単品管理」**と言います。

　要は、その商品を１つ売ったらコストが何円で、何円儲かるのか。これを商品ごとに把握するということです。すると、**「当該商品１つあたりの儲け×当該商品の販売数＝当該商品のもたらした利益」**となります。当該商品の販売数が分かれば、いくら儲かったかが分かるわけですね。

　コストには、原価だけではなく、モールのマージン、決済費用、梱包資材費、出荷作業費などを含めます（送料の扱いは場合によるので後述）。このコストを変動費と言います。「売価－変動費」の利益が「その商品が１つ売れた時の限界利益」と呼びます。それに販売個数（いくつ売れたか）を掛けると、その商品の累計の限界利益です。

　そして、「商品それぞれの累積限界利益」の合計が「店舗全体の限界利益」となります。ここから固定費を抜くと、店舗全体の儲け＝営業利益が算出できます（会計については、法則61で説明します）。

　恐ろしいことに、「よく売れてるのに、実は赤字」という商品があります。モールのマージンや各種費用を抜くと「実は赤字になっている商品」が割と発生しています。集客用の目玉商品がこのような状態になっていることが多く、よくよく分析すると目玉商品ばかり買われてリピートにつながっていなかったりします。

　あるいは逆に、単品管理をしっかりすれば、**「意外と目立たないのに、実は店の儲けを支えている商品」が見つかります。**そうすると、打ち手が色々と見つかります。「このくらい値引きしても大丈夫」「ここは粘って工夫で売ったほうがいい」といった線が引けます。

　特に、価格競争のあるジャンルでは、費用を正確に把握することがとて

も重要です。本当は赤字なのに、売上ばかりが上がって赤字が拡大するのも危険ですが、**「本当はもっと安く売れるのに、競争についていけず機会損失を招く」**ことも避けたいからです。

利益貢献度に基づく商品評価

　これらが分かると、利益貢献度に基づいて、**儲かる商品と儲からない商品の評価・優先順位付け**ができます。

　1つ1つの商品の限界利益だけではなく、販売数に基づく、累積の限界利益額も確認しましょう。例えば1商品の限界利益額で色分けして、累積の金額をソート（並べ替え）してみるとよく分かると思います。分析については、OMSに利益管理機能が含まれていることが多いので、確認してみてください。ExcelやGoogleスプレッドシートでも作れます。

　状況が分かったら対応します。まずは、**価格の最適化、つまり値上げを考えましょう。**利益貢献できていない商品は、値上げしたり、取り扱いをやめるほうがよいかもしれません。売価がそのままでも、入り数（内容量）を減らしてコストダウンする方法もあります。輸送コストも減るかもしれません。単品の利益が分かれば、儲かるセットも作りやすくなります。

　型番商品など「ブランド指名検索」が多い商品は値上げすると売上が落ちやすいので要注意ですが、オリジナル商品を中心とするカテゴリ名検索が多い商品では、値上げ余地があります。これを**「値上げ耐性」**と呼びます（164ページのコラム参照）。状況を見ながら判断してください。

　ちなみに、商品によっては、少しずつ値下げしていくと突然売れ出す場合もあります。利益と販売数の帳尻が合うのであれば、そこが商品の「適正価格」です。特性に合わせて価格の最適化を図りましょう。

法則 25 商品登録〜ページ制作の「業務フロー化・パターン化」

> ここからはSF業務の話です。新商品を販売開始するまでの、商品登録やページ制作の工程について紹介します。特に、次々に商品登録・販売開始していくタイプの仕入れ型のECを想定していますが、そうでない方にとっても、多数の商品ページを管理運用する手法として参考になります。

商品登録・販売開始のスピードを上げる

　販売力のある商品ページがどんどん作れることは、売上の成長性に直結します。商品が倉庫にあるのに、販売できないのは機会ロスです。モールECでは、早く売上実績が発生したページは、順位決定アルゴリズムによって検索順位が上がり、レビューも蓄積され、さらに実績が付くという好循環に入ります。特に「同じメーカーの人気商品が一斉にネットで発売される」ような時には、早く発売できたほうが有利です（メーカーが許すなら予約販売も有効です）。

　スピードを上げるには「仕組み化」が有効です。作業の順番としては、まずメーカーから提供された情報を基に、基本的な商品情報を社内システム（商品マスタ）に登録した後、商品写真やキャッチコピー、ECサイトでの商品名などEC販売用の情報を追加していきます。**後からだんだんと情報を充実させていくイメージ**です。

　選択肢としては、写真1枚と簡単な説明など「完成前」の状態で販売開始することもできます。販売開始していなければ売れる可能性は0％です

が、簡単なページでも公開すれば0％ではなくなるからです。ただし、説明不足の商品ページはCSトラブルを生む可能性もあるので「在庫ゼロ設定で販売開始しておく」という運用もよくあります。

これは商品撮影も同様です。販売開始時点の写真、その後で追加する写真、と段階的に付け加えるなる運用なら販売開始を早められます。

商品登録と商品ページのパターン化

● 商品登録は入力手順やルールを明確にフォーマット化

一般論として、あらゆる**定型業務は、パターンを確立するとどんどん早くなります。それは商品登録も、商品ページ制作も同様です。**

商品登録については、商品ジャンルごとに必要な情報項目が概ね決まっています。例えばアパレルなら、カラーやサイズ展開、素材や洗濯表示などです。これらを**フォーマット化して、入力手順やルールを明確にすれば、作業者がスムーズに進められますし、業務移管もしやすくなります。**このように仕組みを作って、パート・アルバイトや在宅スタッフなどに商品登録作業を頼むのがよいでしょう。

商品情報やカタログが紙で届く場合、**スマホのOCRアプリ等を使うと、写真で読み取るだけでテキストが抽出できる**ので、商品情報を素早くデータ化して登録できます。このOCR作業は外注もできます。

● 商品ページ制作はテンプレート化を工夫

商品ページは**「過去の商品ページ」を参考に、テンプレート化**するのが有効です。同じジャンルの商品であれば、基本的な構成はほぼ共通のはず。写真の構図、画像のレイアウト、商品説明文に使うフレーズもパターンがあるはずです。

商品AとBの「何がどう違うのか」が分かっていれば、必要な情報を差

し替えることで、短時間のうちにページや画像を作成できます。また、**AIや各種ツールを使った文章生成や画像生成を組み合わせる**ことで制作のスピードアップにつながるでしょう。

クリエイティビティが重要な商品ページの場合は、共通言語としてのパターンを用意しつつ、**「商品アピールの方向性を決める人（ディレクター）」**と、**「実際に制作作業をする人（デザイナー）」でスキルごとに分業する**と、効率的に制作できます。

どの程度パターン化するかはお店のスタンスによると思いますが、**訴求力と効率は両立できます**から、工夫して取り組んでいきましょう。

商品マスタからECモール別最適化

多くのEC事業者は、自社サイト、楽天市場やYahoo!ショッピング、Amazon、ZOZOTOWNなど複数の店舗を運営しています。しかし、ECモールやショッピングカートなど、出店先のシステムごとに商品情報の仕様が違いますよね。さらに、どのように商品情報を記述すると検索上有利になるかも違います。

そのため、商品マスタをベースにしつつ、**「各モールの仕様に合わせて商品情報を出力していく」**ことになります。基本情報を集約したマスタデータをベースに、モールの特性に合わせて情報を加工し、細かなカスタマイズを施すことで、それぞれの販路で最適な商品訴求が可能になります。

商品マスタは、このような運用を想定して、モールの制限に合わせて作っておくと加工が楽になります。例えばYahoo!ショッピングが最も商品ページ名が短いとすれば、基本項目はそこを基準に作ります。別項目に、他モール用のキーワードを置きます。Amazon用やGoogleショッピングに用いる背景のない白抜き画像と、本店（独自ドメイン店）や他のモール用の別の画像を両方置きます。

スケジュール管理と公開後の更新

● 進行表による管理

　商品登録や発売開始のスケジュール設定では、**まず売上貢献度が高い・期待される商品を優先**するとよいでしょう。また、大掛かりな撮影が必要だったり、「前例のない商品ページ」を作る場合、忙しいデザイナーに頼む場合は、所要時間を見越した着手順序の調整が大切です。

　この種の仕事では、**進行表を作り、商品登録や撮影や制作やページ完成までの状況を一覧化して管理していく**こともスピードアップのコツです。SF担当や制作担当は、クリエイティブだけでなく、スケジュール管理も重要な仕事なのです。

● 公開後の定例更新

　一度リリースした商品ページは、反応を見ながら修正していきます。日々の忙しさからつい後回しになりがちですが、例えば**「週に1度、あるいは月に1度は少しずつ既存ページの改善に取り組む」などとルール化**すると、取り組みやすくなります。商品ページ一覧をExcelなどでリストにしておいて、更新した商品は更新日を記入していくとよいでしょう。

　修正は、他部署や自分でデータ分析をする中で発見したことなどを**書きためておいて、優先順位が高い順に反映する**イメージです。CS業務を担当するBY担当や、メーカーなどの状況を把握しているMD担当から届いた声も生かします。特に、お客さんからの問い合わせが多くCSに届いている場合は、FAQを充実させるなど、課題解決を図ります。これは、組織編で紹介する**「定例会議」で、BY担当から挙げてもらう**のがよいでしょう。

　商品登録も、ページ制作も、その後の更新も、うまくパターンとリズムを作って、品質と効率を無理なく高めていきましょう。

法則26 イベントスケジュールを管理する「販促カレンダー」

EC業務では、季節ギフトやECモール内イベントや新商品のリリースなど、販売イベントが多く発生します。バタバタしますが、これらのスケジュールはあらかじめ決まっています。そこで、販促カレンダーを作ってチーム内で共有し、日々の定例会議で確認すると、効率的にイベント対応を進められます。

イベントに振り回されていませんか？

　ECには様々なイベントがあります。楽天スーパーセールのようなECモールが行う「セールイベント」、父の日・母の日・敬老の日・バレンタインなどの各種ギフトイベント、お中元・お歳暮などの「商戦」、自店舗としての「新商品のリリース・再入荷商品の案内」など。

　「EC業界全体」ではなく、「自店の業界でのトレンド」もありますよね。例えば、カー用品業界は、新車の買い替えが多い３月が繁忙期となるそうです。学童用品も入学前が商戦になります。振り返ってみると、毎年同じようなことをしていると思いませんか。**年間を通して「あらかじめ分かっている予定」**がたくさんあるはずです。

　そこで、時間がある時に、配信したメルマガ文面や社内資料、社内チャット等のやり取りなどを手がかりに１年を振り返り、過去の実績に基づいて、情報を整理してみることをお勧めします。「毎年母の日の準備をこの時期に始めてこんな作業をしているな」「年末年始やGWにこんな案内をしているな」「季節の変わり目にこのバナーを差し替えているな」などと今年も行うであろう作業の開始タイミングが分かってくるはずです。

「販促カレンダー」で計画的に動こう

　振り返って出てきた過去実績の情報をベースに、年間販促カレンダーを作ってみましょう（図26-1）。何月頃にどんなイベントがあって、いつ誰が何をするのか。イベントページを作り、メルマガを作り、早割期間を管理して、バナーを差し替えて、問い合わせ対応をして……といった動きを書き出し、年間カレンダーにまとめます。

● **関連資料にリンクを貼っておく**

　過去に使った特集ページや配信するメルマガの内容、社内文書などにリンクしておくと、抜け漏れや資料を探す時間も減り、仕事がスムーズになります。

● **定例会議で確認する**

　カレンダーができたら、担当者同士で、**部署をまたいだ定例会議で確認・調整する**のがよいでしょう。「店内イベントと新商品リリースのタイミン

図26-1　販促カレンダーの例

		4月			5月			6月	
		上旬	中旬	下旬	上旬	中旬	下旬	上旬	中旬	下旬
■トレンド										
主な行事	入園・入学・入社				こどもの日	母の日			父の日	
				GW						
ギフトイベント		母の日								お中元
	入園・入学・入社祝い					父の日				
楽天イベント		マラソン			マラソン		マラソン	スーパーSALE		マラソン
■プラン										
テーマ	・母の日早期注文特典で販売実績を付ける			・母の日終盤はFBA商品に絞って売り切る （・在庫過多の商品は、デジタルギフトを投入し、当日まで注文を受け付ける） ・終了次第すぐに父の日早割に切り替え			・父の日終盤はFBA商品に絞って売り切る ・終了したらお中元早割に切り替え			
重点施策	母の日（詳細はプロジェクト資料を参照）			父の日（詳細はプロジェクト資料を参照）			PJの振り返り会を開催して、各部改善点をタスク化			
	新入学・新生活ギフトを想定してメッセージカード対応を行う			楽天スーパーセールでギフトセットを解体して詰め合わせた「訳あり商品」を準備する			10周年記念セールの開催			
	GW帰省ギフトを想定してスイーツジャンルの仕入れを強化する			10周年記念セールの企画			通年ギフトのSEO・販促を強化			
重点商品	花とドーナツSet（母の日）			観葉植物とドーナツセット（父の日）			定番ギフト			
	観葉植物（新生活）			福袋（セール用訳あり商品）			目録・景品ギフト			

グがバッティングする」などが予測できて、社内調整もしやすくなります。

● 年間のリズムを掴む

　この時期は繁忙期、この時期は閑散期、といったことが見えると、リズムが作れ、空いた時期をバックヤード整理やシステム導入にあてられます。

イベント対応チェックリストを作る

「父の日やることリスト」などのチェックリストを作って、みんなで上から消し込んでいくのもよいでしょう。
　ギフトイベントは、掲載商品の選定、発注、広告の購入、同封物の作成、ページの作成、サイト内の導線張り替え、開始と告知、早割、問い合わせ対応、カウントダウンと駆け込み対応、フォローメールでレビュー推進……などとたくさんのタスクがあるからです。

　これらの過程では、商品選定や発注量を決定する会議があったり、訴求内容の検討やデザイナーへの発注など、**様々な打ち合わせもありますね。**誰がいつどんな仕事をするかを毎回思い出してやっていると大変なので、チェックリストの脇には「誰がどの仕事を担当しているか」も可視化しておくとスムーズです。いきなり完成版を目指す必要はなくて、**1年目はざっくり開始して、毎年アップデートしていきましょう。**

● ECモールイベントのチェックリストも作る

　ECモールのセールイベントも同じで、**「セール商品を選んで登録する」など毎回やっている業務プロセスがあるはず**ですから、それを振り返ってリスト化しましょう。どの商品をセールにするか・どのくらい下げていいか、といった方針も言語化できているとスムーズです。

頻繁に繰り返すルーチンですから、この機会に、もっと簡略化・効率化できる箇所がないかも考えてみてください。「セールイベント直前にセール企画をやって検索順位を上げておく」などの**「試してうまくいった小技」があれば、それを忘れず実施**するよう、チェックリストに加えておきましょう。

バーゲンや新商品売出しのような店内イベントも、やはり同じです。新商品の発売頻度は店によって不定期で、各商品とも内容は違うでしょうが、商品の発売日が決定して告知の準備をしてといった作業自体は似たようなことをしているはずです。

イベント用のページを毎回作るのは大変ですから、型を決めて、差し替えていく運用がよいでしょう。

● 季節ごとの情報更新・発信も忘れずに

イベントだけでなく、年末年始や長期休暇のお知らせ、棚卸し、社内行事などもカレンダーに載せておくとよいでしょう。

細かいところでは、うどん屋さんや蕎麦屋さんが「イメージ写真や商品画像を、ざるうどんからかけうどんのイメージに差し替える」といった季節の更新作業もあります。販促施策でも、季節ごとに検索キーワードは変わりますから、「季節性キーワードを考慮して商品情報を更新する」という仕事もあります。

こういった細かい対応を「意識してやる」のは大変なので、カレンダーや定例会議などで「自然と思い出して対応する」ように、業務の流れを設計してみてください。

ワンポイント

加えて「週間や月間の行動予定」もパターン化します。例えば楽天市場は、よく売れる日が決まっているので、その日に向けた準備など、行動をパターン化させておくのもよいですね。定例で商品ページを更新したり、社内業務を行うなど、探してみるとカレンダー管理できる仕事は多いはずです。

法則 27 「商品分析と顧客分析」で、次の一手を見つける

「商品別の売上分析」をしていきます。今売れている商品が売れなくなるかもしれませんし、逆に、今売れていない商品が突然、売れてくるかもしれません。状況は常に変化しているので定期的に分析を行い、MD担当者と連携して、商品ページを調整していきましょう。

商品分析について

分析に苦手意識がある方が多いのですが、そのような場合、**まず商品別売上で見ていくのがお勧め**です（この際、できれば法則24の限界利益も見るとベター）。自店舗での売上ランキングで上位の商品や、昨年対比で伸びている商品や落ちている商品を見ることは多いはずです。ただ、**意外とコツコツ伸びている商品や、利益貢献度が高い商品もある**のでよく見て探しましょう。

伸びている場合も落ちている場合も、そのようにして「注目商品」に当たりをつけます。

次は、その商品ごとにアクセス解析をします。この商品ページを見るお客さんは、どの検索キーワードでどこからやってきたのか、アクセス数は落ちているか伸びているか、転換率はどうか、その商品のコンディションを見ていきます。どんなデータが見られるかはECモールやツール次第ですが、大事なのは今説明しているように「流れ」で考えていくことです。ちなみに、売上が落ちた原因が「欠品だった」いうことも案外あります。

アクセス解析でデータを見るだけでなく、**「実際の検索結果画面」を見ましょう**。順位だけでなく、競合サイトや商品がどのようなタイトルや説

図 27-1 商品別売上を分析

「全体の売上が下がっている」

…だけでなく、内訳を観察しましょう

▶ 商品別の内訳はどうなってる？
▶ 落ちた商品の、落ちた原因は？
▶ 成長・維持できている商品は？

明文で表示されているか、中に入ってページを見てみると参考になる情報があります。

売上分析から次の一手を見つける

　販売している商品は、経過観察とテコ入れが必要です。とはいえ、巡回チェックするのは大変です。そこで、以下に紹介するABC分析が有効です。
　まず、商品の売れ行きや利益貢献度によって複数のランク分けをします。格付けの基準を決めて、**Aランク商品の場合は毎日チェックし、Bランク商品の場合は週1回チェック、Cランク商品の場合は月1回のチェック**……といった動き方をします。また、前述のように、変動が大きい商品もチェックします。
　売上がジリジリ落ちていると思って検索結果を見たら、競合が多く発生していてシェアを取られていたとことにようやく気づく、いうことがよくあります。
　これは急に発生することではなく、「ジリジリ起こっているけど見ていなかった」、いよいよまずくなって見に行くと「競合に食われた後に気づく」というパターンです。そうならないよう**日頃から分析をしていきましょう。**

逆に、「理由が分からないが急に売れた」ケースもよくあります。SNSでの紹介だったり、ラジオでの紹介だったり理由は様々ですが、Xで検索してみると分かるケースが多いようです。有名人や、いわゆるインフルエンサーではない、そんなに大きくないアカウントの紹介でも、意外と売れます。

そのようにして売れた原因を特定できたら「二匹目のドジョウ」を狙います。紹介者にコンタクトをするなどして、なぜ紹介してくれたのか、同じ人や他の人から同じような紹介を狙えるかなどと考えます。

顧客分析で「見比べられ方」を理解する

法則1で述べたように、**私たちは常に見比べられています。**競合商品は、先行する商品に対して「後出しジャンケン」を仕掛けてきます。分かりやすいところでは値下げです。必ずしも追随して値下げをするのが良いとは限りませんが、様子を見ているうちに売れ行きやレビュー数で並ばれてしまったということもあります。チェック対象に加えて、観察しましょう。価格については MD 担当が原価や定価を定義した上で、細かい価格調整はSF担当の仕事です。

価格以外でも、商品の仕様やアピール内容も見比べられています。

売上が落ちていなくても、**レビューや問い合わせの傾向を把握して、何が評価されているのかを探り、ページや訴求ポイントの記述の改善案を練ります。**法則9で商品ページについて紹介しましたが、**褒められているポイントを強調すると売上は伸びます。**

他方、低評価の商品も、どのような不満点があるのかを知り、スピーディに対応することが重要です。商品自体の課題もありますが案内次第で印象は変わります。これはCSの業務を効率化することにもつながります。BY

担当から情報を上げてもらいましょう。

こういった「個々の商品のレビュー分析」を通して、「店舗全体の顧客像」も浮かび上がってきます。上級編の分析として、顧客研究（法則53）もご覧ください。

ランキングなどECモールの情報を使う

ECモールには、たくさんの情報が蓄積されています。情報源として活用してみましょう。楽天のECC（営業担当者）などに「このカテゴリって最近どう？　売れている？」とストレートに聞きましょう。人によっては「今年の母の日では、このカテゴリは売れていますが、御社のカテゴリは停滞気味ですね」などと情報を出してくれます。

次に、楽天市場などECモールはたいてい各ジャンルの商品売上ランキングが公開されているので、これも参考にします。ECモールが主力ではない大手通販会社のEC担当者も、分析のために見ているほどです。ランキングは、まず競合商品の分析に使います。楽天市場のランキングは「売上金額」で集計されているため、他社でどのくらい売れているのか、推測することが可能です。例として、自社の商品が単価5,000円、昨日10個売れてランキング6位だった、5位の商品は単価10,000円→つまり5個以上は売れたということが分かります。この分析結果から、競合他社の強みと自社商品の弱みを比較することで次の打ち手が見つかります。

このように、自社商品の動向を継続観察しながら、ついでに市場動向も把握していきましょう。商品開拓の参考になるのでMD担当者と一緒にやるのがよいと思います。

法則 28 ムダ使いしないための「広告運用・検証・テコ入れ」

広告を運用すると、お金がかかっているのに利益につながっていない……ということがよくあります。「広告費」をかけっぱなしにせず、きちんと費用対効果を見ながら活用できるようにしましょう。このページでは、「ECで主に活用する広告」の運用と検証の考え方について解説します。

広告費は無駄遣いされがち

　販売編の法則5で紹介したように、広告には様々な種類があります。現在のECでは「運用型広告」がよく使われますが、**その特性として出しっぱなしにできてしまうので、「費用対効果が悪いまま放置されている」**ケースが多くあります。リーダーが運用すると「忙しくてほったらかし」、メンバーが運用すると「基準がないからなんとなく放置」になりがちです。

　ECモールの季節ギフト広告でよく使われる「純広告」は、運用型と比べると費用対効果の基準が曖昧なのと、限られた期間で一気に出すため1つ1つの広告の検証が雑になりがちです。

　どちらの広告も、検証を怠ると広告費の無駄遣いにつながりますが、**基準とタイミングを決めて、チェックしていれば一気に費用対効果が良くなります。** そして、これをチームとして習慣化していくことが有効です。また「売上が落ちるのが怖くてずるずる広告を使ってしまう」という反省もよく聞きます。思い切って削ると「今の実力」が分かって、クリアな視界で仕事に取り組めます。それは目先の集客より大切なことです。

広告の効果検証をする

広告の効果検証はROAS（広告経由でどれくらい売れたか）、ROI（広告経由でどのくらい儲かったか）、CPA（広告経由で1つ売れるのにいくらかかったか）など、様々な基準があります。

筆者の基準ですが、現在最もよく使われるのはROASです。算出方法はシンプルで、広告経由売上÷広告費です。10万円かけて、30万円売れたら、ROASは300%ですね。この数字を見て**「いいね」と言えるかどうかは、利益率や商品のリピート性次第です。つまり、ROASで検証するのであれば、「ウチの店の場合は、ROASがどれくらいだったらOKか」という基準を決めておく必要がある**わけです。

また、「各広告を比較して、成果の高い広告に多く投資する」ことも重要です。モールや本店など、様々な販路で広告を使っていますよね。各店舗でもそれらをROASで比較してみましょう。効率の悪い広告は削り、効率の良い広告に注力する。メリハリのある管理で、トータルの広告効果を最大化します。

ちなみに、費用対効果が不明確な広告媒体については「掲載前の平均売上」と「掲載中の平均売上」を比較し、増加した売上を算出して、それを広告費で割ることで、簡易的なROASを算出できます。

広告にテコ入れする

運用型広告は、純広告とは違って「出稿して結果を待つ」のではなく、レポート画面でこまめに検証を行い、日々調整する必要があります。

- 利益が出ない・売れない商品・季節外れの商品・オプション的な商品などを出稿対象から削る
- 露出が足りないなら、クリック単価を引き上げる
- 商品画像やページ、回遊動線を魅力的にする
- 競合店の動きをチェックする

などといった作業を行います。

前述のROAS基準を使って、○%以上ならこうする、○%ならこうする、○%なら掲載をやめる、といったパターン分けを決めておくと、作業が早くなりますし、他のメンバーにも業務を移管しやすくなります。

一方で、季節ギフトなどの純広告は、事前の作り込みが重要です。商品選定、広告原稿、リンク先の商品ページ・特集ページ、回遊性などです。大手や、たくさんの広告を出している競合店にも学びましょう。

そして、これらの学びを毎年思い出せるようにルーチン化することが大切です。法則26で紹介した販促カレンダーからリンクして、定例会議で振り返るのがお勧めです。

ワンポイント

リピート性の高い単品通販では、ROASと別の基準「LTVとCPA・CPO」が使われます。LTVは「顧客生涯価値」のことで、リピーターとしていくらの利益になるかの金額。平均リピート回数と「購入1回あたりの利益」を掛けて算出します。仮にLTVが10万円あるなら、リピーターの獲得のために3万円出しても大丈夫、と考えます。お試し客1人の獲得費用がCPA、リピーター1人獲得のコストがCPOです。

法則 29 円滑な受注処理のための「システム導入とパターン化」

ここから BY の話です。受注処理は、在庫引き当て、入金確認、出荷指示などと「すごろく」的に進める仕事なので、売上が伸びると必ずキャパシティ問題が起こります。常に効率化を意識しましょう。また、大雪など災害時の的確な対応も重要な仕事です。

システム導入で効率化

受注処理の効率化とは、なめらかに「すごろく」を進められるようになることです。普通の注文はスムーズに出荷まで進みますが、「備考欄を使った問い合わせ」などのイレギュラーな対応が多いと、手動対応が必要になり、すごろくは止まりますよね。

つまり、**いかにイレギュラーを減らして、自動化・シンプル化するかが受注処理を効率化するポイント**になります。そこで、法則 18 でも紹介した「OMS」の導入です。複数モールでの受注処理や在庫管理を一元化でき、受注処理を効率化する最大の要素と言えます。

ただ、規模に応じた最適解があります。段階的にシステムを導入し、徐々に自動化を進めることが現実的な解決策となります。OMS には以下の機能があります。BY 担当者専用ではなく、全部署の連携をスムーズにします。

受注管理ツール

・システム側で処理すると各モールで自動処理

・**効果**：出荷スピード向上、受注スタッフ育成効率化

在庫連動ツール
・モールAで売れたらモールBの在庫も減らす
・**効果**：欠品や売り越し対策、セット商品の在庫管理（ツール次第）

商品管理ツール
・商品マスタを管理し、各モールの書式でデータを出力
・**効果**：商品登録スピード向上、イベント参加・モールSEO効率化

分かりやすい案内で、引っかかり解消

　スムーズに受注処理が流れない原因の多くは、引っかかるポイントが存在することです。

　受注業務で、備考欄を使った問い合わせ・依頼・住所変更など、典型的なイレギュラー対応のパターンがあるにもかかわらず、その都度考えていませんか。**過去のパターンを振り返ってよくあるものについては対応ルールを決めておけば、作業の引っかかりをなくして悩まず処理ができます。**システムに組み込めるともっと楽です。

　また**お客さんに伝わるべきことが伝わっていないことでも無用な引っかかりを生んでいる**場合もあります。例えば「メール便は日時指定ができない」ことが伝わっていないと、毎回日付指定に対してやりとりが発生してしまいます。このような引っかかりを生み出している原因を特定して、伝えるべき情報を目立たせていきます。

　よくある改善例としては、メール便問題であれば、普通の注意書きでは読み飛ばされるため、商品ページでサイズや色を選ぶための選択肢（プル

ダウンメニュー）を使って、メール便が日時指定できないなどの注意書きを明示するなどです。

　返品業務で「商品がぐちゃぐちゃの状態で返送されるのを防ぎたい」といった時は、どういう風に畳んで送ってほしいかを、同封チラシに返品時の手順を説明し、そこに「商品の畳み方写真」を載せておきます。とあるお店では、毎週のように傷んで使えなくなる返品があったのが、この方法でそれがゼロになりました。

　このように、**お客さんの常識が自分たちの常識と同じであると期待せずに、「分かるようにきちんと伝えていく」**ことで、少しずつ業務はなめらかになります。

連休や配送遅延時の対応と案内方法

　連休などでお店が一時的に休業したり、大雪などのトラブルで配達が遅れたりする場合があります。こういった際には、受注や出荷が止まるので、お客さんに分かりやすいよう案内するのも大切な仕事です。

　発生パターンとしては、**連休や年末年始など「事前に分かっている遅延」と、大雪など「トラブルによる遅延」**とがあります。やるべきことは、店舗ページやメールでの案内と、社内調整です。それぞれ解説します。

　まず連休などの**「事前に分かっている遅延」については、社内全体に影響することなので、カレンダーを作って、いつ案内を掲載するか、いつ下げるのかなどの予定を全体共有**します。毎年繰り返すことなので手順を定義し、テンプレートを作っておきましょう。暦の予定だけでなく、イベントで交通規制（各地の花火大会、海外要人の来日、東京マラソンなど）というパターンもこちらに含まれます。

次に、天災・事故などのトラブルによる遅延については、発生が読めません。とはいえ、毎年何かは起こりますよね。そこで、余裕がある時に、過去の対応事例を引っ張り出して、必要な時にすぐ取り出せるように社内マニュアルなどに掲載し、社内で読み合わせをしておきましょう。「状況をキャッチしたらまず〇〇する」「お客さんから問い合わせがあったら〇〇と答える」など、具体的な行動指針を記載します（避難訓練の要領です）。「遅配など、発送後についてのお問い合わせは各運送会社へお問い合わせください」と言いきってしまう方法もあります。

　お客さんへ<u>告知する際は、目に留まりやすい場所に掲載します。ヘッダー部分や、各商品ページ、カート画面など、購入の流れに沿った場所に表示する</u>のが効果的です。年末年始などの連休の際は、営業予定のカレンダーを掲載するのもお勧めです。「ご注文の受付は〇月〇日まで」「〇月〇日より順次発送」などと日付表記も加えます。ちなみに、年内最終営業日のメール案内をすると、駆け込み注文を得られる効果もありますよ。

　文言の差し替えが素早くできるよう、<u>**休業や遅延の告知に使うテンプレートを、あらかじめいくつか用意しておく**</u>と便利です。サイトのトップページ用、商品ページ用、メール用などシーン別に最適な文言を考えて作成しておきましょう。テンプレートがあれば、休業や遅延の発生時に、慌てずに告知を出せます。ページやメールで「天候不順で遅れる可能性があります。あらかじめご了承の上、お買物ください」といった注意喚起を入れておくと、「ちゃんと言いましたよ」という証拠になります。

　休業中は留守番電話に切り替え、メッセージにも休業のアナウンスを入れておきます。遅延時は、オペレーターが状況を把握し、適切に案内できるようにしておきましょう。

法則 **30**

CS（カスタマーサポート）は「効率と親切」を両立する

CS（カスタマーサポート）は主に問い合わせに対応していく仕事です。繁忙期には大量の問い合わせが来て大変なものです。平常時であっても、鳴り止まない電話に振り回されると集中できないものです。問い合わせに回答する「受動的なCS」でなく、先回りで満足度を高める「能動的なCS」を目指しましょう。

FAQとテンプレで効率化

　CSにお客さんから同じような問い合わせが繰り返し寄せられていませんか。**定型的なものは、お客さんが問い合わせることなく「自己解決」されるのが一番です。**わざわざ問い合わせるのはお客さんにとっても時間がもったいないですし、自己解決されれば、お店側の労力が減らせます。

　そこでFAQ（よくあるお問い合わせ）ページに力を入れるのがお勧めです。「いつ届きますか」「領収書はもらえますか」「商品の返品方法は」など、よくある質問を網羅的にカバーしていきます。

　制作することを手間に思うかもしれませんが、**過去のお問い合わせメール履歴を生成AIにコピペして「Q&Aに書き換えてください」と指示**すると、あっという間にベースができあがります（AI活用については、法則36参照）。ただ作っただけで読まれなければ意味がないので、あらゆる箇所からFAQへの導線を目立たせる必要があります。

　もちろん、FAQに答えが書いてあっても読まない人は多いので、結局問い合わせは来ます。でも、よくある質問への回答は**FAQ文面を転用して「テ**

ンプレート文面」にしておけば、問い合わせがあった際にすぐに対応でき、一石二鳥です。テンプレートが充実していれば、AIチャットボットを導入・活用する際もスムーズなので、一石三鳥です。

なお、商品ごとの納期や詳細情報については、FAQよりも商品マスタに情報や申し送りを記載しておいて、CSスタッフにも確認しやすい体制を作るのがよいでしょう。

電話対応とメール問い合わせを制限

このように自己解決するための土台が整ったところで、電話やメールを減らしていきます。例えば、**フリーダイヤルをやめたり、電話対応の受付時間を短く制限します。その代わりFAQやチャットを目立たせます**。

電話の問い合わせには、簡単に答えられるものもあれば、調査が必要な難しいものもありますね。IVRという仕組みを使うと、「〇〇のお問い合わせは〇番を押してください」といった振り分けや「サービス内容向上のために通話を録音させていただきます」の自動音声が可能です(これはモンスタークレーマー対策になります)。

メール問い合わせは、情報が不足しがちなことや、お互いにメール不達リスクがあるので、問い合わせフォームやチャットのほうがやり取りがスムーズです。二次元バーコードやURLでフォームへ誘導しましょう。この際、問い合わせのカテゴリをお客さんに選んでもらえるようにすると対応がスムーズです。

もちろん、**BtoBなどの高単価な商品など、たくさん問い合わせが来たほうが売上につながる商材や事業もあります**。商品の特性を考えて判断してください。

クレーム対応・トラブル対応

　定型的な問い合わせを効率化していくとクレームやトラブルにかけられる労力が増え、次第にトラブル対応のスピードが早くなります。効率化の結果、対応の早さで感心されることもよくあります。

　クレーム・トラブル対応で重要なのは、早さに加えて、お客さんの気持ちに寄り添うことです。お客さんは何らかの不満や憤りを感じているので「どちらが間違っているか確認する」「相手の損を補塡する」話よりも**まず、感情を受け止めることが、スムーズな解決への第一歩です**。

　こちら側が明らかな品質トラブルを起こしてしまうこともありますね。コンサルタントとして実際に対応をお手伝いすることがありますが、当事者はショックで冷静な判断ができなくなります。こういう時にはどうするという予行演習をしておくと、いざという時にスムーズです。具体的には、まず状況を整理する、お詫びメールを全体に送る、購入者をリスト化して1件1件電話連絡するなどの流れになります。

　一方で、明らかに理不尽なクレームも増えています。**優先順位として、従業員の心身の健康を守ることが大切です**。特に今後の採用難を考えると、経験のあるスタッフが長く勤められるようにしたいものです。現場のスタッフが1人で抱え込まずに済むよう、エスカレーション（上位者への引き継ぎ）ルールも定めておきましょう。**マニュアルだけではカバーできないので、対応のガイドラインを作るのがお勧めです**。

> **ワンポイント**
> CSや受注スタッフが採用できない・出勤が安定しないなどの場合、リモートワーカーや外注（コールセンターやBPO：ビジネス・プロセス・アウトソーシング）を活用する方法もあります。外部スタッフにサービス品質を維持してもらうため、マニュアルの整備とトレーニングは必須です。

法則 31 出荷体制の「効率化と繁忙期対策」

EC事業が成長するに伴い、出荷体制の効率化と繁忙期への対応がますます重要となります。普段から出荷体制を効率化することに加え、繁忙期への備えも必要です。まず、現状自分たちがどれくらいの出荷キャパシティを持っているのかを確認し、各改善をしていきましょう。

自分たちの出荷キャパシティを確認する

まずは自社の出荷キャパシティを把握することから始めましょう。

過去の経験から「だいたいどの程度なら大丈夫」という大まかな基準を決めて、社内で共有しておくことです。**出勤スタッフ数が◯人なら梱包・発送件数が◯件は対応できる、という基準を持ちます。**この基準に基づき、危険水域になったら社内にアラートを出し、遅延予告などのページ差し替えを行います（予告などの案内については法則29参照）。

また、「◯時までの受注については当日発送」などと案内する、当日発送の締め切り期限についても、状況によって調整が必要ですよね。出荷数が少ない時は遅い時刻の注文でも当日発送できますが、注文が増えるにつれ、締め切り時刻を早めに設定する必要が出てきます。**当日発送のキャパシティについても見極めが重要**です。特に繁忙期には、締め切り時間を早めに設定したり、特定の商品に限定することで、スムーズな対応ができます。

「日常の出荷業務」の効率化

　日常の物流・出荷業務を効率化することで、繁忙期の負荷を減らすことができます。出荷業務には入庫処理・棚入れ・在庫管理・ピッキング・梱包・出荷・返品対応などの流れがありますね。**流れの中で非効率なところがないかを確認し、整えていきます**。

● 　入庫から在庫管理の効率化

　まず入庫・在庫管理については、**倉庫を整理整頓し、棚番号などを振って分かりやすくする**ことが重要です（ロケーションと呼びます）。「詳しい人しか商品の位置が分からない」状態だと、売上急増や担当者病欠の時に対応ができなくなるからです。また、滞留在庫を抱えすぎないよう処分していくと、入庫処理や商品登録が早くなり、売上アップにもつながるでしょう。

　商品特性として温度帯の違う商品がある場合は、管理手順が異なることにも注意が必要です。常温、冷蔵、冷凍の区分けを明確にして、工程を分けるなどの工夫をしましょう。コストとの兼ね合いで、冬場は常温のみで、夏場だけ冷蔵・冷凍倉庫を使うという会社もあるそうです。

● 　梱包と出荷作業の効率化

　梱包については、**過剰梱包を見直す**ことが効率化のカギとなります。資材費削減だけでなく、顧客にとってもゴミが減るメリットがあります。納品書の同封をやめたり、箱ではなく袋にしたり、物によっては商品の箱に送り状を直張りしたりと、梱包資材をより低コスト・簡略化できる余地は意外とあるものです。

　例えば、**運送会社のサイズに合わせて商品自体のボリュームを設計すると、コストを削減**できます。その他の工夫を紹介すると、ある店舗では「開け口を塞ぐテープの量を、今の半分にする」という変更をしました。テス

トした結果、半分でも十分な耐久性があり、配送事故も起きなかったそうです。このように色々と見直してみるとコストカットにつなげることができます。ただし、何がなんでも効率化やコスト削減をすればよいということではなく、**商品によっては、同封するメッセージの効果や、世界観の演出などとの両立**が必要です。

　出荷作業で最も重要なのは、発送ミスを防ぐことです。発送ミスが起こると、往復送料、再発送送料、資材、対応人件費、返品商品の処分と、あらゆる面でダメージを受けることになります。**ミスを防ぐためには、検品の仕組み化**が有効です。チェック項目の周知徹底や、作業担当者の明確化を行いましょう。ある程度の規模なら、バーコード管理導入が有効です。

　加えて、作業場のレイアウト見直しや、テープカッターなどの道具の選定、作業手順の改善など、細かな工夫の積み重ねが効率アップにつながります。現場のスタッフに相談して意見を出し合い、みんなで楽しく工夫できると理想的ですね。

図 31-1　一般的な出荷の流れ

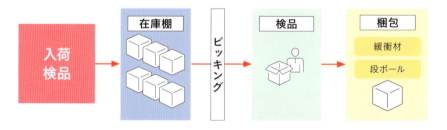

「繁忙期の出荷業務」への対策

　売上が伸びることは喜ばしいことですが、繁忙期には出荷体制のキャパシティを超えてしまうことがあります。あらかじめ対策を立てておくこと

が重要です。

まずは、**ECモールのセールイベント・母の日などの各種商戦など「年間の繁忙期」をリストアップし、早めに運送会社に連絡をしておきましょう。**具体的な出荷数予想を共有できれば、運送会社側も対応しやすくなります。ただし、繁忙期直前ではトラックや人手が確保できない可能性があるため、早め早めの相談を心掛けましょう。販促カレンダー(法則26)と連動します。

ギフトシーズンなどの商戦期は、通常の数倍の注文が集中します。限られたリソースの中で、いかに効率的にオペレーションを回していくかが問われます。受注がピークを迎える前に、早割キャンペーンを仕掛けて予約を前倒しにし、処理の山を平準化するのも一つの手です。

● ヘルプ人材の手配

次に、ヘルプ人材の手配です。

まず「社内ヘルプ体制」、つまり**メンバー全員が出荷業務を担当できる状態にする**のが基本です。MD担当やSF担当は、セールなどの準備をした後は手隙になるので、出荷を手伝えるはずです。ピッキングや検品までしなくても、梱包してくれるだけで助かりますよね。社内で調整して、日頃から訓練しておくとよいでしょう。

逆に、セール前は物流は手隙になるので、SFなどの他の業務を手伝えるとよいですね。法則42で示したように、一見難しい仕事でも、梱包のような「シンプルな仕事を切り出す」ことができるはずです。

社外からもヘルプ人材を投入できるよう、タイミーなどでスポット雇用アルバイトを探したり、近所の知人へ声を掛けておく場合もあります。経験がほぼなくても戦力化できるよう、作業内容を限定的な範囲にとどめたり、マニュアル整備(法則40の動画がお薦め)が重要です。

● 繁忙期体制の整備

顧客対応としては、**繁忙期はサービス内容を絞ったり簡略化**したりする

のも1つの手です。メッセージカードやラッピングなどのオプションを一時的に制限することで、オペレーションを回しやすくなります。

　出荷直前のキャンセルや変更への対応については、悩ましいのですが、「出荷伝票の発行後はキャンセル・変更を受け付けない」というポリシーを設定するなどして、ページ上で事前に顧客に通知しておくと、対応量を減らせます。これには「分かりやすい案内」（法則29参照）が大変重要です。会社のポリシーによりますが、余裕がない場合は、「最大限の満足」を無理に目指すよりは、**安全策として、「多少ドライでも安全確実」のスタンスを取るほうが、結局は満足度が高い**ように思います。

　配送が混雑するタイミングをずらしたり、分散させたりする対策も有効です。配送日指定を活用し、混雑日を避けるようお客さんを誘導するのもよいでしょう。商戦終盤には、指定日には間に合わなくとも、イベントギフトとして贈りたいユーザーに向けた「遅れてごめんね企画」を用意するなど、駆け込み需要も取りこぼさないようにしておくことが大切です。

　繁忙期のオペレーションを支えるのは「ヒト」の力です。昨年の実績から波の大きさを想定し、事前に状況をみんなに伝え、波が来たら力を合わせ、無事乗り越えたらお祝いをする。**繁忙期は、普段別々の仕事をしているチームが一体になるイベントとも言えます。**

> **ワンポイント**
> 規模が大きくなるほど、イレギュラー対応のフローも明文化しておく必要性が高まります。仮に「炎上級トラブルの発生率」が0.1%だとしても、出荷が1万件になると10件のトラブルが発生する計算です。

法則 32 ケース別「物流委託 vs 自社出荷」の比較検討

ここまでBY業務の効率化について、自社倉庫で行っている前提で説明してきましたが、効率化を大きく左右するのが自社出荷を続けるか、あるいは物流委託にするかという選択です。自社倉庫の経験が長いとなかなか踏み切れないと思いますので、ここでは判断方法について解説します。

物流の外部化を検討する

　法則31で触れた通り、物流業務とは、商品を入荷してから出荷するまでの一連の流れです。これを**丸ごと外部の倉庫にお願いする「物流委託」に踏み切る企業が増えています。**その背景として、運送会社とECモール、それぞれの事情があります。運送会社側は、ドライバー不足により運賃が上がるだけでなく、配送キャパシティが低下しつつありますよね。

　一方、ECモール側は、モール同士の競争から「毎日休みなく・早く出荷する事業者」を優遇する方針になっています。このような矛盾した状況下で、EC事業者は、自社出荷を続けるか、物流を委託するかの判断が求められています。

　ECモールの需要に対応するためには、**自前で毎日出荷体制を整えるか、物流委託サービスを利用する必要があります。**あるいは、対応しない選択肢も、「部分的に対応する」選択肢もあります。

　物流の課題と、ECモールへの対応。この2つを同時に解消できるのが「物流委託」という選択肢です。

委託可能範囲は、商品の保管から、ピッキング、梱包、発送まで、物流業務全般に及びます。一部の業務のみを委託する部分委託と、すべてを丸ごと任せるフルフィルメント（＝完全代行）の2種類があり、部分委託については、段階的に委託範囲を選択できます。業者によっては、不良品チェック、冷蔵・冷凍保管、ギフトラッピングなどのサービスを実施してくれることもあります。物流委託先でラッピングなどの加工をしてくれることを**「流通加工」**と呼び、うまく使うと競争力につながります。

　ただし、当然費用が発生しますし、委託先によりますが、できること・できないことがあります。滞留在庫があると罰金のようなものが発生することもあります。

　メリットは、人員やスペースを節約できることです。これにより、スピーディな配送対応が可能になります。繁忙期の対応もしやすく、土日対応も可能。出荷スタッフを雇用しないので、固定費でなく変動費になります。出荷メンバーのケアも不要です。多くの業務を外注できるので、オフィス側も身軽になります。

委託検討の進め方

　自社の要望や予算に合わせて、適切な委託範囲を決定する必要があります。
　物流委託を検討する際は、まず情報収集が必要です。**AmazonのFBA（フルフィルメントby Amazon）、楽天のRSL（楽天スーパーロジスティクス）、Yahoo!の「ヤマトフルフィルメント」など、ECモール系のサービスが便利**ですが、制限が多い側面もあります。**非モール系では、「スクロール360」や「清長」など様々な委託先があります。**

　EC事業者は、取扱商材や業態によって様々な事情があるので「みんなと同じやり方にして安心したい」という選択肢は取れません。1社1社事

情は違うので、**自社の事情を言語化して、最適なサービスを探すことをお勧めします。**例えば、壊れやすい繊細な商品は丁寧な梱包が求められるので、十分な確認が必要です。一方、特別な梱包を要しない商品なら、一定の品質で出荷できれば問題ないでしょう。自社独自の梱包ルールがある場合は、それを委託先に徹底してもらえるかがポイントになります。

物流業者が見つかったら、実際に商談を行います。サービス内容や費用を詳しく確認し、複数の業者と、自社で発生するコストとを比較検討することをお勧めします。

商材によっては、物流委託ができない場合もあります。例えば、極端に大きい・重い商品や、特殊な形状の商品、温度管理が必要な商品、ナマモノ、危険物など、特定の物流業者にしか取り扱いできない商材があります。

自社物流を続ける場合

自社物流のメリットは、物流を自社のコントロール下に置けることです。これにより、お客さんのニーズに合わせた独自のサービスを提供することが可能になります。

在庫量も出荷件数も少ない場合は、自社物流のほうが安くつくこともあります。逆に、歴史の長い大規模店にとっては「これまで作り込んできた自社出荷体制」を使わなくなることへのもったいなさがありますね。新しい店・小規模の店であれば迷いなく委託しているケースも多いです。

また、商品を自社で製造しており工場併設の倉庫から商品を出荷している場合、物流委託すると委託先倉庫へ運送して、あらためて顧客まで配送することになるので、以前と比べて費用が二重に発生しますね（横持ち運賃）。

ただし、仕入れ型の場合はメーカーからの納品先を委託先倉庫にすれば、この費用はかかりません。このように、**業態によっても違いがあります。**

　自社物流を続ける際の負担は、人件費やスペースのコストが固定費としてかさむことです。固定の社内メンバー（とヘルプ人員）で毎度の繁忙期を乗り越えるので、対応が大変になります。前述のECモールの希望に応えるには、土日対応シフトを組む必要があります。そして、運送会社とは今後も運賃の交渉をしていくことになりますが、彼らの都合を考えるとコスト高は続きそうです。

　以上を踏まえると、**自前倉庫と委託先倉庫を併用する選択肢もあります。**例えば、委託先倉庫に預けている売れ筋商品だけで注文が入った場合は委託先から出荷、「預けていない商品が混ざっている注文」は自社の倉庫から出荷という形です。これはこれで仕事が複雑になりますが、将来は、この併用パターンが増えていくのかもしれません。

> **ワンポイント**
> 物流を取り巻く環境は、難しくなっていますが、それは、どのEC事業者も同じです。人口減少に伴って地方の百貨店などは減っているので、ECが利用される割合も増えていくはずです。これを機にEC全体の利益構造や業務フロー全体を見直すことで、これからの時代に備えられるのではないでしょうか（法則24を参照）。

値上げと値下げのコツ

　値上げしたら、どのくらい売上が落ちるのか。これは商品によって違います。これを私たちは「値上げ耐性」と呼んでいます。

　オリジナル商品は、値上げしても「何ごともなかったかのように売上がそのままで利益だけ増加」というケースが案外多いです。価格以外の強みがあってレビューも多いなら、3,000円が3,500円になっても、買い手側の印象は変わりません。ただし、隣の類似商品と「価格だけで比較されている」場面では、オリジナルでも値上げで売上が減ります。

　一方、仕入れ商品では、たしかに値上げで売上が減るケースも多いですが、実はこれも、意外と影響しません。なぜなら、同じ商品でも、複数種類の検索キーワード経由で売れているからです。
　例えば靴を想像してください。「ビルケンシュトック」など固有名詞が検索ワードなら「隣に同じ商品が並ぶ」ので値上げが大きく影響します。「サンダル」など一般名詞が検索ワードなら「隣に同じ商品が並ばない」ので、そこまで値上げが影響しません。
　つまり、検索対策や、商品の見せ方の工夫で**「ブランドと価格に依存しない売上」を作れているなら、仕入れ商品でも、値上げ耐性が高まります**（ただしAmazonのようにカート統合される場合は話が変わります）。

　なお、値下げは悪ではありません。一見安い商品で引き寄せて、まとめ買いや定期購入に誘導するような「値下げを使った作戦」も効きます。値下げしても大丈夫な利益体質も大切です。
　状況をコントロールできていることが大切です。そのためには法則24で紹介したように、まず利益の単品管理が大切です。全体のバランスを取るためにも、店全体で価格を見直していきましょう。

組 織 編

リーダーが「攻めの時間」を確保するための、組織づくりを紹介。「役割分担」「業務移管」「外注活用」などで、チームの生産性を高めます。

仕事を整理して、ECチームを作る

　EC組織は、日々の仕事を振り返り、洗い出し、再配分することでチームを作っていきます。リーダーの負荷を減らしつつ、相互理解で連携強化。マンダラ図では、土台となる「移管と委任の構造」への理解から始まり、まずセルフマネジメント、次にワークマネジメント・チームマネジメントを解説します。

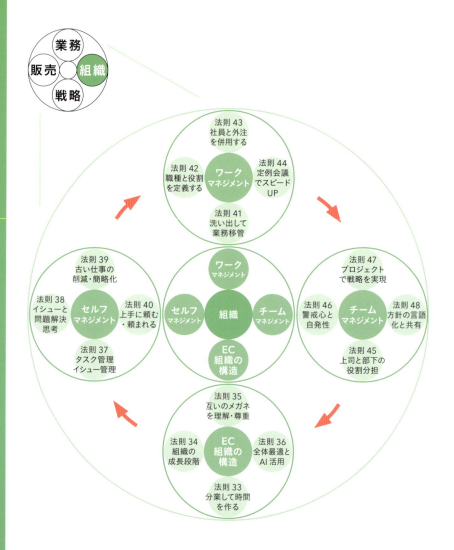

※マンダラ図は、特典からダウンロードできます（16ページ参照）。

法則 33 — 時間を生み出すために「ECチーム」を作る

ここからは、EC事業の組織運営についてお伝えします。組織運営の改善は、時間も人手もスキルも足りない中で、毎日の業務を内省し、組織全体で業務を変えていくという「現実的な調整」です。また、リーダーとメンバーの関係性や心理も考慮し、無理なく支え合う組織運営を紹介します。

ECが伸びない最大の理由は「時間不足」

EC事業がなかなか伸びない場合は、大体「時間不足」が原因です。実際、コンサルティングで「売上を伸ばす方法を知りたい」というEC担当者にその方法を伝えても、結局「他の仕事で忙しく、時間が足りなくて実行できない」となるパターンが非常に多いです。

ある人に「売上を伸ばすためにどれくらいの時間をかけられるか」と聞いたところ「1日5分」とのこと。「1日5分で儲かる話」があるとしたら、それは詐欺ですよね。**どれだけ販促テクニックを知っていても、それを実行する時間がなければ意味がありません。**時間捻出する増員や外注活用は「まだ売上が少ないからできない」、かといって売上を伸ばそうにも「人手と時間がないから売上が伸ばせない」のジレンマが何年でも続きます。

時間不足を停滞の原因にしてはいけません。時間がないのではなく、**時間捻出の取り組みができていないのが本当の課題**です。

● 時間不足でEC事業が伸び止まる

ある程度の規模のEC事業で、成長が止まり足踏みしてしまうほとんど

の理由は、**「リーダーが時間不足で、組織がカオス」**です。EC事業を成長させた店長は「名プレイヤー」である一方で、人に仕事を任せることには不慣れな人が多いです。自分でやったほうが早いという姿勢を崩さず、1つ1つの作業は素早くこなすものの、作業以外の時間を使い切ってしまい、**部下と会話する時間もなくなり、実質リーダー不在のため、組織の方針が決まらなくなり、見通しが悪く、チーム全体が止まってしまいます。**

リーダーが忙しくしている間、メンバーが指示待ち状態になっていませんか？ これは**大きなタイムロスなのですが、忙しすぎるリーダーは、この状態に気づくことができません。**実感がない人ほど危険な傾向です。

結果、「リーダーが作業で忙しすぎてチームを育てる余裕がない」「だから、いつまでも作業で忙しい」の繰り返しが、何年でも続きます。この悪循環を止める必要があります。

● 組織化と時間捻出が必要

このように、リーダーや経営者など「方針を決める立場の人が作業に没頭する」と、チームは動かなくなります。

これらを解決するには、**工夫と「組織化」で時間を捻出する**必要があります。自分がリーダー側の場合は、仕事を任せましょう。**自分がメンバー側の場合は、上司の仕事を巻き取って「上司に早く状況判断をさせる」**のが腕の見せ所です。これができるメンバーが将来リーダー候補になります。

「3段階のマネジメント」で時間を捻出

組織編の3段階のマネジメント「セルフマネジメント」「ワークマネジメント」「チームマネジメント」の概要を紹介します。一人経営の方も外部スタッフと良いチームを作れるようになるので、ぜひ読んでください。

● **セルフマネジメントで「個人の生産性UP」**

メンバー層もリーダー層も、まずセルフマネジメントが重要です。特にリーダーの能率は組織全体のスピードに影響します。法則37以降で、日々の**タスク管理やイシュー管理**について紹介します。「イシュー管理」は聞き慣れない言葉ですよね。これは解決すべき問題や考え事に答えを出していくという意味です。

また、人に仕事を頼み慣れていない人のために**「他のメンバーとの連携・指示出し」**のコミュニケーションスキルと、マニュアル作りも紹介します。

● **ワークマネジメントで「業務負荷を分散」**

法則41以降で紹介する**ワークマネジメントは、「社内に発生する様々な業務の負荷」を把握して、再配分する方法**です。リーダーを中心に**既存業務を分析して、社内メンバーやパートさんや外注に切り出して、時間を作ります。チーム化したら定例会議**を行うと、状況把握が楽になり、チームの実行スピードが上がります。

● **チームマネジメントで「自律的な連携促進」**

法則45以降で紹介する**チームマネジメント**は、組織設計が絵に描いた餅にならないよう、みんなで連携するための取り組みです。

まず、組織の責任と権限範囲が大切です。**責任者は、組織の方針を「1人で決める責任と権限」を持っています**が、リーダーから見えることは一部なので「現場からの情報を集めた上でリーダーが決める」のが大切です。

そのため、面談などで**日頃から話を聞き、同時に会社方針をこまめにメンバー全体に伝えていくことが大切**です。この後、順次説明します。

法則 34

EC組織の「段階的成長ステージと必要スキル」

ここでは、EC組織の成長段階と、各ステージの特徴について紹介します。最初は1人などの小規模で始まり、次第に大きくなり、分業化されていきます。段階ごとに課題があり、クリアすると次に進むことができます。今自分たちがどの段階か、考えてみてください。

EC体制は時間と共に変化する

最初は少人数で身軽に回っていたチームが、規模の拡大や一部メンバーの離脱に伴って、回らなくなります。大きくなった子供が小さな服を着れなくなるように、そろそろ潮時かなと考えて体制を見直すことになります。

いずれこういう場面が訪れるので、その時のために**「EC組織の成長ステージ」**を理解してください。**把握期、移管期、委任期**の3つに分かれます。それぞれに特徴と課題があります。以下を読みながら、自分はどの段階かな？ と考えてみてください。

1人ですべてに対応する「把握期」

この時期は、EC事業がまだ小さいため、人件費抑制のためリーダーが全業務をほぼ1人でこなしています。**日中は電話などに割り込まれて集中できないので「通常業務が済んだ後にEC業務を始める」**ケースが多くあり

ます。

　この時期の課題は、ECと向き合う時間をどうやって絞り出すか。受注や出荷を要領よくこなす。余計な仕事や無駄を省いたり、ちょっとしたツールや工夫で大幅に効率化できることもあります。「特に重要な仕事」を見極め、強い意志を持って「この時間だけは、絶対にこれをやる」と決めて取り組む。

　1人で真剣に事業全体の流れや課題と向き合う、**今後の組織化に向けた「修行期間」**なのです。どの業務が切り出せそうだなどと意識しておきましょう。当面は自分しか頼れないので**「セルフマネジメント」で個人の生産性を高める**ことが重要です。法則37以降で解説します。

　次のステージに進むサインは、EC事業の今後の成長に見通しがついた状態です。社内でもっと「ECにリソースを回す調整」をします。今後これくらい売るから、このぐらいの仕入れや設備や人員がないと間に合わない、といった説明です。他部門のメンバーに協力してもらったり、パートさんを採用したり、ツールを導入します。

　新しくEC部門にやってきた新人も、まず「把握期」から始まります。いずれ成長して部下に仕事を任せられるよう、状況把握に努めましょう。

業務を手渡す「移管期」

　リーダーの時間を空けるために、業務を移管します。出荷や受注処理を皮切りに、まず定型業務から移管します。対象業務の判定やマニュアル化がポイント。また、**「EC事業の作業内訳」を把握して適正配分する「ワークマネジメント」**が重要です。法則41以降で解説します。

　この時期の課題は、**「移管対象業務の見極め」**と**「人に仕事を頼むこと」**

への慣れです。「自分がやったほうが早い」を我慢しながら、仕事を渡します。気がつくと自分が楽になっています。一度この経験をすると世界が変わります。

　まず切り出せる定型業務を明確にしましょう。コンビニのレジ打ちのように「マニュアル化しやすく、特殊なスキルが不要な業務」から移管します。店によりますが、出荷作業、受注処理、商品登録と段階的に進んでいくのが典型です。

　移管先相手は、他部署メンバーやパート・アルバイトなど。一人経営者は、リモートワークの在宅スタッフがお薦めです（法則43参照）。

　次のステージに進むサインは、作業を頼んだ相手から何か相談や判断依頼が来た時に「自分でも判断できるんじゃないかな」と感じた時です。**相談者に対し「自分ではどう思う？」などと声をかけて、一緒に考えてみて**ください。これまでの作業経験から少し判断ができるようなら、より積極的に任せてみましょう。

複数人の知恵で動かす「委任期」

　定型業務の切り出しが進んだら、委任期に移行します。この時期は、**メンバーそれぞれの「役割」を持ってもらい、自律的に動けるチームを作る**ことが目標です。そのために、権限と責任を委任します。
　と言うと大げさですが、**小学校でいうところの「いきもの係」と同じ**です。「エサをあげる」のが具体的な作業ですが、いきもの係の役割は「生物が元気で、みんながその生態を観察できる状態」を目的にしています。**目的を踏まえて、「具体的にどうするかは自分で考える」姿勢**が必要です。

「エサやり係」に閉じないで「エサやり以外に何をやるべきか」と自分で考えられるメンバーを増やしましょう。

　この時期の課題は、まず「目的の言語化」です。何のためにやるのか、各業務がどうつながっているかの「意味」の共有がポイントです。業務編の法則17にある通り、ECの仕事はバトンリレーになっているので、自分たちの店の場合はどんな役割があるか棚卸しし、役割（職種）として定義します。具体的な手法は「チームマネジメント」として、法則45以降で説明します。

　最初は、リーダーから見ると「自分が決めたほうが早い」と感じる画面が多いはずです。ただ、**リーダーが決めると、方針が決まるのは早くても、現場に落とし込まれるのに時間がかかります。**一方、**現場担当者がワイワイ議論して考えると、案外「方針が決まった後は早い」**ようです。あらかじめ仕事の「前後のつながり」を踏まえた調整ができているからです。

　あとは互いの立場と感情への理解も必要です。社会人は**「自分を理解してもらう」より前に「まず相手を理解してあげる」姿勢が重要**で、これをお互いが実践できれば、風通しの良い組織になります。

> **ワンポイント**
> このような組織化は、最初にコストが発生して後々楽になる「前払い」という性質があります。目先のことでいっぱいだとついつい後回しにしがちですが、「前払いする時間的余裕」があるうちに取り組むことを強くお勧めします。

法則 35 自律的なメンバー連携に必須の「メガネ理論」

> 組織運営においては、人の「心の構造」を理解する必要があります。チームの中で1つの出来事が起こった時、立場や過去の経緯から、人それぞれ違う受け取り方をするものですよね。このような「人と人の違い」は、対立の火種になりますが、お互いの盲点をカバーし合う強力な武器にもなります。

人は、立場によって「受け取り方」が変わる

　本法則では、組織運営に取り組む前に、大前提となる考え方をお伝えしておきたいと思います。それは、事業を構成する「人間」への見方です。

　人間は、あまり合理的ではありません。**「置かれた立場」によって、発生した出来事への受け取り方が変わります。**例えば、「突然売上が急増した」とします。業務編で紹介したように、各々の立場によって、反応が変わります。

BY担当　「出荷が追いつかなくなるかも！ みんなの協力が必要」
MD担当　「欠品するかも！ メーカーの在庫を確認しないと」
SF担当　「狙い通り！ もっと売るぞ！」

　そして、こういう時、立場の違いからギスギスが起こりがちです。当然、BY側は「分かっているんだったら、もっと早く教えてよ！」と不満を抱きます。SF側は「確かに連携不足だったけど、スゴイ売り方を発見したんだから少しは感心してほしい……」などと思いがち。

でも、**この対立は、その人が座っている「役割」から発生していますよね。**つまり、本当は仲間同士なのに、「役割」という椅子に操られて、人間同士が対立をしている状態です。

「メガネ理論」でメンバー同士の連携が進む

ここで「メガネ理論」を紹介します。**すべての人間は「メガネ」を通して世界を見ており、「裸眼」でモノを見ることができません。**

メガネは、過去の経験や立場、興味関心などによって形成されます。

- 震災を経験した人は、防災意識が変わる
- 子供が生まれたら、世界の見え方が変わる
- 起業したら、会社の見方が変わる
- お腹が減ると、食べ物が美味しく見える
- ○○部に配属されると、○○業務が重要に見える

これが「メガネ」です。何か物事が起こったら、必ず「メガネの解釈」を経た上で、脳に届きます。メガネを通して見るので、**同じ現象であっても、人によって異なる受け取り方をします。**哲学では「関心相関性」と呼ばれる概念です（178ページの「ワンポイント」参照）。

メガネの影響により、人は、強く意識が向く箇所と、**意識が弱まる箇所（盲点）**があります。例えば、デザインが得意で好きな人は、商品を作る際に、収益性など他の要素より見た目に意識が向くかもしれません。経営者の場合は「すべての要素を調整して業績を上げる」役割ですから、収益性もデザインも見ていると思いきや「働いている人の気持ち」への意識が弱いかも。これらが「盲点」です。

特に優秀なプレイヤーほど、不思議とマネジメントが苦手になります。よく「こうやって考えればいいのに、なんで分からないのだろう」などと言っているアナタ。**「限定合理性」**という言葉を知っておいてください。どれだけ人間が合理的であろうとしても、その人が把握している情報や手法は、「全体のごく一部にすぎない」ので、あなたの合理性は限定的です、という意味です。あなたにも必ず盲点や思い込みがあります。

盲点をなくすのではなく、自分にも盲点があると謙虚に自覚し、耳の痛い意見を素直に聞きにいけるかどうか。**個人としての強さより、チームとしての強さを目指しましょう。**このような自覚こそが、自分の器を超えてマネジメントをする人には、必須の資質だと思います。

これは「客観的になりましょう」という話ではありません。その反対です。**メガネに動かされている「偏った自分」を認めて、そんな自分をうまく扱おう**という話です。

強いチームは「メガネ」を互いに尊重する

メガネは、人を対立させます。メガネに操られて、論理的なフリして感情的に対立しがちです。例えば夫婦喧嘩で、一生懸命に論理的に主張している男性（or女性）がいるとして、その動機は割と「感情」ですよね。

でも、**メガネと「人と人の違い」は、対立の火種になると共に、「お互いの盲点をカバーし合う」強力な武器にもなります。**

試しに、議論する際には、前置きとして「自分のメガネの偏り」に自ら言及してみてください。

「自分はデザインが大好きなので、その分見えてない箇所もありそうです。ここ見えてないぞという指摘はありますか？」

ポイントは「自分は○○なのでこういうメガネがあるんですけど」のカミングアウトです。自分の立場をあえて客観視する。相手への配慮があるとなお良いです。例えば法人営業部と製造部の会話で、

「自分は販売担当なので、製造している人と比べると、納期を優先したいメガネが強いんですけども……ちょっと最近の納期遅延は我々としては大変なんです。何か背景があってのことだと思いますので、状況を伺って、営業としてもできることがないか考えたい」

とか。「自分からはこう見えているけど、そっちでは何が起こっている？」と聞いていきます。ポイントは、**「何か背景があるとは思うのですが」**の一言。これは、あなたはきちんと考えているよね、信じているよ、という姿勢です。こういう接し方をされると、相手側も対話的になります。

「配慮ありがとうございます。自分は製造の立場なので、納期への切迫感が足りなかったかもしれません。ただ実は背景がありまして、最近はパッケージの資材入荷が不定期で、そのせいなんです云々」

「では、資材が遅れている中でも、納期遅延をなくすような工夫ができないでしょうか」

お互いの立場を尊重しながら、両立できないか工夫を考えます。実際、この例でいうと、実は小ロットで細かく納品すればお客さんは十分だったり、パッケージが不要だったりします。お互いの思い込みを取り払うと、案外新しい解決策が出て、前よりも効率も収益性も良くなったりします。

人の話を聞く時には言動の背景に関心を向けましょう。「自分を含め人間は全員偏っているけど、**この人の偏りは何だろう？　何を大切にしていて、その偏りは何から生まれたのだろう**」と考えます。人の言動の背景に必ずメガネがあり、そこには「大切にしている何か」があるはずです。これを理解することで、チームの連携をスムーズにすることができます。

　自分が「メガネに振り回されがちな人間」だと謙虚に認め、同時に「他人のメガネと盲点」にも優しい目線を向ける。人間の「心の構造」を理解しておくことは、組織人として重要な資質だと筆者は思います。

※「そんな対話ばかりしていたらまとまるものもまとまらないのでは？」という方は、組織の指揮系統について説明するので、法則45を参照してください。

> **ワンポイント**
>
> 本法則の「メガネ理論」の土台となっている「関心相関性」は、哲学の一分野である「構造構成主義」や「現象学」で使われる概念です。簡単に言うと「あらゆる価値は、絶対的なものではなく、受け手の『関心』に応じて立ち現れる」となります。説明した通り、人間同士の相互理解に生かせる概念なのですが、実はマーケティングにおいても同じ原理が作用しています。何に商品価値を感じるかも、お客さんの関心次第ですよね（法則3参照）。つまり、価値を生み出す経緯としての「関心」や「ダレナゼ」に着目することで、販売も組織もうまく回るのです。

法則 **36** EC現場の人手不足・定型業務サポートには「AI活用」

組織系の各論に入る前に、EC組織全体の業務改善について紹介します。AIなど新しいツールは、むやみに導入しても時間の無駄になりがちです。場当たり的な部分最適化ではなく、「事業全体を俯瞰して組織のパフォーマンスを上げていく」考え方と、AI活用法を解説します。

EC組織の「全体最適化」

あなたの会社では「組織全体としての取り組み」はどのように決めていますか。社長が勉強会でたまたま聞いた「新しい施策」をやみくもに導入したりしていませんか。

● まず流れを見て、次に手を打つ

法則17で紹介した通り、ECはバトンリレーのような1つの流れで構成されていますから、**組織を効率化するなら、バトンリレー全体の流れを観察した上で手を打っていく**必要があります。まずパイプの水漏れ箇所を見つけて、ふさぐわけです。法則2でも同じことをお伝えしました。

具体例を紹介します。あるお店では、色々な施策に取り組みましたが、売上が伸びませんでした。よく状況を確認すると、売上が伸びない理由は「新商品の登録が遅いこと」で、遅い理由は「倉庫がパンパンで非効率」なことでした。そして**倉庫の非効率の「真の原因」は「BYのメンバーが忙しくて入庫が後回しになっているから」**と分かりました。そこで時間を取って、「BYだけでなく全員で倉庫整理」をしたら、初めて売上が伸びました。

このように、誰しも「他店で実績の出ている新しい施策」に飛びつきがちですが、**自店舗にとっての重要施策は「他店で成果が出ている施策」とは限りません**。社内状況の「バトンリレーの流れ」をきちんと観察して「真の原因」を見つけることで、「倉庫整理で売上が伸びる」という現象が起こり、成果につながるわけです。

● 「真の原因」を見つけるコツ

　バトンリレー的な流れと因果関係を踏まえた考え方を「システム思考」と呼びます。事業を、車や人体と同じような1つの「システム」とみなし、診断してから手を打つわけです。

　システム思考で有名なのが、TOC（Theory Of Constraints、制約理論）です。TOCでは、前述の**「真の原因」、つまり「一番弱い箇所」をボトルネックと呼びます**。ボトルネックを発見して、対策すると組織全体のパフォーマンスが上がります。

　パン工場に、3つの工程があるとします。各1時間あたりの処理能力が、パンをこねてパン種を作る能力が10個、パンを焼き上げる能力が5個、販売能力が10個だとしましょう。
　このパン工場は、1時間で何個のパンを販売できるでしょうか。答えは5個です。バトンリレーで捉えてみると、パンを焼く工程が一番弱い「ボトルネック」ですよね。一生懸命パンをこねても、中間在庫がたまるばかりで逆効果。
　では、以上の観察結果を踏まえて、打ち手は何がよいでしょうか？　当然、**ボトルネックである「焼く工程」の強化**ですよね。他の担当者とシフトを組んで協力してパンを焼いたり、オーブンを増やしたりですね。ECでは、セールイベント時期に出荷がボトルネック化して、みんなで出荷サポートすることがよくありますよね。あのイメージです。

人間は短絡的に目の前の問題に対処しがちですが、TOCなどのシステム思考では、**まず俯瞰してボトルネックを見つけ、そこを強化します。それが全体最適**です。くれぐれも「他で成功している良さそうな施策」があってもやみくもに飛びつかないでください。

EC業界のAI活用について

以上を踏まえて、EC業務の効率化について説明します。AI活用が話題ですが、やみくもに導入すればよいわけではありません。

● AI導入の対象業務を選ぶ

まずはどんな業務でAIを導入するとよいでしょうか。今述べたように業務を俯瞰してみて、**時間を食っているボトルネック工程を見つけ、そこにAIを使っていく**のがお勧めです。優先は**「頻度が高く、時間を食っている定型業務」**です。

実は、考え方としては、次の法則40で紹介するパート・アルバイトへの業務移管の方法と、全く同じです。生成AIに指示をする時は、チャット画面で「プロンプト」と呼ばれる指示文を入力するのですが、これも人間相手の指示出しとほぼ同じです。

なので「業務の洗い出し」(法則41)を経て業務移管の判断をする際に、パート・アルバイトだけでなく「AI化の余地」を併せて考えるとよいでしょう。

● EC業界では、AIは何に使えるか

コマースデザインでは、EC事業会社へのAI導入セミナーを数百人を対象に開催してきました。以下は、実際にEC業界で使われている活用例です。ChatGPTやClaudeのようなチャット型AIが中心です。

CS文面生成

- レビューへの定型的なお礼、問い合わせやクレーム対応の下書き
- 過去のメールを活用して、FAQ（よくある問い合わせ）を効率的に作成
- レビューの傾向を分析して、高評価・低評価の要素を抽出

ライティング

- 大量の商品情報から、アピールポイントを簡潔に抽出・要約
- 複数の商品ページURLから、各商品のアピールポイントを抽出
- 「フライパンの選び方」などの長文記事やYouTubeの台本を作成
- アピールしたい商品情報から、メルマガやLINEの文章を作成

業務アシスタント

- 会議などを音声入力で伝えて、議事録を生成
- 長文の報告書やメールを要約・分析
- 大掛かりなプロジェクトをタスク単位に分解

画像・テキスト処理

- 画像やPDF資料から、テキスト部分や白背景画像を抽出
- 画像から、文字や余分な要素を削除したり、他の背景を合成
- 訴求したいイメージを伝え、画像の構図やレイアウトを発案

AI化の手順

　以下にChatGPTを想定して、生成AIへの具体的な指示出し（プロンプト）の書き方を簡単に紹介します。

　以下は「メルマガ本文を渡すと、AIが代わりに件名を考えてくれる」というプロンプトです。ChatGPTなどに記入してみてください。

> インプットとして、メルマガの本文を渡します。
> アウトプットとして、売れる件名のアイデアを20コ出してください。
> ルールは、最初に【 】でアピールポイントを書く。20文字以上。
>
> 以下はお手本の件名です　　←理想のメルマガ件名の例を載せる
> ・【母の日】早割り10％オフで、忘れないうちにお得に準備！
> ・【限定50セット】お母さん喜ぶ！お花とお菓子のセットが今だけお得
> ・【今なら選べる】当日着もOK！母の日フラワーギフトを早割りで！
>
> 以下はメルマガ本文です
>
> 以下にあなたのメルマガ本文を貼り付ける

　この際、**大事なのは「インプット・アウトプット・ルール」の３要素**です。何を入れて、何を返してほしいのか。その際に、どんなルールを踏まえてほしいのか。これが網羅されれば、動いてくれます。お手本を渡すなどの情報提供も有用です。何回か調整して試してみてください。前ページに紹介したAIを活用した文書作成や各種の作業も、こういう指示で実現できます。

　ほとんど人間への指示と同じですよね。

　パートさんが手作業をするのではなく、**「パートさんがAIツールを活用する」ことで、少ないパートさんでたくさんの作業ができるようになります。** AIはこの先もどんどん進化していきますから、最新情報は意識して追っていきましょう。筆者もAI勉強会を開催していますので、興味のある方はコマースデザインのWebサイトを参照してください。

法則
37
業務時間をフル活用する
「タスク管理とイシュー管理」

> ここからはセルフマネジメントの話をします。特にリーダー層の人がカオス状態になると、メンバーへ指示出しがうまくできずに共倒れになります。方針をどうこうする以前に、まず自分の仕事を自分でうまくコントロールできるようになりましょう。

EC担当者は「集中しづらい」環境にある

　EC事業に関わる人々は、仕事がカオス状態になりやすいという事情があります。仕事の種類が多く、ルーチン作業も割り込みも多く、場合によってEC以外の仕事もあり、同時に新しい情報や業界の変化に対応しながら、中長期の方針を考える必要もあります。
　「やるべきことが進まない、自分は集中力が低い……」とおっしゃる方が多いのですが、これは構造的な問題で、この業界は、誰でもカオスになりやすいのです。なので、**いかにして日々の仕事をこなしながら「考える時間」を確保して、集中力を発揮していくか**が論点です。

　覚えていただきたい言葉があります。**「集中は睡眠に似ている」**。本当に集中できた時は時間が経つのを忘れ、話しかけられても反応が遅れますよね。「周りがうるさいとなかなか眠れない」のも集中できないものです。また、作業しながら考え事をしようとしても、考えはまとまりません。
　そのために、**仕事の種類を区別して、「作業」の時間と「考え事」の時間を分けて取り組むと、集中しやすくなります。**

図 37-1 タスクとイシューとプロジェクト

タスクは作業

考え事はイシュー

大仕事はプロジェクト

　作業を**「タスク」**と呼びます。考え事を**「イシュー」**と呼びます。イシューをリストアップしておいて、時間を作って、まとめて考えるということです。ちなみに、複数のタスクからなる大仕事を**「プロジェクト」**と呼びます。
　タスクとイシューとプロジェクトを区別すると、バタバタしたECの環境下でも、集中力・実行力が上がります。

頭の中を書き出す

　「仕事が色々あって何だか忙しい」という漠然としたイメージを持っていると、何もしていなくても集中力が低下します。これを「認知的負荷」と言います。「たくさんアプリを立ち上げておくとスマホが重くなる」のと同じ現象です。頭の中のモヤモヤを書き出してクリアにすると、実際の仕事が進んでいなくても、認知的負荷が軽減されて頭が軽くなります。
　具体的には、紙とペンを用意して、頭の中にたまっている「気になっていること」「やらなければいけないこと」を、なぐり書きで構わないので**箇条書きでひたすら書き出しましょう**。「○○をやらないといけない」「このやり方は非効率だな」「この設備は老朽化している」など。1時間ほど掛かります。
　書き出されたリストを眺めて、前述の「タスク・イシュー・プロジェクト」へ区別・分類します。ここで、「頭の中で悩む」のではなく、「手で書いた文字を見て考える」ことがポイントです。前述の「認知的負荷」が減るの

で、不思議と問題が明確になります。

イシューは考え事なので、「問い」で表現されます。「パートさんを追加採用しようかな？」「この商品は儲からないから扱いをやめてしまおうかな？」といった自問。この自問をリスト化したものを**「イシューリスト」**と呼びます。

タスクは作業なので、「動詞」で表現されます。商品ページを「更新する」とか、メーカーに在庫を「問い合せる」等です。この作業をリスト化したものを**「タスクリスト」**と呼びます。

ただ、楽天市場店を「リニューアルする」、新商品を「開発する」といった巨大な仕事は、1つではなく複数のタスクを含んでいます。例えば新商品企画（法則54）には、リサーチや試作やモニター依頼など複数のタスクがありますね。このような**「1つのゴールに向けたタスクの束」がプロジェクト**です。

書き出したリストを分類し、これら3つを区別して扱いましょう。そして、これらの仕事を実行する時間帯も分けるということです。

タスクについて

タスクは、リストアップしてから優先順位を付けます。

うまく優先度が付けられない・回らない場合は、タスクが大きすぎるかもしれません。「家事をする」ではなく、「洗い物をする→ごみを捨てる→掃除機を掛ける」などと具体的な作業に細かく分けてリスト化します。

細かいタスクに刻んだほうが、見積もりもしやすいです。さらに、これをタイマーや「◯時までに◯◯する」と時間を区切ると、効率も上がります。

並行して着手するとスピードが落ちるので、優先度順に、なるべく上から進めます。タスクが「完了」か「待ち（問い合わせの返事待ち等）」になった

ら、次のタスクに取りかかります。

　割り込みで入ってくるタスクは、緊急度に応じて、タスクリストのどのあたりに入れるか判断します。緊急なら上、そうでもなければ真ん中や下のほうです。**依頼者や上司には「いつまでに必要ですか？」と締め切りを明確にしてもらいましょう。**
「チームで共有するタスクリスト」も重要です。これについては、法則44で紹介します。

　タスクの処理中に「何かおかしいぞ？」が出てきたら、無理に実行するより、いったんイシュー行きにしましょう。

イシューについて

　イシューリストも優先順位を付けます。
　ある社長さんは、売上や利益、体制、新人育成など多くのことが気になり、集中できていない状態でした。**コマースデザインのコンサルタントが支援してイシューを書き出したところ「退職者の引き継ぎ」が最優先イシュー**だ、と分かり、モヤモヤがクリアになりました。
　このように、悩ましい**イシューについては、時間を作って自問したり、誰かと話し合うなどの機会を設けて解消**するのがお勧めです。「解決のために○○する」という結論が出れば、タスクリストに移し、実行しましょう。

　ただ、「このイシューとこのイシューはつながっている」という芋づる構造がよく出てきます。例えば、「入庫処理の遅れがち」と「CSトラブルが増えている」が、「どちらも倉庫のキャパオーバーと関連しているのでは？」などです。

芋づるイシュー対策は、刑事ドラマにおける聞き込みのようなもので、**1つ1つのイシューをつなげていくと犯人**（問題構造）**が浮かび上がってくる**場合があります。「背の高い男の影を見た」という証言1つで犯人を特定してはいけません。1つのイシューの裏に、複数のイシューが隠れていることもあります。これは法則36で紹介した「システム思考」です。

　なので、場合によりますが、イシューはタスクと違って、1つ1つ処理するよりも洗い出してから検討するほうがよいかもしれません。

　そういう特性からも、イシューは集中して考える時間を作るほうがよいわけです。

　例えば、「朝の時間帯は毎日カフェでイシューリストに取り組む」など時間や場所も切り分けて扱うことで、処理しやすくなります。

　この時のイシュー対応検討は**「問題解決」**や**「意思決定」**と呼ばれます。法則38で説明します。

プロジェクトについて

　「プロジェクト」とは、新商品企画や新モール出店や新規採用やシステム導入など、比較的大掛かりな仕事です。締め切りとゴールを設定して、タスクを洗い出します。プロジェクトは複数人で分担することが多いです。法則47で詳細を説明します。

　経営者としては、ついつい様々なプロジェクトを並行で立ち上げたくなるものですが、これは、頓挫や風化を招きます。

　「進行中＆今後取り組みたいプロジェクト」を一覧で**管理**し、一度に実行するものは少数に絞りましょう。このような**「プロジェクトリスト」**は、経営計画（法則49）の主要な要素となります。

法則 38 仕事の悩みをクリアにする「問題解決思考」

考えることが多すぎて、なかなか仕事が前に進まない。あれもこれもすっきり解決できず、停滞していて悩ましい。悶々とした状態を打破するには、思考を「いったん頭の外に出す」必要があります。複雑な問題だからこそ、頭の中で悩まずに思考を拡散して、クリアにしてから収束していきましょう。

イシューが「脳内でぐるぐるする」問題

ここでは、イシューをすっきり解決する思考法を紹介します。色んな悩みがあって、頭の中でぐるぐる考えているけど、「考えが深まることなく空回り」「行ったり来たりで、堂々巡り」ということはありませんか？

「○○にチャレンジしようか、どうしよう」「なんでこの人はこんな態度なんだろう？」などなど、考える、悩む、ちょっと進んで、寝て忘れる、また同じことを考える、という堂々巡りの「ぐるぐる思考」になりがちです。

後回しもよくあります。「これは大事な問題だから、時間がある時に考えよう」。しかし、時間がある時なんてありませんから、ずっと後回し。部下から挙がってくる課題の報告や相談に対して、判断ができず「ちょっと待ってて」と言ってそのまま保留にしてしまう。

実は、人間の脳は「頭の中だけで考える」と、ぐるぐるして進まない構造にあります。**思考を中断して、またゼロから考え直してしまうから「ぐるぐる思考」になるのです。**

ゲームで言うと、ある程度進めたら「セーブ（保存）する」と続きから

再開できます。セーブしないと最初からやり直しになります。頭の中でぐるぐるした悩みを保存しないと、最初から同じことを考えるやり直しになり、考える、忘れる、やり直しの繰り返しになるわけです。

ということで答えは、モヤモヤを言葉にして、吐き出すこと。具体的には**「紙に書いて考える」ことです。これでぐるぐるを防げます**（誰かに話を聞いてもらうのもお勧めですが、まずは1人で考えてみましょう）。

「独り言メモ」で思考を拡散する

紙とペンを手に持って、頭の中にある「ぐるぐる」を、整理せず、なぐり書きでメモに書き出していきます。

こういった取り組みはメモ書きやフリーライティング等と呼ばれますが、筆者は**「独り言メモ」**と呼んでいます。

整理せず、思ったものをそのまま書きます。あなたが寝る前やお風呂の中でボーッとしながらぐるぐる考えていることを「そのまま」書きます。誰にも見せないので恥ずかしくありません。

コツは以下の通りです。

①まずテーマを決める。イシューを疑問形で書き、自問自答を書いていく
②脳とペンを接続して、絶対に手を止めないで、ペンに引っ張られるようにして勢いで書く
③整えず、読めないくらい汚い字でなぐり書き

図38-1は例です。

図38-1 「独り言メモ」の例

> テーマ：物流委託どうしようかな？
>
> あーーー調べるの面倒。高いのかな、安いのかな。いくらなのかな。誰かやっている人がいるかな、教えてもらったほうが楽だな。でもうちの商品は倉庫の温度管理が必要ないけど、室温が40度や50度になると品質が心配だけど大丈夫なのか。○○物流の温度は結構上がるらしい。うちのコスメとは合わないかもしれない。腹減った。誰に聞いたらいいかな。誰に聞けばいいかを、誰かに聞けばいいかな。

　自問自答を、独り言で書きます。書いた後、自分の思考を客観的に見られるので、思考が整理しやすくなります。認知的負荷が減って、頭が軽くなります。
　こういった検討は「まとまった時間がないと考えられない」という言い訳をして後回しにしがちですが、**このやり方なら数分でケリがつきます。**

　結論が出なくても**「書いて考える」ことで、途中までの思考プロセスを保存しておけるので、後日、続きから考えることができます。**必要なのは、言い訳せず「今すぐ紙とペンを握って頭の中を書き出す」気合だけ。

　もう１つ、書いて考えるメリットとして「自分にツッコめる」があります。自分が書いた思考プロセスを眺めて「ホントか？ ○○とは限らないのではないか？」とツッコミます。このように多面的に考えることを**複線思考**と言います（単線思考の反対）。自分の「解釈のクセ（法則35で解説したメガネ）」を自覚し、改善することにつながります。

　このような独り言メモをやりたい方にお勧めなのが**『ゼロ秒思考』（赤羽雄二著・ダイヤモンド社）**という本に出てくるメソッドです。１分タイマーをかけて（本当にかけます）、１分で最後まで書きます。脳が熱くなるほど負荷

がかかりますが、筋トレのようにスピードが早くなっていきます。

一方、チームでイシューに取り組む場合は、ブロック付箋にみんなで「考えたこと」を書き出していくのがお勧めです。1コメント1付箋で書き出して、後述するフレームワークで整理します。

「フレームワーク」で思考を収束する

とはいえ、脳内の独り言を書き出したとしても、そこからどう結論を出せばいいかも悩みますよね。**拡散した思考を収束（整理）するには「フレーム」を使って書くのがお勧めです**。思考プロセスを補助してくれるのです。

例えば図38-1で書いた「物流委託するかどうか？」というイシューに対しては、**「メリットとデメリット」というフレームに当てはめて考え**を書き出していくと、思考が整理されやすくなります。

紙を1枚用意し、縦に線を引いて、左側に「メリット」、右側に「デメリット」を書き出して、それらを眺めることで、冷静に判断できます。

このような思考の枠組みを「フレーム」と呼び、**思考の枠組み（フレーム）を使って考えることを、「フレームワーク」**と言います。

図38-2はメリットとデメリットのフレームの応用形です。「A案とB案」

図38-2　メリットとデメリットのフレームワーク例

	A案：自社で製造する	B案：他社で製造する
メリット	・自社にスキルが蓄積される ・外注するより原価が安い	・状況に応じた供給の拡大縮小がしやすい ・設備や人への投資が必要ない
デメリット	・状況に応じた事業の拡大縮小が難しい ・設備や人への投資が必要	・自社にスキルが蓄積されない ・自社製造よりも原価が高い

の「メリットとデメリット」を書き出して、比較をします。考えやすくなりますよね。

　思考する際には、このように「メリットとデメリット」「A案とB案」「理想と現実と対策」などの「項目」を置くことで一気に整理ができます。コマースデザインでは、この項目を**「論理ラベル」**と呼びます。

論理ラベルの例
・原因と結果
・理想と現実
・目的と手段
・チャンスとリスク
・過去と現在と未来

論理的に思考できる人は、たいてい「論理ラベルのボキャブラリー」が豊富ですし、使い慣れています。

「メリットとデメリット」の2つではなく、様々な項目で比較することもできます。図38-3は、「理想」「現実」「対策」という3つのフレームで現状の課題解決を整理している例です。

図38-3　現状整理と課題解決のフレームワークの例

	理想	現実	対策
Aさん	入庫して1週間で発売する	2週間かかっている	外注を検討する
Bさん	レビュー平均が4.8以上になること	一部商品が不評	案内の仕方を見直す

図38-4は、応用編として、自社と競合を比較する表の例です。

図38-4　競合分析シートの例

比較項目	青汁製品 A	青汁製品 B	青汁製品 C	青汁製品 D
商品画像	🥛	🥛	🥛	🥛
価格	3,800 円	500 円	1,500 円	1,000 円
1 食あたり単価	120 円	70 円	75 円	25 円
レビュー数と満足度	450 件（満足度 4.6）	300 件（満足度 4.1）	500 件（満足度 4.3）	250 件（満足度 3.9）
主な原材料	大麦若葉、乳酸菌	大麦若葉	大麦若葉、緑茶	大麦若葉
特徴的な成分	食物繊維、ビタミン K	食物繊維、鉄、ビタミン K	食物繊維、ビタミン C	食物繊維

　既成のフレームワークは色々ありますが、これは自転車の補助輪のようなものです。本当に思考するときはひたすら独り言でメモを書いて、論理ラベルを駆使して、自分でフレームを作って検討するものです。「調べ物に逃げない」のと同じで、既成のフレームワークに逃げないようにしましょう。

> **ワンポイント**
> いちばん大切なのは、問題を後回しにせず、紙とペンを掴んで「数分で答えを出してやる」という決心と、その習慣化です。イシューの結論が出たら、「タスク」（法則37）や「プロジェクト」（法則47）にして、実行しましょう。

法則 **39**

攻めの時間を捻出する「業務の整理整頓」

セルフマネジメントの一環として時間を確保する工夫について紹介します。仕事に追われるばかりでなく、自分から仕掛けていく「攻めの時間」がどれくらい取れるかで、仕事の能率が変わります。時間捻出の考え方は、「天引き」と「削減」と「効率化」の3つです。

時間を確保する「天引き」の考え方

● 時間不足で「攻めの仕事」ができない

　仕事には、未来につながる「攻めの仕事」と、現状を維持するための「守りの仕事」があります。そして**「攻めの仕事」に時間を投入できてこそ、自分も事業も成長**できます。

　しかし多くの人が「守り」で1日が終わっていて、「攻め」に使える時間が全くないというケースが少なくありません。そのままでは毎日同じ繰り返しで、将来の成長や効率化は期待できません。

　すでに述べてきた通り、ECは仕事の種類が多く、ルーチン作業と割り込み作業が多いため、これをこなすだけでも1日の大部分が消えます。

　「攻めの仕事」に、1日何時間取り組めていますか？　仮に「1時間」だとしましょう。そういう状態で「ちょっと会議が30分長引いた」と「ちょっとご挨拶で30分お時間ください」ということがあって、合わせて60分の時間が消滅したら、どうなるでしょうか。

1日分の「攻めの時間」が消えたということになります。売上と利益の関係に似ていますね。ちょっとしたムダが、利益と成長機会を奪ってしまうのです。「攻めの時間」を断固として守ってください。

　また、人間誰しも「緊急の業務」と「急がないけど重要な業務」があるとしたら、後者を後回しにします。特にプレイングマネージャーの場合は、日常的に緊急業務に追われて、重要業務が後回しになりやすいので、特に意識してください。

● **業務を整理整頓しよう**

「業務の整理整頓」をしましょう。ちなみに、「整理」とは減らすことで、「整頓」とは並び替えるという意味です。つまり**業務の整理整頓とは、今ある業務のうち、「やらなくてもよい仕事」を見つけて削り、正しい手順や優先度に並び替える**ということです。

　整理整頓は、組織全体でも取り組む必要があるので、法則42で紹介します。本法則では、一人一人が自分の業務を整理整頓する話をします。

● **まず攻めの時間を「天引き」する**

　攻めの仕事を「1日の最後に時間が余ったらやる」というスタンスでいると、いつまでも実行できません。そこで**「天引き」**をお勧めします。まず、**攻める仕事の時間を確保します。その他の業務は残りの時間でこなします。**優先順位を逆にするということです。

　あるお店では、天引きとして「週に一度の定例会議」を開催して、目先のことではなく、先々の予定や戦略を話し合う時間を確保しました。その結果、昨対割れを起こしていた売上がプラスに転じました。

　特に経営者の方は、オフィスに出社しないで自宅で作業するなどをしたほうがいいかもしれません。ある社長さんは、商品企画専用の事務所を別

に借りて、**定期的に「商品企画する日」を設定**して、時間を天引きしました。その結果、新商品が途切れなく開発されるようになりました。

　社長さんによっては「出社しないと従業員に印象が悪いかも」などと心配する方もいらっしゃいますが、商品企画時間の必要性などをきちんと説明すれば、むしろ応援してくれるものです。

　また、日頃の戦略的な取り組みとして「社長が自ら生産者や職人とコミュニケーションすることで関係性を強めている」といった時間用途があるなら、これは大切にしましょう。前述の通り「無意識の無駄遣い」なら削るべきですが、大切な業務は残してください。

無駄な業務を「削減」「効率化」

　業務は、まず削減について考えます。無駄な業務を効率化するのは本当にムダだからです。次に、必要な業務を効率化します。

● 時間泥棒を撲滅

　無駄な作業や付き合いを極力減らし、本当に重要な作業に集中します。時間や手間、ストレスに対して「ケチ」になる。特に「会議」が要注意です。**会議の終了時間を決める。決まらなかった議題は延々話さないで、次回に持ち越す**。確認しておいてほしいことは会議前に見ておいてもらう。「会議でまとめて決めちゃおう」もいいですが、細かい確認はなるべく短時間・立ち話で終わらせる。などなど、メリハリが大切です。

● 老朽化業務を撲滅

　昔は必要だった業務も、現在では「実は不要」ということがよくありま

す。例えば、今はスマホ経由での売上のほうが多くなっているので、PC版ページは以前より簡略化してよいはずです。

時間が流れると共に、不要な業務が増えます。これは自宅の不用品が自然と増えるのと同じで、定期的にチェックして処分する必要があります。「今でも本当にその仕事が必要なのか」を確認しましょう。

● 過剰品質をやめる

過剰サービスは生産性を下げます。やめていいサービスはやめましょう。例えば納品書を同封しないお店はずいぶん増えました。CS対応（法則30）にも書きましたが、電話対応時間帯を短縮したり、フリーダイヤルをやめるのも一案です。

これはなかなか従業員からは言いづらいので、**経営者やマネージャーは「過剰品質な箇所があったら教えてね」という呼びかけ**をしておくとよいかもしれません。

● 上司からの仕事を減らす

仮に上司からの仕事依頼が多いなら、**タスクリストを見せて、優先度を調整してもらいましょう。**「これらのタスクの優先順位は、私の認識だとこの通りですが、合っていますか？」と確認してみてください。

もしかしたら**「あの仕事のほうが重要だから、じゃあこの仕事は来月でもいいよ」**と調整してくれるかもしれません。他部署からの作業依頼など「上司が把握していないあなたの仕事」がある場合は、なおさら確認が必要です。

逆に、あなたが上司で、忙しそうな部下がいれば、優先度を調整してみましょう。意外と認識違いがあって**「重要じゃない仕事が最優先・重要な仕事が後回し」という状態**になっているかもしれません。

● 「試しにやめてみる」作戦

慎重な人、あるいは慎重な上司の場合「本当にやめても大丈夫かな」と思うかもしれません。その場合は、**「試しにやめてみる」**アプローチがお勧めです。

いったん業務を中止・簡略化した後、カレンダーの1カ月後や1週間後に「◯◯業務中止の影響確認」という会議やタスクを設定し、影響を確認します。周りと話し合ってどんどん試しましょう。

● 便利ツールを導入

仕事の道具はどんどん進化しているので、一度見直すとよいかもしれません。あるお店では、以下の対策で、生産性が3割増加しました。

- OMSの導入（法則18）
- AIの導入（法則36）
- 社内チャットツールの導入
- 作業の流れや進捗をホワイトボード等で可視化
- 備品やPC内のツール配置を正しくする
- 工場や倉庫やオフィス動線を整理
- メールやCS対応の一元管理ツールの導入
- Googleカレンダーで予定を共有

ツール類については、周囲に詳しい人がいるようなら、聞くのがお勧めです。ツール好きの人は嬉々として教えてくれます。

法則 40 仕事の「スマートな頼み方」と「上手な受け取り方」

> セルフマネジメント編の最後として「仕事を頼む際のやりとり」をスムーズにする工夫について紹介します。「自分でやったほうが早い」などと仕事を抱え込んだり、言葉の行き違いからギスギスが発生する場合がありますが、少しの工夫で解消できます。

「仕事をメンバーに頼みづらい」心理

仕事を頼む側、頼まれる側、それぞれのあるべきスタンスを説明します。

● **仕事を頼む側のスタンス**

中小EC事業者では、社長やリーダーが「自分でやったほうが早い」と考え、自分で抱え込んでパンクするというケースが多くあります。それはお互いに不幸です。確かに「自分でやったほうがいい仕事」もあるでしょうが、メンバーに頼める仕事も多いはずです。

仕事を抱え込むのは「自分が頼むコスト（手間）」と「やってもらえるメリット」を比較して、自分でやったほうがいいと判断するからです。でもそれは**「仕事の依頼に慣れていないから手間がかかる」だけで、頼まないから不慣れなままで仕事を抱え込む**、という悪循環かもしれません。楽なやり方を説明するので、頑張って慣れていきましょう。

● **頼まれる側のスタンス**

このように、仕事を頼む側にもそれなりのジレンマがあります。「頼ま

れる側」は意識して、**相手が頼みやすいよう「聞き出してあげる」**とよいでしょう。

　頼む側の人は、背景を説明しないまま、作業手順だけ説明してくることが結構あります。そういう時に頼まれる側の人は**「いつまでに必要か」「提出したものは何に使うのか」「過去の類似ケースや参考資料はあるか」などを感じが悪くならないよう聞き出す**と、仕事がスムーズになります。「何のために何をしたいのかの経緯や背景」を合意するほうが、行き違いがなくなるからです。

相手の「習熟度」で依頼内容を変える

　仕事を頼む相手の「習熟度」によって、頼める仕事と頼めない仕事があります。

● 「業務移管レベル」の相手への依頼

　業務移管の相手、つまり定型業務なら担当できるというメンバーです。頼める範囲が限られているので、定型的な箇所を上手に切り出して依頼します。依頼内容は**「誰が・何を・いつまでにやるのか」の３項目**が最低限必須。

　忙しい時に、「頼める仕事は何だろう」などと考えるのは手間ですが、普段から、「こういう仕事なら頼めそう」とイメージを持っておくと、いざという時に頼みやすくなります。ルーチン業務の依頼なら、**その人の担当業務をあらかじめ定義し、手順を説明しておけば、次からはすぐに頼むことができます。**このような業務範囲の設定・切り出し方は、法則42で説明します。

● **「業務委任レベル」の相手への依頼**

　業務委任の相手は、**目標や目的を伝えると、自分で実現方法を考えられるメンバー**です。法則19の「部署ごとの役割」も踏まえつつ、置かれた状況や目的を説明しましょう。「今こういうことが起こって困っている。○○部としては○○するのが役割だから、原因の分析と対策の検討をお願いしたい」と依頼します。難易度が高そうなら**「分析は今週中、対策は来週の定例会議で」などと締め切りを刻んだり、大枠だけ代わりにやってあげる**と、ズレが減ります。

　背景説明が多くて大変、と思った人は、そもそも普段から背景情報を共有していないことが真の問題です。日頃から社内に事業全体の状況を共有していれば（法則48参照）、社内全メンバーが状況を分かっているので、いざという時に頼みやすくなります。

　依頼のスタンスとしては「業務移管レベル」の相手には、レールを敷いてあげるイメージです。一方「業務委任レベル」の相手には、範囲内で自由にやってもらうという意味で**「ガードレールを設置してあげる」イメージ**です。

　とはいえ、定型業務のみ担当するメンバーでも「なぜその仕事が必要なのか」「社内の状況」「求める成果物のイメージ」など丁寧に説明したほうが、将来のためです。パートさんが、業務を委任できるすごい人材になるケースはかなり多いからです（人によります）。

「復唱法」で内容理解のズレをなくす

　レストランで注文する時、店員さんが復唱してくれますね。あのように、**業務を依頼した「直後」に復唱してもらう**ことで、仕事がスムーズになります。

雑に依頼して、時間が経って成果物を提出された後に「いやそういうことじゃない」などと言っても、取り返しがつきません。**「依頼した直後」にズレていないか確認する**のが大切です。

「念のため、今の内容を復唱してもらえますか？」と（優しく）言います。依頼された側では「復唱します。こういう内容でしたよね？」などと自分の言葉で話すことで、正確に受け取れたか確認できます。

実際にやってみると分かりますが、実は、結構ズレています。ズレが発覚したら、その場で修正したり、説明し直します。指示に慣れていない上司には特に有効です。

また、復唱をしてもらうと、**依頼側が説明不足に気づいて「ごめん、忘れていたことがある」とか「追加でお願いしたいことがあった」と補足したくなる**ことがよくあります。つまり、依頼を受ける側だけでなく、依頼する側のためにも復唱は有効です。

「動画マニュアル」でスムーズに依頼

定型業務を依頼するにあたり、その場で手順を説明するのは「泥縄」なので、「あらかじめ手順を伝えておく」ことが必要です。

そのためにはマニュアルが必要です。作るのが大変そうと思いますよね。実は動画マニュアルにすると簡単です。

自分がその業務を実演し、その定型業務を担当するメンバーに「スマホで動画を撮ってもらう」です。相手に「担当してほしい仕事を今から説明するから、スマホで動画に撮っておいてくれるかな」と言って、撮ってもらいます。つまり、自分は実演するだけ。**Zoomなどオンライン会議ツールで録画するのも有効です。**

動画にすると、撮りっぱなしなら作るのは楽で、仕事を引き継ぐ側も「何回も聞き直す」ことなく「動画を何回も見る」ことができ、分かるまでノンストレスに確認できます。あなたが部下側の場合は、上司に対して「動画で撮ってもいいですか」と確認して動画にします。社内用YouTubeアカウントを作っておいて、そこに動画を蓄積していけば、様々な業務や新しいメンバーにも生かせます。

　他にも細かい工夫は色々できますが、まずは**「仕事を頼む・頼まれるのって意外と簡単だな、ありがたいな」と実感することが、チーム化の始まり**です。ぜひチャレンジしてください。

ワンポイント

人間への依頼慣れと「ChatGPTなど生成AIの活用慣れ」は同じ構造です。「AIに頼む方法がうまくできず面倒だから使わない、だからいつまでも使えない」というケースが多いのです。でも何かのキッカケで依頼がうまくいくと、気兼ねなく使い出せます。ちなみに生成AIも、曖昧に依頼して、対話しながら内容を詰めていけます。完璧主義をやめて、どんどん会話していきましょう。

法則 41 「業務棚卸し」をして、移管先を決める

> ここからはワークマネジメント（＝業務量と配分の最適化）を紹介します。特にリーダーやベテランメンバーの余裕を作るのが目的です。手順としては、まず社内業務を洗い出して内訳を分析します。これが、この後取り組む色んな施策の第一歩となります。

ワークマネジメントの考え方

●「リーダーのリソース確保」が優先

　前述の通り、事業の成長のためには、価値を生む「攻めの時間」に集中する必要があります。

　リーダー・マネージャー・ベテランクラスの人材がじっくり取り組むことが必要です。にもかかわらず、実際の職場ではベテランメンバーには時間がなく、まだスキルが低いメンバーほど（仕事を頼みづらいので）手が空きやすい構造にあります。その状態のままでは、事業を成長させられません。またリーダーが多忙で方針決定や指示が遅いと、組織全体の生産性が下がります。だから、**リーダークラスの人材に業務の余裕がある状態を作ることが大変重要**です。それが チーム全員のためになります。

　そこで、**業務を洗い出し、把握して、適切な形へと再配分をしていきます**。これにより、リーダーやベテランメンバーに集中しがちな仕事を分散させることができると共に、メンバーの退職や急な休みなど、組織の変動に耐えられる体制を作ることができます。

● **時間を奪うのは無意識に行っているルーチン業務**

　業務の洗い出しにおいて、**「SSR」という考え方で業務を分ける**ことを筆者は推奨しています。SSRはストック（Stock、やりたい仕事）、スポット（Spot、突発的な仕事）、ルーチン（Routine、定常的な仕事）の頭文字から取っています。業務を、ストック業務、スポット業務、ルーチン業務の3つに分けて捉えます。

　ストック業務とは新商品企画のような「重要だけど緊急性がない仕事」です。**スポット業務**とは「突発的な対応や社内のトラブルなど突然割り込んでくる仕事」、**ルーチン業務**は日常業務です。

　多くの人が「スポット業務（突発の仕事）が飛び込んでくるせいで、いつまでもストック業務（やりたい仕事）に取り組めない」と思い込んでしまいがちですが、実はそうなる原因は、**無意識の大量のルーチン業務**にあります。

　自分以外の人にもできるルーチン業務を自分で抱え込み大量に時間を浪費しているのに、慣れきっているためそこが問題だと気づけないわけです。そこで、業務を洗い出して、**ルーチン業務を主対象として、業務を無くす・簡略化する・人に任せる**といった対処を考えます。

● **「業務の棚卸し」で現状を可視化する**

　業務を洗い出すために**「業務棚卸し」**を行います。「EC事業の主な業務」をリストアップし、可視化します。すると、

- 誰がどんな仕事をしているか
- 誰にどれくらい負荷がかかっているか
- どんな傾向があるか

などが分かります。「何だか忙しい」状態が、「何で忙しいか」究明できます。

頭の中でだけ考えるのではなく、1個1個書き出して「一覧を眺める」ことで、無意識だった課題を発見できます（タスクやイシューの話と同じです）。この業務そんなに重要じゃないよね、こんな仕事ベテランがやることじゃないでしょう、などと、どこに非効率があるかがあぶり出されてきます。

● ワークマネジメントの成功事例

土日も休めず、売上を伸ばす仕事に取り組む時間が取れない、**非常に忙しい店長が、2週間で状況を改善できた**事例をご紹介します。

この店長は、以前、攻めの仕事に取り組む時間が全く取れない状態でした。そこでコマースデザインのコンサルタントが支援して、店長自身の業務内容を一覧表に書き出し、所要時間を記入しました。これにより、自分がどの業務にどれだけ時間を使っているかが明確になり、「これが忙しかった理由か！」と気づくことができました。

次に、書き出した業務内容を社内メンバーと共有し、「こんな感じで忙しいんだけど、これを手伝ってもらえないか」と相談しました。メンバーが「これなら私ができる」「じゃあこれは私が」などと**巻き取ってくれて、店長は劇的に時間を捻出できるようになり、攻めの仕事に集中できるようになり、売上ギネスを達成しました。**

実話ですが、普通はもうちょっと時間がかかります。店長とメンバーの関係性が良かったこと、メンバーに時間的な余裕があったことも大きな要因です。社内の誰も余裕やスキルがない場合の対策は、法則42で後述します。

業務の移管を実践してみよう

● 業務棚卸し

　ここでの対象者は、まず「EC事業において時間を捻出したいリーダー」と「リーダーの周辺のメンバー」、つまりリーダーが業務を移管できそうな相手です。社内全員に業務の洗い出しをお願いすると結構な時間がかかります。目的は「リーダーの時間捻出」であって、社内状況を完全に可視化することではないので、全員の業務を棚卸しする必要はありません。

　ツールとしては、ExcelやGoogleスプレッドシートがお勧めです。入力する項目は、「誰が」「何の」「時間を」「どれぐらい」「どの頻度で」やっているかです。対象業務は、ECに限らず、実店舗の仕事やシフト管理など、その人の仕事全般です。書き出した仕事は、受注処理や商品登録など業務内容に沿って分類することで、仕事の全体像を分かりやすく可視化できます。

● 業務分析

　洗い出した業務を分析します。移管しやすい業務は「マニュアル化しやすい定型業務」、時間を奪いがちなのは「無意識のルーチン業務」です。そのため、**「定型的かつ拘束時間の長いルーチン業務」を特定する**ことが重要です。「これは移管できそう」という候補の業務には、その旨を備考欄に書きます。
　この際、法則39も見て、業務の削減・簡略化も検討しましょう。**担当者本人からは業務が不要であることに気づかないこともありますから、リーダーの観点でも判定**しましょう。

　経営上リスクとなるのは「ブラックボックス業務」です。特定のメンバーしかできない重要業務で、かつマニュアル化もされていないものは、担当

者が病欠したり退職するとすぐにピンチになります。「他の人でもできる」状態にしましょう。本人も休暇を取りやすくなりますし、みんな安心です。

　このように、**一度業務の一覧化をすれば、新メンバー加入や急な退職・担当者変更にも対応しやすく**なります。忙しくても少しずつでもこのような準備をしておけば、いざという時に対応しやすくなります。

● 業務の再配分

　前述の通り「繰り返し行う定型的な作業」、つまりルーチン業務をピックアップして移管していきます。**一見難しそうな「自分しかできない」業務でも、分解するとメンバーやパートに振り分けることができます。**法則42で説明します。

　ただ、社内メンバーの手が足りず、誰にも頼めないという場合は、新メンバーや外注が必要です。法則43で説明します。

　移管後は、業務削減（法則39）と同じように、**1週間や1カ月の期間を区切って、問題ないか振り返りましょう。**「困ったら相談してね」だと移管相手の若手は相談しづらいので、1日15分など定例の場を設けると、相談しやすくなります（法則44）。

図41-1 業務の洗い出し～移管の流れ

法則 42　「職種と組織の設計」から、適切な人材配置を考える

洗い出した業務一覧を参考に、組織と「職種」を設計します。法則17で紹介したバトンリレー構造をベースに、さらに分業していくイメージです。既存メンバー同士で、話し合いながら検討するのがお勧めです。「この仕事は自分にしかできない」と思い込まないでください。必ず工夫の余地があります。

「職種」を設計する

● 「何でも屋」から仕事を抽出して「職種」にする

　成長するEC事業の初期状態では、あらゆる業務を担当する「何でも屋」のメンバーが1人ないし複数いる状態です。「撮影したことないけど勉強して撮影係になる」といった生命力があるメンバーです。

　ここから、**成長と共に忙しくなり、自分の仕事を誰かに渡す**ことになります。例えば、MD担当者にとっての商品登録のような、SF担当者にとっての商品情報更新のような定型業務は誰かにやってもらいたいわけです。ある程度成長した後でも、この事情は同じですよね。

　ただ、分業して新メンバーを募集する際には、「僕たちのように、自分で考えて何でもやってくれるEC担当者を募集します！」では、採用できません。そもそも説明ができません。なので、**自分たちがやっているカオスな仕事群の中から、定型的かつ「説明できる仕事」を抽出して、「職種」として定義し、担当者を社内外から募集する**ということになります。

　法則41で紹介した「業務棚卸しと分析」を済ませていれば、EC事業に

どんな仕事があるか、どの仕事にどの程度時間がかかっているか、どういった業務が移管可能かを把握してあるはずです。

業務一覧から、移管できそうな業務をリストアップします。この際、「似た種類の業務」をひとまとめにします。例えば、制作系の仕事や、顧客対応系の仕事などに分類します。これが職種設計です。

職種とは、「複数種類の業務をまとめて担当する人」のことです。パートさんやSOHOの場合は「○○作業をする人」という定義でよいのですが、社員の職種の場合は「適時適量を仕入れて誤差○%以内で売り切るのがMDの仕事」といった責任も定義します（業務ごとの役割・指標の例は法則19参照）。

● **「業務のパターン」を発見し、定義する**

職種検討の際には、「どの業務も難しいから人に頼みづらいなあ」と思いがちです。実は、**部分的に切り出す**ことができます。例えば、商品登録や撮影前のセッティングのような作業は切り出せます。

顧客対応は難しそうですが、実は「エスカレーション」を定義すると切り出せます。「一次対応はメンバーがやって、難しければベテランに対応依頼」というものです。よくありますよね。

同様に、多くの業務の実態として、おそらく**80%以上が「パターンの範囲内」で、イレギュラーは全体の20%にも満たない**ものが少なくないはず。であれば、**イレギュラーだけ対応してあげれば、メンバーが自分で処理できる**わけです。

ただ、パターンやルールが定義されていなければ、そうはなりませんね。だから業務の切り出しのためには**「パターン発見・ルール化する」**のが重要です。

例えば「在庫処分商品の値下げ幅」を毎回社長が決めていたとします。

図42-1 1つの業務をスキル別に切り分ける

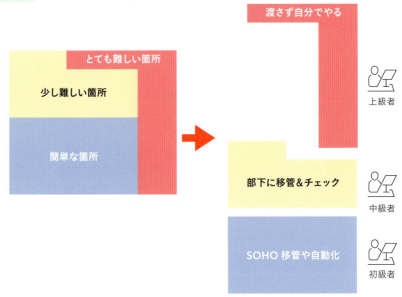

でも、過去の傾向を振り返ると、一定のパターンがあるはずです。であれば「○％まで下げてOK、それ以上なら要決裁」などとルール化します。あるいは、商品ページを1つ1つ考えながら作っていたとしても、おそらく過去のパターンがあるはずです。基本フォーマットを決めれば、パターンになります。

「毎週月曜日の午前中にこれを行う」「新しい商品が入荷されたらこれをする」といったトリガーを設定しておくのも有効です。こういった方針やガイドラインや手順をマニュアル化すれば、業務の説明や移管がしやすくなります。

ベテランのイレギュラー対応を見たメンバーは「こういう時はこうするといいんだな」と、理解が深まります。「ベテラン対応を見て学ぶ」ことを忘れないよう促し、メンバー側から提案してもらってパターン定義することで、自律対応できる範囲が広がっていきます。

なお、マニュアル化できる業務は山のようにあると思いますが、業務一覧を参照し「重要な業務」から順にマニュアル化するのがお勧めです。**全業務をマニュアル化する必要は全くありません。**マニュアルが増えすぎると管理が大変なので、ほどほどにしましょう。

● **細かい業務を「定食」にする**

お店で「味噌汁とご飯と漬物とひじきとサバ味噌をください」と頼むよりも「サバ味噌定食ください」のほうが楽に頼めます。

同様に「複数の作業からなる一連の仕事」は、「連休前業務」などの「かたまり」として定義すると頼みやすいですね。大きな業務は複数のメンバーが関わるので「父の日プロジェクト」や「父の日PJリーダー」などと定義すると分かりやすいです。

成長した組織はどうしても複雑化しますが、**なるべく「かたまり」で定義したほうが、誰が何を担当しているかが分かりやすいので、連携もスムーズ**になります。

「組織」を設計する

より大きな「かたまり」が、組織です。複数の職種を組み合わせると「部署」に、部署を組み合わせると「組織」になります。

● **ベテラン同士で分業を話し合う**

複数人のベテランで組織を動かしている場合は、組織拡大や職種定義に際して「どんな感じで分業していく？」という相談をします。例えば商品登録から販売までは1つの流れなので「どこで切るか」という問いです。「ここからここまでやるから、ここからお願いできる？」「これはOKだけど、これは重いから無理」などと話し合います。

この際意識するのは、「自分自身が」担当するのでなく**「今自分が担当している〇〇職」がどこからどこまで担当するかという定義**です。将来、この職種は後任に渡すことになるからです。とはいえ、細かく決めたところで結局変わっていくので、ちょうどよい塩梅の定義でよいと思います。

　組織の構造が見えてきたら、メンバーみんなにとって見通しが良くなるよう、誰が何を担当しているかを組織図にまとめたり（法則45）、組織の状況を共有するようにします。

● メンバーへヒアリングしておく

　社内メンバーの担当範囲を広げる際には、唐突に指示するより、日頃から相手の話を聞いて決めるほうがスムーズです。事前にランチ面談のようなカジュアルな対話機会を増やす（法則46）ことがお勧めです。仕事の近況を聞きつつ、当人の持つ問題意識や興味も聞きます。するとCS担当者が「実は制作スキルを身につけたい」とか、制作担当者が「実はCSのほうが好き」といったことを聞ける場合があります。

　これらを踏まえて「こないだ〇〇と言っていたから、こういう仕事を頼みたい」と打診するわけです。相手にとっても、**自分の近況や興味を踏まえた上での打診なので受け取りやすい**し、前向きに活躍してくれるかもしれません。

> **ワンポイント**
> 組織設計の際に大変多い相談で、楽天市場店・Yahoo!店のように「店舗別」に店長を置くのか、制作担当・販促担当などと「機能別」に担当を置くのか、というものがあります。店舗別は当事者意識が高まりやすく、業績で評価しやすい効果はありますが、機能が重複してしまう欠点があります。中小ECの規模なら、概ね「機能別」が良さそう、というのが筆者の結論です。

法則 43 「EC人材」のバリエーションと採用・育成

パート・アルバイト、社員、在宅スタッフ、外部プロフェッショナルなどを組み合わせることで、柔軟な組織を作ることができます。今すぐは必要でない人も、将来の選択肢として把握しておくと参考になります。特に、地方企業はリモート活用できるかどうかが今後を左右します。

ハイブリッド型組織の考え方

筆者としては、リモート型と出勤型の**ハイブリッド型組織**をお勧めします。今後、全国的に働き手が少なくなるので、リモート人材を活用できる環境を作るべきです。同時に、出勤するメンバーも重要かつ希少です。それぞれの特性を理解して組み合わせていくのがお勧めです。

リモートメンバーについて

● **SOHOについて**

SOHOとは、SmallOffice/HomeOfficeの略で、在宅や小規模オフィスで働く人や働き方です。本書では、このような環境で働く人材をSOHOを呼びます。新型コロナウイルス禍によるリモートワーク浸透により、こういった人材が急増しました。

ECでは例えば「元楽天店長で今は自宅で子供を育てながらリモートワー

図 43-1　ハイブリッド組織

クしている」「制作会社で働いていたが介護の都合でフリーでやっている」というようなイメージです。何社かの店舗運営の作業を掛け持ちで対応しており、**業務請負契約なので、雇用メンバーよりも柔軟に運用できます。**

　特に地方企業は、周囲にEC経験者がなかなかおらず、採用が困難です。一方SOHOなら、全国が対象なので、EC経験者に簡単に出会えます。

　彼らは、クラウドワークスやランサーズなどのクラウドソーシングサイトに人材として登録しています。仕事募集を登録すると、彼らから応募が届きます。

　募集内容は、他社のものを見てみると参考になります。画像制作や商品登録など部分的業務の募集もあれば、幅広い業務を対象とした運営補助の募集もあります。慣れないうちは単発業務がよいですが、筆者としては後者のほうがお薦めです。法則42にある**「何を頼むか」をきちんと整理した上で募集・選考することが大切**です。

　小規模のEC事業がある程度売れてくると、受注や出荷をパートさんに切り出した後の「SF業務も切り出したい、でもEC人材を正社員として雇

用する決断がつかない」場面があります。そういう時には特にお勧めします。もちろん組織化されたECでも大活躍します。

● **コンサルタントについて**

一般的に、**ほとんどの中小企業ではマネージャー人材が不足**しており、既存リーダーに負荷がかかって「状況判断と方針決定が追いつかない」場面がよくあります。

そういう中で、**コンサルタントは外部人材でありながら、マネージャーのような状況判断を支援してくれる**特徴があります。例えばアクセス解析データを見て、「今○○が発生しているから○○するとよいですよ」などといった指摘をもらえます。メンバー状況や競合動向など「社内事情」を踏まえたやり取りができると、より負荷が軽減されます。

「売上アップ支援」をテーマとするコンサルが多いですが、事業全体のマネジメントを支援するコンサルもいます（筆者はこのタイプです）。

● **アウトソーシングについて**

物流委託（法則32）や、EC事業の運営を丸ごと任せる「運営代行」、商品登録・CS対応・受注処理などを代行する「BPO」など。**「ノンコア業務を委託して身軽になる」**ことで、**自社の最も重要な業務に注力**します。

何をアウトソースするかは「自分たちの強みは何か・コンセプトが何か」といった戦略を踏まえて判断します（法則59）。規模拡大に伴って内製化に戻すケースもあります。

出勤メンバーについて

● **出勤メンバーの重要性について**

リモートメンバーについての理解が深まると、**「出勤してくるメンバー」**

の存在意義と重要性がよく分かります。

「楽天市場店のページの一括編集はSOHOでも可能」「状況判断はコンサルでも可能」といった前提に立つと、出勤型メンバーの役回りは**「会社の状況をよく理解した上で、外部メンバーを活用して事業を前進させる」**ことだと分かります。

だから、「事業全体や社内の事情に通じている」ことが求められます。そう考えると、社員の採用や育成の方針も、ちょっと変わってきますよね。今すぐでなくても、将来的に「中核メンバー」が今より増えることを目指しませんか。

また、能動的に業務効率化してくれる出荷パート・アルバイトさんは、会社にとって宝だと思いますが、このようなメンバーが、状況判断に長けた中核的な人材に成長するケースが少なくありません。

もちろん人によるのですが、リーダーは、相手の職位によらず、この人が将来自分を支えてくれる人になるかも……と、敬意を持って接することをお勧めします。

● **マネージャーについて**

組織のヒエラルキー構造において、**経営者やマネージャーは「部下が通常フローと自分の判断で対応できない時に相談を受け、対応する」という役割**を持っています。下からイレギュラーな相談が上がってくるというイメージです。

だから、イレギュラーな相談をしてくるメンバーが増えると、経営者やマネージャーはパンクします。メンバーはいつも「指示が降りてくるのを待っている」状態で、リーダーだけが忙しい状態となります。

「パンクせずにコントロールできる部下の人数」を**「スパン・オブ・コントロール」**と呼びます。仕事によりますが、7人以内のイメージです。この限界を超えてメンバーが増えると、必然的にマネージャーが必要になります。

将来のマネージャーになってもらうべくメンバーを育成しましょう。そのためには、会社全体、事業全体の体制や業務フローを整理して、会社全体の状況を常に共有（法則48）します。

採用環境の整備

このような新しい良い人材と出会いやすくなるためには環境整備が必要です。

● **リモート環境の整備**

電話とPCとホワイトボードだけの職場では、リモートワーカーと連携することはできません。**Googleスプレッドシートや画像ファイルなどは、クラウドでやり取りできる環境を作りましょう。連絡手段もチャットやオンライン会議が必須**です。面倒かもしれませんが、今後のことを考えると、早めに体制を整えるべきです。

また、リモートで働く相手への配慮も重要です。お互いに様子が見えないので、新人は特に過剰に不安になりがちです。状況をこまめに伝えたり、不安にさせないコミュニケーションが大切です。

● **採用選考の整備**

仕事内容の説明は、法則42で案内した「職種」の定義に基づきます。

採用も外注も、**複数の候補から比較して選ぶ**のが必須です。

「早く採用したい」という願望から人選を雑にすると、痛い目を見ます。どんなお店か、何を目指しているかなどの「理念（法則63）を掲げて提示」すると、ある程度「共感した人」が集まります。逆に無味乾燥な「作業員の募集」をすると、「そのつもりの人」が集まります。入社後に姿勢を変えるのは難しいので、入社後に育成するよりも、募集時点でのメッセージや選考のほうが重要なのです。

最近は採用応募が集まらないという方も多いですが、実は**ハローワーク等での採用でも、ECと同じように「選ばれる工夫」が可能**です。
　法則1にある通り、商品が価格だけで選ばれていないとの同じで、**職場も時給だけで選ばれていません。**

特に出勤型の仕事では、働く場所としての魅力が伝わるよう工夫をしましょう。例えば、オフィスの雰囲気や社員の笑顔など、写真で反応が変わります。

選考について、面接で分かるのは「応対の雰囲気」だけなので、業務能力は文章で判定するのがお勧めです。応募してもらう際に「以前の仕事での具体的なエピソード」など簡易的な設問を提示すると、バランスのよい採用選考ができます。

特に採用をしていなくても、何かの縁でチームに加わるメンバーもいますね。ただ、運命の出会いだと思い込んで後から痛い目をみるケースも多いので、お互いのためにも、採用基準についてはちゃんと考えておきましょう。

法則 44 「定例会議」で、組織の実行スピードを上げる

職種や組織を作ったら、定例会議をしましょう。メンバーが2人という規模でも、定例会議は必須です。会議をしながら「誰が・何を・いつまでにやるのか」を決めて、みんなでもれなく実行することで、組織全体の実行スピードがかなり上がります。

定例会議の意味

● 「上司がつかまらない」問題

定例会議をしていない場合は、開催しましょう。短時間でもよいので、毎朝○時、毎週○曜日○時など、**話すタイミングを決める**こと。

なぜなら、多くのECリーダーは、**いかにも多忙そうな表情をしており、つかまらないし「話しかけにくい」**ので、実は**「相談する側」が気を遣って大変**だからです。こうなると部下側が、上司への相談を後回しにして仕事が遅れたりします。

「上司・部下の2人」の体制なら、いつでも話せるから定例会議はいらない、と考えるかもしれませんが、必要です。コマースデザインの創業当初、筆者と妻（役員の川村）だけで仕事をしていた頃、「2人だから定例会議なくていいよね。いつでも話しかけてね」と伝えました。が、前述の「話しかけづらさ」を指摘され、**渋々定例会議を始めたら、非常に仕事がスムーズに進むようになりました**。

頻度や時間などは調整しながら着地点を見つけます。最初は話題が多いと思うので、**時間帯を決めて毎日30分や15分**。次第に問題が解決されて話題が減るので、週次に切り替えるのがよいでしょう。開催単位は、全社だったり、部署ごとだったり、プロジェクトチームごとだったり、様々です（法則48参照）。

● 「会議の進行が曖昧」問題

もしも、**定例会議はやっているものの、混沌としている場合は、「やり方」を変えましょう。**

会議は混乱しがちです。議題について、Aの話が出てBの話が出て、次Cの話が出たと思ったらまたAの話が出て、様々な話が入れ替わり立ち替わり現れて、そして最後にすべて風化しがちです。みんなで「やるぞ！」と盛り上がった企画が、誰がどうするのかよく分からないまま消えてしまうなどです。

これは、個人の性格ではなく、会議の進行能力の問題です。**「会議のやり方」**をコントロールすれば、すっきりまとまります。特に、話し合われたことの要点と、**「誰が・何を・いつまでにやるか」**の約束は必ず書き留めて、各メンバーの次回までの宿題とするのです。これを**「共通タスクリスト」**と呼びます。

また、チームの誰か（特に社長）が「気になっていること」を延々議論すると時間が溶けるので、**「共通イシューリスト」**としてためるのがお勧めです。これらの詳細は後述します。

● 定例会議の効果

ここで、正しい手順で定例会議を開催した際の効果を説明します。
「誰が・何を・いつまでにやるか」をみんなで合意・約束して、共通タスクリストにして記録し、次の会議で「前回の宿題は済んだ？」と確認する

ことで、風化がなくなります。

「約束を守ろうとする心理（約束効果）」で、実行力が上がります。みんなが見ているという**「健全なプレッシャー」が機能**しています。

週に一度「次までにやるべきこと」が設定され、次の週までに実行する。定例会議では確認と議論に集中し、その間の期間は実行に集中できる、というリズムが生まれ、「あれどうなっている？　まだ？」「今やっています」という会話がなくなり、互いのストレスが軽減されます。

チームの共有タスクで俯瞰すると、誰のタスクが多くて溢れている、遅れているなどの全体が見やすくなります。「全部来週締め切りなんですが、間に合いそうにありません」**「これは後でいいから、こっちを先にお願い」といった優先度の調整**ができます。

定例会議のやり方

まず、あらかじめ会議を仕切る人（進行役）を決めます。リーダーもしくはベテランが担当するのがよいでしょうが、あえて若手にまかせて勉強してもらう手もあります。ローテーションでもよいでしょう。

● **Step 1　今日のテーマを確認**

「今日は何を話す？」と聞いて、ホワイトボードなどに書きます。「Aの件があったので話したい。実は……」と話が始まりそうになりますが、いったん止めてもらい「A以外の件はありますか？」「BとCも」「じゃあ今日はABCの話をしましょう」と、**テーマを洗い出してから、話を始めましょう**。会議には終了時間があるからです。

進行役は、誰かの独演会にならないよう時間配分します。最初に「前回のタスク進捗」を確認して、その後に各テーマを「上から順」に喋っていきます。

● **Step 2「タスクの進捗」を確認する**

　Excel/Googleスプレッドシートやホワイトボードで作った「共有タスクリスト」を取り出して、**1つ1つのタスクをピックアップして、本人に終わっているか確認**します。上から順にみんなで見ていくとよいでしょう。

　「○○さん、これどう？」「終わりました」「○○さんどう？」「○○さんどう？」「やってません、すいません」「何がありましたか？」「○○の件で……」といった感じです。

● **Step 3 各テーマを話す**

　冒頭で洗い出したテーマ一覧に沿って、上から話していきます。各自の状況報告やトラブル相談などがあると思います。議論をしていると、**自然と「誰が・いつまでに・何をやる」のタスクがたまっていくので、手元でメモ**しておきます。

　おそらく論点は「今どうなっているか・本来どうあるべきか・ギャップは何か・ギャップの理由は何か・埋める方法はあるか」といった順番で話すと思います。こういったイシューの問題解決については、法則38が参考になります。

● **Step 4 脱線したら元に戻す**

　この際、社長やリーダーが脱線して「そもそも論」とか「重要な別件」について話し始めることがあります。緊急性がある課題はすぐ議論・対応でよいのですが、話が延びてきたら、進行役は「残り○分ですが、そのテーマは深堀りしますか？」と問いかけてください。

　緊急性がない問題なら、次の定例の議題にするか「共有イシューリスト」に載せます。ためただけでは単なるゴミ箱になってしまいますから、振り

返りが大切です。判断能力の高い人に「イシューの番人」をしてもらうのがよいかもしれません。

● **Step 5　振り返りとタスク確認**

最後に「テーマがすべて話せたか」を確認します。**未消化のテーマがある場合は、次回の定例に持ち越しでいいか、延長戦をするかを決めます。**この延長戦は「分科会」にし、必ずしも全員でやる必要はありません。「AさんとBさんが分科会をして、結果についてはチャットに上げてください」という感じです。

決定事項は、こういう決定をしましたよね、と進行役が復唱してズレがないか確認し、箇条書きで記録しておきます。簡易的な議事録です。

次に、「誰がいつまでに何をやるか」の**タスクを復唱し、ズレ・漏れがないか確認して記録**をします。議事録や共有タスクリストのスプレッドシートに載せて、次の定例会議で振り返れるようにします。

この終盤で、**「実は誰がやるか決まっていない」等が発覚します。気づいた人が指摘して、きちんと決めましょう**。指示を受ける側も、「実は指示がよく分からない」場合は、この場でちゃんと声を上げてください。

法則 45 EC組織における「リーダーの役割と責任」

> ここからチームマネジメントの話です。設計した業務や組織が、絵に描いた餅にならないよう、みんなが納得して実行し、成果が出る状態にします。組織で「立場によって物事の見え方が違い、意見が割れる」ことがよくあるので、ここでは、それをどう調整するか解説します。

前提としての「責任者の権限」

● **方針は責任者が決める**

まず最初に、経営は民主主義ではなく**「責任者が最終的に決める権限を持つ」**という大前提を、メンバー全員に受け入れてもらう必要があります。

経営責任は経営者が背負います。部署の責任は部署のリーダーが背負います。**「責任を取る人が最終的な決定権を持っている」**ので、意見が割れたとしても、そのチームの責任者が独断で決める権限を持っています。これを**責任・権限一致の原則**と呼びます。

人間ですから、それぞれ立場と考え方があります。しかし、バラバラの方向を向いているとベクトルが分散してしまい、チームの力になりません。そこで、「どちらに向いて進むか」は、責任者が決めなければいけません。ただし、この際に「責任者から見えてない情報」も多いので、責任を果たすために、メンバーから情報を回収する必要があります。よって、**組織運営においては、対話も重要です**。つまり、様々な情報や意見を回収した上で、最終的には責任者が1人で決めます。これを**「衆議専決」**と呼びます。

現場のメンバーは、一部のお客さんからの要望を叶えようとすると、会社の方針と「お客さんの希望」の板挟みになることがあるかもしれません。会社の方針は、基本的には顧客の事情と組織の事情とを照らし合わせて、責任者が決めているはずなので、すでにお客さんの希望も踏まえた上での方針です。よって、これらが**矛盾した場合は、会社側の方針を優先することになります**。ただ、前述の通り「責任者から見えてない情報」も多いので、そのような**矛盾が発生している点は共有・報告する**ことが、現場側の責任として大変重要です。**組織の知覚力は、現場の目と耳に依存する**ので、何が起こっているのか、しっかり共有する責任があります。

　結論として、責任者は、**独断で決める権限を持っているのですが、現場から上がってくる情報は大切にしましょう**ということになります。

● **組織構造はヒエラルキー型**

　組織構造は、ヒエラルキー（ピラミッド）が基本です。なぜ上司と部下が発生するかというと、組織には**「上下の分業」**が必須だからです。

　組織には「定型業務を中心に部下に切り出す（専門化の原則）」「上司はイレギュラー対応や状況判断をする（例外の原則）」というメカニズムがあります。加えて、1人の上司が担当できる人数には限りがあります（法則43でも説明した、スパン・オブ・コントロール＝統制範囲の原則です）。

　この**3つの原則を踏まえると必然的に、組織のパーツは「部署＝上司と部下のセット」**となります。つまり、図45-1のようなピラミッド図です。**上司・部下は「上下の線」で、バトンリレーの流れは「横の矢印」**で表現されています。それぞれにマネージャーがいて、部署間調整を行います。

　ここまでの規模ではないほうが多いでしょうし、中小の実態は兼任だらけでこのようにキレイな図にはならないのですが、イメージとしてご理解

図 45-1 組織構造のヒエラルキー例

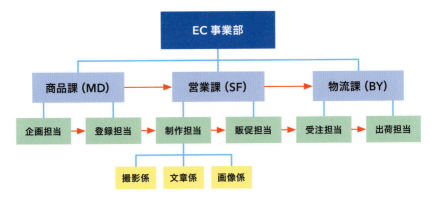

ください。ピラミッド型は大昔からある組織構造ですが、現代にまで続くには、それなりの理由があるわけです。

このような階層構造で描写すると「上司は偉いのだ」あるいは「身分制度は良くない」という誤解が発生しがちですが、これは単に役割の違いで、人としては等しく尊重されるべきです。 上下という日本語が良くないのかもしれません。むしろ、前述のように、上司が責任を果たすためには「部下から情報や意見が上がってこないと仕事ができない」ことになります。互いに敬意を持って、助け合っていきましょう。

このような組織図は、大仰で不自由なので不要だと考えるリーダーもいますが、**メンバーにとっては、「誰が何をしているか把握できる図」は必要**です。**メンバーの立場は、リーダーよりも組織全体の見通しが悪い傾向**があるからです。目的が果たせるなら組織図の表現は何でもいいのですが、「見通し」は重視してください。

● 経営者は「頭越し」をしない

　急成長したEC事業は、経営者が名プレイヤーという場合が多くあります。結果、自分の下にマネージャーがいるのに、飛び越えて現場に細かい指示を出しがちです。これは原則NGです。

　社長から直接指示をもらえるのは、現場からすると「正解のお墨付きをもらった状態」で、単に実行すればいい状態になります。それは、**現場の考える機会＝成長機会を奪う行為にあたり、長期的には「指示待ち癖」**をつけることになります。

　マネージャーの頑張りを邪魔する行為でもあります。なかなか難しいのは筆者も分かりますが、なるべく部下にとって上司が1人という状態をキープしましょう（命令一元化の原則）。

　とはいえ任せきりも危険なので、何か違和感があるのなら、いきなり現場介入する前に、まずは「マネージャーとよく話す＆黙って現場を見る」ようにしましょう。

実践としての「垣根を超えた対話」

　色々な決まりがあって面倒ですが、集団生活と同じでルールがないと混乱します。話し合って相互理解するのも大切で、これも集団生活と同じ。他のメンバーにもこの法則の内容を読んでもらって、認識を揃えましょう。

● 人間には盲点がある

　人は誰しも「メガネ」にとらわれています（法則35参照）。**メガネは、人間を「ルービックキューブを一面だけ見ている」状態にさせます。**

　例えば、ある人は「赤色（売上）が揃えば正解」と思いがちです。しかし赤を揃えたその裏で、「青（効率）がバラバラ」といったことが起こりま

す。だから、部署や役割が違う人同士では、意見対立が起こるわけです。「自分こそが一番大変」「自分が一番の被害者」と力説している人は、裏の面が見えていません。

「組織内の一部しか見えてない専門家」は、全体像に気づくことができません。だから、リーダーの取り組みとしては、日頃から、みんなに対して事業全体や各部署の状況も理解してもらう取り組みが重要です（法則48）。それがあれば、全体像が伝わります。

● 謙虚にメガネを洞察する

加えて、その人のメガネがどうなっているか、洞察してみましょう。人が感情的に何かを主張するのは、「大切にしている何かが傷つけられている」という思いがあることが多いです。その人なりの熱意を、いったんは**肯定的に受けとめて、話を聞いてみる**ことをお勧めします。

ちなみに、経営者は広い視野に基づいて状況判断できるかというと、そもそもの足元が見えていなかったりします。法則38で紹介した「複線思考」で自分のメガネを疑って、前述のように「現場から情報を得る」のが必須です。特に、法則53にあるように**「お客さんの声」からみんなで学ぶ**のが大切ですね。

> **ワンポイント**
> 本法則の中で、色々な原則を紹介しました。これらは組織設計の5原則と呼ばれています。
> ①責任・権限一致の原則、②命令一元化の原則、③統制範囲の原則（スパン・オブ・コントロール）、④専門化（分業化）の原則、⑤例外の原則。中小企業は人数が少なくて兼任が多いし、一部メンバーへの依存度は強いので、きれいな組織設計はできないのですが、覚えておくと何かの参考になると思います。

法則
46 警戒心を解いて「自発的な文化」を創る

> チームメンバー同士が、お互いに可能性を引き出して活躍していくための最大の障害が、実は警戒心です。警戒を解くだけで、途端に連携しやすくなります。「安心できる環境を作る」「問いを立てて対話する」「自発的な文化を作る」といった考え方を紹介します。

警戒心と能力発揮の関係

● 「メンバーの警戒心」がパフォーマンスを左右する

　同じ人物でも、環境次第で人間の能力は大きく変わります。それを左右するのが「警戒心」。筆者はコンサルとして色々な組織を見てきて、**「メンバーが警戒心を持っているかどうか」が、組織のパフォーマンスを大きく左右する**という確信があります。

　法則44で書いた通り「健全なプレッシャー」は必要ですが、「見通しが悪く、なぜか責任を問われる理不尽な環境」は、人の警戒心を極端に高めます。**様子見で防衛的で指示待ちになり、リーダーや社長がイライラしてつらくあたり、当人はますます警戒する**という不幸な悪循環をいくつか見てきました。

　苦労するメンバーは、仕事あるいは人生経験で警戒心をこじらせ、若干攻撃性があり、でも本人が一番つらいんだろうなという傾向にあります。一方、**前向きに成長していく人々は「自分の考えを言ってもいい」**という

安心感から色々挑戦をして、さらに良い反応をもらってさらに頑張るという好循環があります。

これらの現象の背景には、行動心理学でいう**「強化理論」**があります。「何かした時に叱られると人間はその行動をしなくなり、前向きな反応をもらえるともっとやる」というもの。子供でも動物でも同じです。

過剰に警戒心を持たせる組織は、人のパフォーマンスを引き出す際に「恐怖心」を多めに使いすぎて、チャレンジ自体に恐怖心を持たせているのかもしれません。

「正解を強要されない安心感」が、実力を育む

人間は「正解を出さないと叱られる環境」に置かれると、「正解は何だろう」と考え、分からない時は黙ります。一方、正解は問われず、目の前のおもちゃを自由にいじっていいとなれば、あれこれ触ってどういう形になっているんだろう、などと遊びます。前者のほうが表層的なルール習得は早いですが、本質的な力は後者でこそ身につきます。

「規範ファーストと構造ファースト」という言葉があります。正解第一主義が規範ファースト。構造ファーストは、構造を理解して、色々とアイデアを考える姿勢です。**指示待ちの本質は「規範ファースト癖」**です。

法則45で紹介したような、組織設計や職種設計、責任や目標、定例会議ができているなら、**「仕組みの力」**で仕事の厳しさと品質は担保されますから、会話においては、社内外のメンバーに**「心理的安全性」を提供し、自発性が発揮できる環境づくり**をしませんか。

自発性を促す３つのプロセス

● **プロセス１　まず対話機会を増やす**

　毎日一緒にいても、ゆっくり話す機会はないものです。多くの人が喫煙者だった時代では「タバコ部屋」で会話が発生していましたが、現代では人為的な工夫が必要。そこで、例えば**定例ランチ面談**をお勧めします。日々忙しいので、あらかじめ定例でカレンダーに入れ、**時間を「天引き」。経費**でご馳走します。

　共通の趣味や好きなマンガなどと、ちょっと仕事の話が混ざる程度で雑談します。まずは「相手の関心事で、自分も関心があること」が話題になります。CSの問い合わせ傾向って最近どうなの？　こないだお薦めしてくれたマンガはその後も読んでるの？　などです。

　「○○の仕事、大変？」「いや最近は○○のほうですね。でも面白いです」「こういう仕事って、結構好きなの？」「ええ大好きで」「そうなんだ、うちにもこういう仕事あるけど、やる？」「超やりたいですね」みたいな感じになります。つまり、法則41のように、リーダーの仕事の中から、できそうな仕事・興味のあるを率先して巻き取ってくれるかもしれません。逆に、○○の仕事が苦手で……という相談もあるかもしれません。社内の何かについて苦情があるかもしれません。知らないところで問題がたまっているよりはマシなので、早く知って良かったと思いましょう。

　日々の会話を増やしていくと無駄な警戒心が取れ、「本来持っている能力や思考力」が発揮できるようになります。ちなみに、自分に自信がないリーダーも案外多いので、あなたがメンバー側ならリーダーにも温かく接するようにお願いします。

● **プロセス2　意見を聞いて、一緒に考える**

<u>「意見を聞く・相談する」</u>のが大切です。意見を聞きたい・頼りにしているという意味で、実は相手にとって前向きなことです。

<u>「最近○○がうまくいってないんだけどどう思う？」などと尋ね、意見を聞きます。</u>アイデアがなくても、コメントをもらったらお礼をしましょう（前述の「強化理論」）。最初は意見がなくても、しばらく経ってから提案や情報提供があったりします。

これは脳の構造として、<u>何か質問をされると無意識になんとなく考えるようにできている</u>からです。クイズ的な体裁の広告があると、反射的に何か考えてしまいますよね。日頃から問いかけ、話し合うことで、みんなの思考が深まります。

そのような会話の中から、ふと口にしたアイデアに、それいいねと言われると、嬉しくなって実行したり、自分が言ったことだからやりたい、などと自発的な参加が強まったりします。これはパートさんやフリーランスでも同様で、乗り気になって活躍するケースは多くあります。

筆者の母が某スーパーのパートさんだった時、なぜかそのスーパーで開発するオリジナル商品の開発メンバーになり、業務外でも自宅のキッチンでお菓子の試作を繰り返していました。商品が発売され、並んでいるのを見に行きました。母は誇らしそうで、筆者の仕事観にも良い影響を与えました。

● **プロセス3　メンバー同士の相互育成**

経営者やリーダーにとって、自分が黙っている中で「メンバー同士が仕事をどう進めるかを積極的に議論している」状態は、本当に嬉しいことです。経験がある人はよく分かると思います。一朝一夕にはいきませんが、

実は、**期間限定でも「新メンバーを受け入れる」**と、良い機会になるかもしれません。

子犬効果

- 家に子犬がやってくると、世話される側だった子供が「世話する側」に回ることで成長する
- 同様に、アルバイトや新人をケアする側にメンバーが回ると、セルフイメージが変わって成長する

来客効果

- 家が散らかっていても、来客の予定があると「ちゃんとした自分を見せたい」ので人は片付ける
- 同様に、「新人が来る」ことを伝えておくと、担当者は当日までに業務フローや体制を整える

代弁効果

- 日頃、リーダーや経営者が、自分たちの理念（法則63）を語っている場合、新人がやってきたら、担当者はその代弁者となる
- 「自分の言葉として自分の口から発する」と、リーダーや経営者の気持ちに近づく

新人は何もしていないのですが「受け入れ側が勝手に成長する」という面白い心理効果です。これらは筆者の造語で学術的な裏付けはありませんが、体験的に分かりますよね。

このように**人間の警戒心を解き、お互いに興味を持って対話し、安心感を作っていくと、人は自然と成長し、あなたのチームのポテンシャルは本来の姿で発揮される**はずです。

法則 47 「プロジェクト」で戦略を実現する

過去に、新商品企画や新サイト立ち上げなど、大きな仕事を見切り発車して挫折した経験はありませんか？ 戦略を形にするには、プロジェクト実行力が必須です。ここでは、チームの力を結集して大きなプロジェクトを成し遂げるという話をしていきます。

プロジェクトとは何か、なぜ失敗するのか

まず、プロジェクトの典型的な失敗とその原因について説明します。

● プロジェクトの定義

EC事業でのプロジェクトは、例えば新商品企画・新店舗オープン・新システム導入などがよくあります。まず大事な前提として、**プロジェクト業務は「ルーチン業務の反対」の存在で、だからこそ難しい**のです。

受注処理や商品登録などの**ルーチン業務は、頻度が高いために「習熟しやすい」**です。過去のパターンを参考にでき、移管もしやすい内容です。

逆にプロジェクト業務は、たいてい「初めてで手探り」の「大きな仕事」です。期間も長く、タスクがたくさんあります。つい見切り発車してしまいます。そんな中で、日常業務でのあれこれが「こっちのほうが優先」と飛び込んでくるので、プロジェクト系タスクは後回しになり、結果として風化しがちです。

しかし、だからこそ**プロジェクト業務の実行力が、経営の成長性を左右**

するのです。まずルーチン業務に習熟し、次にプロジェクト業務を習得しましょう。

● **プロジェクト頓挫の原因**

失敗の原因は大きく2つあります。まず、(特に経営者が)**同時並行で色々着手してすべて半端にしてしまう**ことです。次に、**見切り発車で始めた挙げ句に通常業務の忙しさに流れて風化**してしまうこと。

そもそも、プロジェクトの大変さが想定できていれば、同時並行であれこれ着手しようということにはならないはずで、想定を「見切って」発車するから同時並行してしまうわけです。つまり、**プロジェクトの失敗は、プロジェクト型業務への理解不足が原因**です。

対策は大きく2つ。まず、どのプロジェクトから始めるべきか考えて、絞り込む**「プロジェクト候補のストック」**。次に、プロジェクトの実行スキルを身につける**「プロジェクト管理」**です。ちなみに「プロジェクト管理」をネットや書店で調べても、ITシステム開発などの大がかりな話が多いので、分かりづらいと思います。注意してください。

プロジェクト候補の管理

● **プロジェクト候補リストの作成**

新しいアイデアや仕事が飛び込んできた時、反射的に着手してしまうのが失敗の原因です。**「やりたいプロジェクト候補」を一覧化し、比較して、最優先プロジェクトに絞って実行する**ようにしましょう。

今起こっている問題やイシューを解決するものと、新規のチャンスを期待しての投資がありますね。頭の中だけでイメージするとぐるぐる思考になるので、法則38の独り言メモの要領で、**いっそ3年後くらいまでのア**

イデアを「**すべて**」**書き出してください。**

　書き出したら、それらの中で本当に優先なのはどれか、実行できそうか、どの順番でやるのか。**実行順に番号を振ってください。**

　仮に1プロジェクトあたり3カ月かかるとしたら、1年でできるプロジェクトは4つです。少ないので厳選します。ちなみに**「向こう1年のプロジェクト」は、年間の方針発表としてメンバーに共有する**ことになります。法則64で紹介します。

　思いついたアイデアを無秩序に語ると現場が混乱しますが、我慢して静かに熟成すると、精度が上がって伝わりやすく、実現しやすくなります。

プロジェクト計画と実行

　多くのプロジェクトは、1人では実現できません。**担当者を何人か集め、「PJ計画書と進行表」を作り、定例会議をしながら、チームで進めていく**ことが求められます。

● プロジェクト計画書の作成

　WordやGoogleドキュメントなどで、プロジェクト計画書をまとめます。**まず、プロジェクトの「目的と経緯」を、過去・現在・未来で書きます。**過去（これまでこういう状況にあった）、未来（○○をしたい）、現在（だから今このプロジェクトを実行する）という形です。社長や発案者の頭の中にあることですが、わざわざ書く理由は、様々なメンバーが参加するからです。経緯を知らない社外メンバーもいます。**「何のためにやるのか」が誤解・忘却されないように書きます。**箇条書きで要点がまとまっていれば大丈夫です。

　次に、プロジェクト体制（メンバー）を定義します。プロジェクトオーナー

（経営者など責任者）、進行管理をするプロジェクトマネージャー（リーダー）、メンバー、サブメンバーです。最初の段階で中核メンバーを集めて、キックオフミーティングをすることが必要です。

次に、**目的・目標を、複数のフェーズと中間ゴールに分解します**。例えば新商品企画であれば、フェーズ1でリサーチ、フェーズ2でプロトタイプ開発、フェーズ3でモニター検証……など、それぞれに中間ゴールがあります（リサーチ結果・プロトタイプ・検証結果）。とても不慣れなことだと思いますが、**ChatGPTなど生成AIにプロジェクト計画書をそのまま貼って、中間ゴール分解をリクエスト**すれば、ある程度のものを提案してくれます。

● **WBSの作成、担当者・締め切りの設定**

中間ゴールを達成するために、フェーズごとのタスクを洗い出し、スプレッドシートなどにまとめ、各タスクに締め切りと担当者を設定します。タスクを細かく分けて具体的にすることで、取り掛かりやすくなります。これをWBS（Work Breakdown Structure）と呼びます。これについてはネット上にたくさん参考例があるので参考にできます。

● **プロジェクト会議の設定**

まず**「キックオフミーティング」**を行います。中核メンバー全員が集まって、認識を揃えます。プロジェクト計画書を共有し、大まかなスケジュール感を共有します。

その後は**「プロジェクト定例会議」**です。ルーチンの定例会議（法則44）と同じで、誰が・何を・いつまでにやるのかを明らかにして、進捗を確認します。初期段階では、毎日やるのがお勧めです。最初は不確定要素が多く、頻繁に情報共有や調整が必要だからです。

前例がない仕事なので、プロジェクトマネージャーはみんなより少し先

を見て、懸念点をプロジェクトイシュー表に書き出したり、社外の経験者やコンサルタントに相談するとよいでしょう。

　おそらく通常業務の割り込みタスクがどんどん発生して、プロジェクトタスクの緊急性が低い場合、既存の仕事に追いやられがちです。押し負けそうな時は、社長などプロジェクトオーナーに相談しましょう。

プロジェクト業務を習得する

　ルーチンワークだけをしていても、事業は次のステージに進めません。**プロジェクト実行能力が、組織の成長性を左右します。**
　ここまで説明してきたタスク管理や定例会議などは、すべてこのプロジェクトを実現するための準備であったとすら言えます。難易度が高い上に地道な仕事ですが、**これを乗り越えてこそ戦略的な取り組みができるようになります。**ぜひ習得してください。

　いきなり本番に挑むより、まずは社内イベントや家族旅行など、簡単なプロジェクトで練習してみることをお勧めします。

図47-1　お花見をプロジェクトで実践

法則 48　「自律の促進」は、情報共有から始まる

組織編の最後となる本法則では、主に経営者・リーダーから、チーム全体に対して「情報共有」をどのように行っていくかを解説します。組織が置かれた現状や方向性を説明するなどし、「自律するための情報」を率先して提供することがポイントです。

自律促進の考え方

● 情報提供されないメンバーは「独房に入った囚人」

多くの経営者やリーダーは「日頃たくさん口頭で情報提供している」つもりですが、声は文字と違って残らないし、一覧性がないので、全体の見通しがあまり良くありません。

結果、ベテランならまだしも、**一般メンバーは「経営者には思いもよらないほど組織全体の状況が見えていない」状態**になっていることが多いです。その原因は、経営者の情報提供不足。

たいていの上司は、部下に対して、「その人が担当する作業に必要な情報」しか与えていません。

いわばメンバーは「独房に入っているような状態」です。刑務所の看守が囚人に対して必要な食事を与え、「囚人同士はお互いの姿が見えない状況」と同じです。看守は囚人同士が連携すると困るでしょうが、経営者は、

メンバー同士で連携してほしいですよね。しかし**メンバー側は「状況が見えないから不安・間違っているとよくないから動かない」**。隣の部署で何が起きているのか分からず、お互いの状況が見えないため、適切な助け合いができなくなってしまうのです。自発的に動きようがありません。それにもかかわらず多くの経営者は「もっと自分で考えてほしい」と思いがちです。

● **情報提供の機会を増やし、見通しを改善する**

メンバーの自律的な活動を期待するなら「思考の材料としての情報」を、分かりやすく提供する必要があります。メンバー全員を経営のパートナーだと考え、会社の置かれた状況をみんなに向かって発表する感じです。

手間をかけて社内全体の状況を説明する経営者は、メンバーを信頼していることが伝わります。すると姿勢が整っていく。自分たちなりに考えていかないとな、という気持ちがメンバーにも生まれてきます。

取り組みとしては大きく2つ。**これまで「組織が現在置かれている方向性や状況を言語化する」習慣が全くなかった場合は、まず言語化**です。
次に、**朝礼、週次の定例会議、月例会議、メンバー同士の日報**などで、会社全体の動向を共有し、見通しの良い会社にしていきましょう。

方針を言語化する

コマースデザインのコンサルタントが支援して、言語化が苦手な経営者が1カ月で解決した事例を紹介します。社長は普段から「こういうことをやりたい・こっちに進みたい」と力説していますが、現場は「確かにそうだ」と思うもののはっきりしないため、動けない状態でした。その原因は、社長が伝える「情報量」にありました。**「たくさん喋れば伝わる」**と思う

かもしれませんが、**情報量が多くなるほどピントがぶれて、話が分からなくなっていたのです。**

「Aの話が大事」「BとCが大事」という話の後で、「あとEとFもあってさ、そういえばGの話が」とどんどん増えています。**下手に動くとやり直しになりそうなので、現場は様子見になります。**

これを知ったコマースデザインのコンサルタントは、インタビューして、文字にしました。これを**社長自身が見て「自分の話は随分散らばっているな」と気づきました**。次に、今現場が何を考えているかも文字にしました。現場から社長への説明も同様に散らばっていました。

書き出したものを眺めると、**社長の頭の中は中長期の方向性が多く、現場の頭の中は「足元の仕事の非効率を解消する」話が多い**と分かりました。例えば棚の配置が分かりにくいので出荷場のレイアウトを変えるとか、CSテンプレート強化など、社長のやりたいこととギャップがあります。

これをお互いに見て、「ここどういう意味ですか？」「どういうことなの？」と、お互いに質問し合い、「そうなんだ、そういう状況なんだ」「なるほど、社長はそんなことを考えていたんですね」という風に、お互いに理解し合うことができました。

この状況をコマースデザインでは**シンクロ**と呼びます。**ひとたびシンクロすれば、コミュニケーションはスムーズ**になります。社長は○○が最優先だと分かるので、現場はそこに向けて迷いなく実行できる。没頭して行動し、実現するという状態になりました。

一方で現場側は「こういう緊急の案件があり、確かにこれが終わらないと他のことができないよね。だから、今月ではなく再来月からやることにしませんか」といった、社長への打診・調整ができるようになりました。

このようにお互いに理解ができると仕事がスムーズに進みます。**毎日一緒にいても、案外分かりあえていないものです。口で言って終わらせるのではなく、文字にすることが突破口になるかもしれません。**

▎社内動向の共有機会を増やす

● **毎週の朝会・毎月の締め会（全体発表）**

　社内イベントで情報共有します。今の業績はこんな推移で、各部署こんな感じで、売れ筋商品はこうで、問い合わせはこういう傾向、最近届いた「お客さんの声」はこちら……という話を、社内のメンバー全員に発表します。

　「健全なプレッシャー（法則44）」の観点から、**発表者は各部の担当者にやってもらうのが理想ですが、情報を提出してもらって、リーダーが説明するのでもよいでしょう。**自分と直接関係がない部署で何が起こっているかを共有され続けると、次第に会社全体の状況について詳しくなり、連携の土壌が整います。

　口頭だけではなく、**印刷して配布したり、画面を投影するなど、ビジュアルを活用**しましょう。この際、ECバトンリレー図や役割一覧（業務分掌）を使って、自身の業務（部署）がどことどうつながるのかが、普段から伝わっていると理想です。そうすれば、見当違いの進み方が減ります。

　年1回あるいは半期や四半期に1回のイベントとして、メンバー全員への経営方針発表会を行う会社も多いです（法則64を参照）。

● **毎日の「日報」**

　日報とは、**各メンバーが1日の終わりにその日の業務内容を書き出して、社内チャット**などで配信します。上司宛ではなく、社内全体に流すのがお

勧めです。たくさん届くので、みんな流し読みになりますが、それで構いません。日報の目的はいくつかあります。

- 本人にとっては、自分の仕事を振り返る方法であり、整理するのに役立つ
- 社内チャットの日報部屋で社内メンバー全体に対して流れる形にすると、他の人がどんな働きをしているかが分かる
- 情報が増えることにより横の連携がスムーズになる効果が期待できる
- みんながそれぞれ頑張っているので、自分も頑張ろうという健全なプレッシャーが発生する
- 良い成果が出た時は称賛したり、困っている時はみんながサポートしたり、助け合いが自然発生する
- 上司は、メンバーのコンディションを把握しやすくなる
- 特にリモートワークのメンバーがいる場合は必須

運用においては、定時に書く習慣が大切です。日報を書いて送信することをタイムカード代わりにするなど、日々のルーチンに埋め込みましょう。このように、**独房のような職場から、明るくガラス張りの職場にすることで、お互いの様子が見えて、自然な連携と助け合いが発生する**はずです。

「人が育つ環境」を作るには？

　初心者のメンバーが「中級者」になるには、どう成長するとよいでしょう。
　日頃、多くのリーダーから、正解がないと動けないメンバーが多い、という相談を受けます。ただ、EC業界は、アルバイトなど全くの未経験で入社し、大活躍してマネージャー・経営者になった人も多いんですよね。何が違うのでしょうか？

　2種類の人材を紹介します。
　Aタイプは、上司の意向を汲みすぎる傾向。「成果より正解を優先する」姿勢なので、成長が遅い。お墨付きのある仕事は「ちゃんとやった」と社内で認められやすいので、コスパの良い働き方のようですが、力がつかないので長期的にはコスパは悪いのです。
　Bタイプは、上司の意向より「成果」に興味があります。仕事の構造をよく見て、仮説を立てて色々試します。自分の頭で考えるのはよいのですが、周囲との軋轢が生まれて、しかも「自分のほうが正しい」と思い込んで、全体のパフォーマンスを下げる場合があります。

　どちらのタイプにも成長課題があります。Aタイプは、正解依存を吹っ切って、Bタイプの姿勢を取り入れることが必要です。Bタイプは、口先だけでなく成果を出せるようになった上で、「上司と組織の意向」を深く理解・連携できれば、良い人材になります。
　そのためには「目の前の仕事」だけで視界を狭めず、EC事業の流れを理解しましょう。上司に頼らずとも正解が見えてきます。次に、多くに疑問を持ち、社内外誰でもに質問する習慣をつけます。幅広い情報が、判断力を高めます。
　あとは「ピンチとチャンスの場数」が増えると、良い意味で「リミッター」が外れ、挑戦が怖くなくなり、成長体質になっていくはずです。

戦略編

長期的に成長するための、戦略的な考え方を紹介。自社の強みを見極めて、商品戦略・店舗戦略・企業戦略を順番に実施します。

強みに投資し、魅力的な商売を築く

　EC戦略は、自分たちの勝ちパターンを振り返り、価値を生み出している「強み」を自覚することから始まります。お客さんにとって魅力的で、自分達らしい商売をしましょう。マンダラ図では、土台となる構造「ブラックオーシャン戦略」から始まり、順に商品戦略・店舗戦略・企業戦略を解説します。

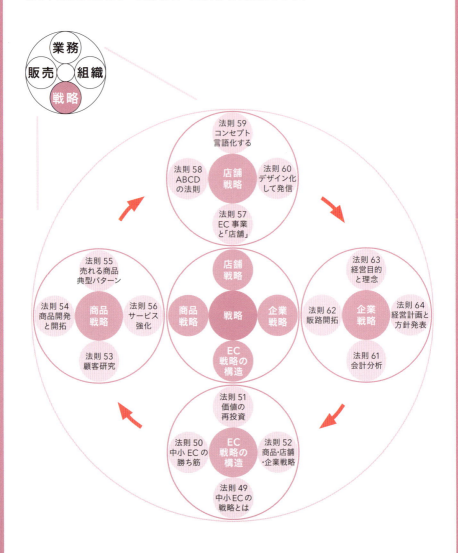

※マンダラ図は、特典からダウンロードできます（16ページ参照）。

法則 49 戦略とは「理想設定」＆「実現計画」

ここではEC戦略の構造について解説していきます。本書では、小さな会社で実現できる範囲の「身の丈サイズの現実的な戦略論」を重視します。具体的には、収益や成長以外の要素を含んだ「理想状態」を設定して、段階的にその実現を目指します。

中小事業者は「主観的な成果」も大切

　そもそも「戦略」とは何か？　人によって定義は様々ですが、この本では、「理想の実現」と定義します。

　もう少し丁寧に言うと**「理想状態（ゴール）」を設定**して、**「段階的に実現していく」**ことです。理想実現への道筋をまとめたものを「経営計画」と呼びます。そのため戦略は2つの要素に分解できます。**1つは理想状態の設定、もう1つは実現への計画**です。この2つについて説明します。

　まず理想についてです。「理想状態の設定」は、企業や事業がそれぞれに決めます。**経営を「理想的」にするためには、収益は重要です。じゃあ儲かってさえいれば理想的か？　違いますよね。**いくつかの要素があるはずです。

　例えば数字だけではない**「主観的な成果」**も大切です。「市場規模は小さくても競争が少なくて業績安定」「お客さんが喜んでいる」「スタッフもそ

れが嬉しそう」「最先端に関わっている」「地域の○○に貢献できている」「取引先との良好な関係性」「自分の興味」など、主観的な成果は定性的で、人によって異なります。

上場企業は株主から成長を期待されていますが、我々中小の理想は、ちょっと違いますよね。**小規模のオーナー経営なら、仕事人生が幸せであることが大事だし、地域に根ざした企業なら地域や従業員、取引先がハッピーになることが大切**でしょう。

コマースデザインで支援しているある企業の社長さんは、EC仲間の方々からよく羨ましがられる人なのですが、やっぱりバランスが良いんですよね。シェアが高く競争に巻き込まれていない、体制が身軽でほどよく商品が少ない、粗利が高い、リピーターが多い、メディア露出も地元の応援も多い、ご本人もなんだか飄々としつつも落ち着きを感じます。つまり「良い感じ」です。**高尚すぎたり身の丈を超えた理想ではなく、自分にとっての「良い感じ」を考えてみる**とよいでしょう。

自分にとっての「理想」を考える

「理想状態」については、皆さんそれぞれに違うイメージをお持ちだと思います。私たちがECコンサルティングを通して目指すのは、支援先の企業が、以下のような状態になることです。

まず「ペダルを漕ぐと前に進む実感」がある。日々の仕事が結果につながっている。イメージとしては、お店の人が「この季節にこの魚を仕入れたらお客さんはこういうふうに喜ぶだろうな」と信じていて、お客さん側も「この時期にこの店に行ったら、素敵な料理で満足できるだろう」と相

互の信頼がある。お客さんから支持されていることで、**「意味のある商売をしている」実感がある**。筆者の経験では、中小事業は、**中の人が「気分良くやっているか」というのがとても重要**だと思います。

　そうなるためには、**ある程度の「独自性」が必要**ですね。法則1で紹介したように、ネットでは簡単に徹底的に比較ができます。**競争を避けるためには「比べられない／比べにくい状態」が必要**です。ちょっとした違いでもいいんですけど、独自の立ち位置、キャラ立ちみたいなものを確立すれば、独自性で競争に巻き込まれなくなります。

　ただ、自分やスタッフが身を削りながらやっていると、なかなか続かないですね。労働時間には限界がありますから、自分が無理しないで、スタッフの方も無理しない。お客さんを騙していないし、満足してくれる、誰も犠牲にしない・無理がない**「継続性」**も必要。知恵と工夫です。

　私たちはこの3つを、**意味性・独自性・継続性**と呼びます。私たちの考える「中小ECの理想状態」です。

現実的な「実現」について考える

　「理想」の次は、「実現」についてです。商売には競争の側面があります。**大手が便利で安い商品を出しているのに、中小でどうやってそんな理想を実現するのか**。そこには、販売編でも紹介した「キャラ立ちと棲み分け」の観点が必要です。

　お相撲さんが体を大きくするのは、競技特性上、大きいほうが有利だからですよね。古い会社の規模が大きいのも「コスパの良い商品を生産し流

通させるという事業特性」のため大きくなった。でも、**お相撲さんが長距離走に不向きなように、何かを磨くと、何かが鈍ります**。例えば大手は、尖った商品を一部の客層に売っていくということが、そもそも不向きです。尖った商品を少量生産して直販するならば、そもそも「大企業になる必然性がない」からです。

　従来型の商売では、コンビニやスーパーの棚に商品を並べ、多くの人に買ってもらう必要がありました。つまり大手は「コスパの良い商品をたくさん流通させる」パワー戦術のために「体が大きくなった」。体が大きくなると、パワーゲームには強い。**「パワーで勝つために体を大きくした」のが大手**です。

　しかし、体が大きくなると、稼がなければいけない金額が大きくなります。構造的に「小さくて尖ってる」ことをしづらくなります。大手は「激戦区で勝って稼がねばならない」という宿命を背負います。

　ということで、**大手は大手にふさわしい、大手に向いたフィールドがあるし、我々中小にも、中小に向いたフィールド**があるのです。これは優劣ではなく、特性の違いです。

　そう考えると、大手と中小は、「恐竜と哺乳類」のようなものだと言えるかもしれません。図体の大きい恐竜より食べものは少なくて済むし、エネルギーの燃焼効率が良く、小回りがきいて、環境適応能力が高い。まさに中小の理想。恐竜が争っている脇で、我々は小さく賢く、上手に立ち回り生き残っていきたいものです。

　ここまで抽象的なお話をしましたが、次の法則50では、「大手と中小」の特性を踏まえた、**中小が売れ続けるための方法**について紹介します。

法則 50　中小ECの勝ち筋「ブラックオーシャン戦略」

> 販売編でご紹介したように、我々はプラットフォーム上で常に比較をされています。当然、資本力に勝る大手とも比較されており、その上で自店が選ばれるのは難しいと思いますよね。でも、中小が大手に勝つパターンは多く存在します。

中小ECが選ばれるパターン

● サービスで選ばれる

まず「サービス」。とある専門店ネットショップは、Amazonに圧勝しています。なぜなら結構デリケートな商品なので、お客さんがやっぱり便利なだけじゃなく専門店で買わないとだめだと反省しながら、自店舗に流れてくるのだそうです。**専門知識のあるスタッフの応対と店作り**で、信頼を獲得しています。

● 品揃えと在庫で選ばれる

次に「品揃えと在庫」。必要な商品を検索したら、取り寄せ状態で届くのが遅いということはありませんか。例えば、有名な家電はどこにでも置いてありますが「換えのパーツ」はあまり在庫がありません。**大手は意外と「細かい商品の在庫を持たない」**傾向にありますから、中小でも在庫をほどよく持つと選ばれるようになります。価格競争も起こりません。もちろん**当該ジャンルの専門家として、MDの力量が問われます**。

● **特別感・安心感で選ばれる**

次に「特別な買い物」。子供向けの商品や、ギフトを買う時は、「とにかく激安の店！」という買い方はしないものです。**「何かとても大切な買い物」であるならば、お客さんは、多少の安さよりも「安心感を重視する（失敗リスクを避ける）」「ちゃんとした専門店で買いたい」**気持ちになります。また、その過程で相談したくなった場合に頼れることも重要です。

● **「特化した買いやすさ」で選ばれる**

次に「買いやすさ」。商品の特性やトーンなどシンプルに自分に合った「一定のフィルタに合致する商品だけが並んでいる」という専門店は、**ノイズがなくて、快適な買い物体験ができます**。色柄やサイズのバリエーションの豊富さは逆に選びにくさであるとも言えます。現代のECは「なんでもある」よりも「フィルタがかかっている」ほうが魅力なのかもしれません。

● **王道でない選択肢で選ばれる**

次に「王道でない特別感」。安くて便利なお店はありがたいですが、毎回同じだと人間飽きてくるものです。せっかく色々な商品があるので、たまには「定番」以外も試してみたくなります。長い人生ですから、趣向を変えた他の楽しみ方のための「選択肢」も必要ですよね。そんな時、**少し王道を外した「意外な選択肢」として、プチ贅沢や特別感のある商品**を提案されると、選んでみたくなるものですよね。お取り寄せの感覚でこれらはECとは相性が良いです。

ニッチ市場は意外と広い

「いや、ニッチ市場はすぐに天井が来る。市場規模が小さいから成長限界が早い・もっと大きい市場に進出しないと！」という意見もあると思いま

すが、実は**ECではニッチ市場の成長余力は大きい**のです。逆に、市場の大きなジャンルは、全日本安売りコンテスト級な「過当競争」になりがちです。

ECでは「全国に点在する需要」が集まってくるので、それなりの規模になります。例えば「カメレオン用品の専門店」があるとします。実店舗だと周囲にカメレオンを飼っている人がいないので成り立ちませんが、ECなら「カメレオンの専門店なかなかないよね！」と言いながら全国からお客さんが集まってきます。**「実店舗が近所にないからこそネットで検索してお客さんが流れてくる」**わけです。

小さい市場だからシェアが取れる。シェアが取れれば引力が発生して、カメレオン仲間での口コミも発生しやすい。逆に、一般的な「ペット用品なんでも揃う店」は、競合が強すぎて大変。

焼き魚はひっくり返すと食べられる箇所がありますよね。「ニッチだけど新規開拓がうまくいく」人は、天井が近いなどと心配する前に、**焼き魚裏側**（＝既存のフィールド）を丁寧に食べます。表も裏も食べてから、慎重に次の魚に手を伸ばしているように思います。

図50-1　ニッチだけど儲かる市場

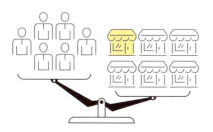

特化体制で戦う「ブラックオーシャン」戦略

　以上のように、中小ECでも十分「大手に勝てるパターン」はありますが、**実行体制を作らねば、絵に描いた餅**です。

　参考になるのが生物の生存戦略です。鳥は飛べるが、走れない。ダチョウは走れるようになったが、飛べなくなった。ペンギンは泳げるようになったが、走れないし飛べない。彼らは「特定の環境に最適化する」形で進化します。

　企業も同じで、**何かを捨てないと戦略は作れません。**例えば大手は、個性的な商売がしづらく、尖った中小のほうが「変な企画」をやりやすい特性があります。大手は「普通の商品を効率的に販売するオペレーション」を磨きますが、**尖った中小は「変わったことに専門特化したオペレーション」を構築します。**例えば「変な企画商品」を得意とする某社は、圧倒的な企画力で大手からのコラボ依頼がよく来ます。

　このように**中小事業者は、自分たちの商売のジャンルを決めて、そこに特化した体制を作ることが大切**です。ここで、コマースデザイン独自の考え方として、「ブラックオーシャン戦略」という考え方を紹介します。

　前提として、「レッドオーシャン」と「ブルーオーシャン」という考え方があります。レッドオーシャンとは、競争が激しい市場で、ブルーオーシャンとは、まだ競争が激しくなっていない市場。競争が激しくない市場を見つけて商売することを「ブルーオーシャン戦略」と言いますが、そんな市場は、時間と共に必ず競争が激しくなります。

本気になった大手は、中小よりスピードが速いので、我々はブルーオーシャン戦略だと厳しい。そこで紹介するのが「ブラックオーシャン」です。ブラックオーシャンとは何かというと、「深海」です。暗くて生きづらい環境です。生存しづらい、やりづらい、面倒くさい環境です。好き好んで暮らす場所ではありません。だから普通の魚は入ってきません。

　しかし、多くの深海魚が、何億年もの間、絶滅せずに生き続けています。それができたのは、難しい状況でも生きられるように「自分を鍛えた」からです。深海の水圧や見通しの悪さのような「住みにくさ」を克服した。**競争を避ける代わりに、「生存困難な環境に適応する」という、より難しい仕事を己に課した**と言えます。

　「大は小を兼ねる」ということわざがありますが、こと商売においては「杓子は耳かきにならず」という側面もありますね。つまり、大きいものが小さいものを兼ねられるとは限らない。**中小は尖った場所のほうが生き延びやすいので、そこを狙っていきましょう。**

　そのためにも、「ここは自分たちの領分だ」という場所を探しましょう。大手が入って来られないぐらいに、自分たちを鍛えましょう。そうすれば、競争を回避できます。いかに実現していくのか、法則51で紹介します。

> **ワンポイント**
>
> 「戦略」は面倒です。昔のECは、みんなが同じようなことをやり、ひたすら数を回すと成長する。みんなが右肩上がりで伸びて、多少甘い雑な経営でも成長がすべてを覆い隠していました。シンプルで効率的でしたが、今は時代が変わって、面倒になりました。でも実は、「昔より面倒な一手間をかけるかどうか」が、成否を分けているように思います。むしろ、「面倒な一手間」をかけるほうが、結局ラクで、実は効率的という感じがします。

販売編　業務編　組織編　**戦略編**　EC戦略の構造

法則 51 | 中小ECの成長ループを作る「価値の再投資」

ここまで、中小ECの理想状態やブラックオーシャン戦略について考えました。それを、提供価値として実現するためには「投資」が必要です。ここでは投資という考え方と「何に投資すべきなのか」について説明します。価値を上げることで、競争力や価格を高められます。

「価値を上げる」と、利益が増える

付加価値について考えてみましょう。

- 売る側は、価格と「原価」を比べて、「利益」を判断する
- 買う側は、価格と「価値」を比べて、「値ごろ感」を判断する

価格以上の価値を「付加価値」と言います。価格以上に「価値」が高いなら、お客さんは、値ごろ感を感じて商品を買いますよね。

次に、図51-1を見てください。
お店が、売上を伸ばしつつ儲けるにはどうしたらよいでしょうか？　「原価を下げる」と「価値を上げる」の2つしかありませんよね。それぞれ努力が必要ですが、多くの事業で、後者の「価値を上げる」ことに大きな余地があるようです。短期的に取り組めるのは、以下の2つです。

短期的には、商品情報をうまく伝えて「価値を高く感じてもらって価格

図 51-1　価値以上の「付加価値」を作る

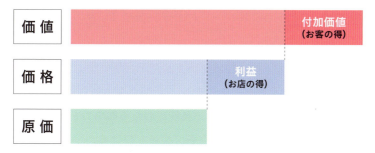

を上げる」ことができます。写真など商品説明の工夫で、良さが伝わると高く売れます。無駄を省いて原価と価格を下げても、値ごろ感は高まりますね。ただ、**短期的にできてしまう工夫は、長期的な競争力とはならない**のも事実です。

「長期的に、安定して付加価値が底上げされる」状態を作るために有効なのが、**「投資」**です。手間とお金をかけて、ブラックオーシャン（法則50）的な体制を作っていきます。

体制というのは、例えば、他社に扱えない商品を仕入れ加工する設備、売れるからこその大量仕入れによる原価低減、メーカーと市場を理解して上手に立ち回るMD・顧客心理を知り尽くしたSF・イレギュラーや波動に耐えるBYなどの人材。「ネットで○○商品といえばこの店」というレベルの知名度とブランド等々……。

これらは短期では築けませんが、コツコツ取り組めば、中小でもできる投資です。**コツコツと培われた力は、他社の心理を圧倒し「ここと戦うのはやめておこう」と思わせる抑止力があります。**そんな抑止力を作るためには**「投資」が必要**です。

今の利益から「未来への投資」をする

　短期的な利益確保で頭が一杯になっていませんか。今少しでも利益を上げるための工夫も大事ですが、短期的に作った利益を投資に回す習慣も必要です。短期的な売上・利益ではなく**「長期にわたる競争力と安定収益」を望むならば、利益や時間の多くの割合を「投資し続ける」**ことです。利益の一定以上を常に投資にあてていきます。

　短期施策で生み出される利益は、いわゆる「タネイモ」です。食べるためではなく、植えて未来に向けて大きく育てるための原資と考えます。だから食べてはいけません。

● **成長と再投資のループを回す**

　余剰利益を投資できるようになると「成長ループ」が始まります。つまり、成長して得た利益を「再投資」する。すると成長する。また再投資する。これを繰り返して、時間と共に成長していく企業体質ができあがります。

　儲かる市場には次第にライバルが増えてくるので、だんだん儲かりにくくなるのが世の常です。年々ライバルは増えるし、おそらくライバルも投資をします。ライバルが投資して、自分が投資しない場合、パッと見は変わらなくても、時間と共に年々差がついていきます。いったん大きな差がつくと、短期的にはひっくり返しようがなくなってきます。

　そのためにも、**儲かるニッチ市場を見つけて儲かったら、次の段階としては、大手が攻めてきても平気なように、早く、あなたの「砦」を築き上げましょう。**

●「税金だと思って」投資する

　市場は常に変化し設備も経年劣化します。「現状を維持する」ために、平和な状態を保つために、「継続的な投資」が必要です。一定の利益は現状維持のためにも、必ず投資に回す必要があります。社会を維持するために税金が存在するのと同じです。

　さしあたって**目の前の仕事が「回ってるからOK」ではなくて、余剰の時間や利益を捻出して、それを浪費せず投資する**ことが大切です。

「投資対象」の見極め方

　投資すべきは「価値の原動力になっているアセット（資産）」の強化、もしくは「ボトルネック」の解消です。

● アセット強化への投資

　法則52や58で紹介しますが、**「アセット」とは価値を生み出す資産**です。洗練されたオペレーション、生産設備、取引先との関係性、特定テーマでの深い経験、地域ブランド、歴史の長さ、知的財産、資格、人脈、評判、土地代の安さなど、捉え方次第で様々なものが自社のアセットとなります。例えば八丈島という立地は、不利にも強みにもなります。「一人経営の身軽さ」も同様です。例えば、「パッケージデザインの魅力」で支持を集めているギフトのお店であれば、そのデザイン能力を高めることが投資対象です。

● ボトルネック解消への投資

　逆に**「ボトルネック」とは、足を引っ張る要素**です。全体のスピード感を下げている要素を意味します 。例えば、デザインは魅力となっている

がオペレーションが破たんしているサイトであれば、デザインがアセット、オペレーションがボトルネックですね。

販売能力は高いが生産速度が遅い、CSが弱い、在庫管理ができてない。利益が見えてない、などなど。リーダーがオペレーションに関与しすぎていて、「リーダーの忙しさがボトルネック」というケースも多いですね。

SNS活用やコンテンツ発信で有名なあるお店の社長さんいわく「新しいことをする（アセットを伸ばす）には、まず先に普通のEC業務の効率化が重要（ボトルネックの解消）」とのことでした。ボトルネック解消は、マイナスをゼロにするような話で、独自のものにしたり飛びぬけて秀でる必要はないので、成功率は高いと思います。

● 手探りでの進め方

これだ！ という明らかな箇所が1つ見つかってそこに全力投資するのは分かりやすいですが、本当かどうかは分かりませんよね。どれが当たるか分からないので、**最初は分散投資（色々試す）して、どれかがヒットすれば、掘り下げていきます。**

なお、新領域へのチャレンジは、「決裁権を持つ人が自ら行う」ことが望ましいです。担当者が都度報告したり決裁を仰いでいると時間がかかりますから、決裁者がトライアンドエラーを繰り返すほうが早い傾向です。ある程度売れた後は、過去のパターンでマニュアル化できます。

次の法則52からは、戦略的な投資ということで アセットへの投資についてお話ししていきます。

法則 **52**

EC経営戦略の実施順序
（商品戦略・店舗戦略・企業戦略）

本法則では、EC事業の経営戦略として必要な3つの戦略を紹介します。具体的には、「商品戦略・店舗戦略・企業戦略」という順番です。一般的には企業戦略から始めがちですが、本書では、商品戦略から始めることをお勧めしています。

「商品戦略・店舗戦略・企業戦略」の3つについて

法則49で、戦略とは「目指す理想＋実現計画」とお伝えしました。日々の混沌とした状況では、すぐに先が見えなくなりがちです。そのため、まずはこれに取り組むぞ、1個1個乗り越えればゴールに近づいていけるぞというロードマップとしての「実現計画」が必要です。

本書では、EC事業戦略を以下の順番で紹介していきます。

1. 商品戦略：個々の商品が「どのように選ばれているか」を理解し、「商品」に投資する
2. 店舗戦略：「顧客満足を生み出しているアセット」を理解し、「店舗全体」に投資する
3. 企業戦略：上記の状況理解と今後の方針を社内外に伝えつつ、「企業全体」に投資する

一般的には、戦略は、まず企業全体での一貫した戦略が定義され、それが店舗や個々の商品に降りてくるというトップダウンの性格を持っていま

す。しかしこれは「現実を理解していない画餅」になりやすい傾向があります。なので、**あえて「成果の出やすい商品戦略」**から、まずはボトムアップで取り組むことをお勧めしています。

商品戦略
（顧客理解、商品の転用、商品の開発、商品の拡充）

　結局のところ、ECの主人公は「商品」です。売上は商品によって成り立ちます。だから、商品を戦略的に拡充・更新（場合により削減）していく取り組みが、EC事業戦略の土台となります。これを商品戦略と言います。

　商品戦略の土台になるのは、販促と同じく**顧客への高い理解**です。なので、まず販促と同じく、つまりダレナゼ（法則3参照）を「把握する顧客理解」から取り組みが始まります。

- 主要商品において「今自分たちを選んでくれている顧客」を深く理解
- MDとSFがレビューや売れ行きに、CSは問い合わせに注目

　まずは、主要商品から、1つ1つ考えていきます。**パターンが分かったら、顧客理解に基づいて、既存商品をバージョンアップしたり、新しい商品を仕入れたり、既存商品を新しい用途に転用することを考えたり、新商品の販売**などの動きができるようになります。法則53以降で紹介します。

店舗戦略
（自己定義、ブランド、デザイン、販路拡大）

　1つ1つの商品の選ばれ方が分かってくると、お店全体のありようが見えてきます。我々は何の店なのか、どういったお客様に対して何を提供す

る存在なのかが定まってきます。

　自店舗の勝ちパターン、つまり**再現性のある「選ばれ方の勝ちパターン」**を理解して、それを磨いていきます。個人に例えると、まず**「日頃から発揮できている才能」を自覚して、その上で努力する**ということです。

　自店舗が何者であるかを自覚し、自らを再定義して、ブランディングへとつなげていきます。この取り組みを、**「ABCDの法則」**と呼びます。

● Asset→Benefit

　まず**自社の「提供価値・満足（Benefit・ベネフィット）」は、何かしらの「Asset（アセット）」が生み出しているはず**。その勝ちパターンを自覚します。アセットに対して自覚的・継続的な投資を続けて、強みを伸ばし続け、競合他社との差別化を図ります。

● Benefit→Concept

　アセットがベネフィットを生み出す**「強み構造」**を明確にし、特定の顧客層・商品カテゴリを定義します。店舗がどの市場で競争するかを決定し、**Concept（コンセプト）として言語化**します。

● Concept→Design

　コンセプトを、ビジュアル化したDesign（デザイン）へと変換します。これらを継続発信していくことで**ブランディング**をします。コンセプトが世の中に伝わるように、統一感のあるデザインで繰り返し発信をしていきます。

　この一貫性を持った取り組みにより、アセットへの投資を行い、ベネフィットを高め、論拠を持ったデザインを使って、見た目だけではないブランディングができます。法則58以降で紹介します。

企業戦略
（設備、教育、理念、経営計画）

　企業戦略は、先に示した商品戦略、店舗戦略を先々まで**「一貫性を持って徹底する」**ための体制づくりです。

　製造から出荷までの**業務フローを整え、人員配置**を行います。どの部門も一律に効率化するのではなく、特に弱いところや伸ばしたいところに力を入れていきます。

　企業の理念を定めて**経営計画を通じて、企業全体の強みを明確**にし、それを社内に伝えて、社内リソースのベクトル分散を防ぎ、経営の一体感を作ります。また、社外に伝えることで、企業への好感度を高め、社会からの支援を得ます。

　計画的に整えていくことで、お店の存在感が世間に伝わり、応援してもらえるようになります。「あの会社はこういうことを大事にしているよね。こういう特徴があるよね」と、周りから覚えてもらっている会社になります。

　価格や速さ、品質だけで比較される商売から、応援されるような商売へと変わっていくはずです。法則61以降で紹介します。

> **ワンポイント**
> 中小の社長さん、特に創業社長にすごく多いのが、これをやろう、新商品を作ろう、コンテンツを作ろうなどと横に広げていって、どれも終わらないという展開です。戦略を絞ると、エネルギーが集中するので、逆にどんどん進んでいきます。

法則 53 顧客の解像度を高め、打ち手を生み出す「顧客研究」

ここから**商品戦略**の話です。「より深い顧客理解」のためには「顧客研究」をしましょう。レビュー分析・アンケート・モニター調査などで、お客さんへの理解を高めます。すると、進むべき方向がクリアになり、商品戦略や店舗戦略の検討がスムーズに進みます。

顧客研究で「見通し」が良くなる

ECは、データが取りやすい一方で、お客さんと直接対面する機会が少ないので、**「商品の売れ行き」には詳しいのに、お客さんが「なぜその商品を買っているのか」については鈍感になる**傾向があります。

これはアンバランスですよね。商品を企画したり、新しく仕入れるには、お客さんの比較基準や用途への「高い解像度」が必要です。そのために取り組むのが「顧客研究」です。お客さんの姿が見えて、以下の効果があります。

● 「購入シーン」への理解が高まる

ゴルフ用品店で買い物をするのはゴルフをする人です。しかし、ギフトでゴルフ用品を買う人は**「ゴルフの予備知識が全然ない人がギフトを選ぼうとして悩む」**シーンがよくあります。典型は父の日プレゼントです。そこで、「ゴルフをやる人に鉄板のプレゼントはこれです。なぜなら……」と伝えると安心して買えるようになります。

このように「何が売れているか」だけでなく、「どのように買われているか」が分かれば、断然売りやすくなります。

● 「必要スペック」への理解が高まる

例えばスマホのモバイルバッテリーは容量が多いほど良いと思われがちですが、実は超小型で軽量なほうが喜ぶ人もいます。つまり、**機能を抑えたほうが、実はお客さんの生活シーンにフィットする**場合が案外よくあります。いわば**「ハイスペックよりライフフィット」**です。これが分かれば、商品開発の精度が上がります。

● 「アピール優先度」への理解が高まる

例えば、レビューを分析して**「お客さんが褒めている箇所をアピールして、反応のないアピールを下げる」**という調整をしただけで売上3倍になったケースがあります。母の日商品で「母が花の大きさにびっくりしてました」というレビューを見つけ、「お母さんを驚かせよう」という訴求に変更して転換率が倍増したケースもあります。

このようにお客さんへの理解度が高まれば、打ち手が一気に広がるし、今後の商品戦略の精度も高まるのです。

顧客研究の具体的な手法

顧客研究のための手法としては、レビュー分析、メルマガ／LINEアンケート、モニター調査、個別インタビュー、来店キーワード分析、問い合わせ傾向分析などがあります。

● まずレビュー分析で「選ばれた理由」を知る

　商品を買ったお客さんの**レビューを分析すると、なぜ買ってくれたかが分かります。**生成AIを使うと早いです。レビュー文面をコピーしてAIに入力し「傾向を分析して」と伝えるだけですぐ結果が出ます。

　分析すると、例えば「この商品の用途は弁当のおかずで、お子さん用が多く、無添加で体に良さそうという評価です」などと分かります。これをキャッチコピーにすると「子供用の弁当に人気！　その理由は美味しくて無添加」となります。レビュー分析を習慣化すると、目に見えなかったお客さんの姿が徐々に明らかになってきます。

● アンケート分析で「知りたいことを知る」

　レビュー分析である程度ダレナゼの仮説を立てて、**足りない部分はアンケートで質問します。**レビューで分からなかった具体的な用途や購入理由、購入時の比較基準（「何と比べましたか？」など）を詳しく聞きます。メルマガやLINEでもアンケートができます。

　例えば「お子さんは何歳ですか？　弁当のおかずは何が人気ですか？」といった質問をして、ヒントを集めていきます。

　意外と回答率が高く、返信が何十件来るのもザラです。思っている以上に、皆さん、自分の思いを教えてくれるものです。

● モニター分析で「新商品の魅力を知る」

　未発売の新商品や、売れていない商品は、**レビューがないので「モニターを募ってアンケート」**します。やり方は、依頼相手に「聞きたいことをまとめたアンケート用紙」と商品サンプルを渡して、お願いするだけです。

　以前、某ダイエット入浴剤についてモニターを実施したところ、痩せま

したいう人は全くいませんでしたが、「すごく汗が出た・ポカポカする」という声が多数あり、これを使って、ダイエット向け入浴剤という商品訴求を中止し、「汗が出る入浴剤」訴求へと切り替えたところ、レビュー数千件の人気商品になりました。

●「個別インタビュー」で、ライブ質問をする

例えばハムスター向け商品を作るチームのメンバーが、ハムスターの**ブログを読んだり、飼い主にインタビューをしてみたり、ハムスターと一緒に暮らしてみたり**します。そういった経験を積むと、お客さんとおしゃべりがしやすい状態になります。

その上で、アンケート回答者の中から、これぞという人に対して「薄謝ですが○○についてお話を伺えませんか？」などと声をかけます。アンケートでは分からない、深い経緯が分かります。Zoomなどオンライン会議が浸透したので、以前に比べ、やりやすくなりました。

●「来店キーワード分析」と「問い合わせ傾向分析」

SF担当が普段見ているアクセス解析で、来店につながった検索キーワードをざっと見て、グルーピングしていくと、傾向が見えます。BY担当に届く問い合わせ内容も傾向分析に最適です。お客さんから届く質問内容は、困りごとや興味を表しているからです。

MD担当は商品動向やメーカーや市場の傾向を知っているはずです。**各部署に集まっている情報を寄せ集めると、どんどんお客さんの姿がクリアになってきます。**

「顧客研究結果」を社内で議論する

チームで顧客研究に取り組むと、感覚が磨かれて、商品企画や販促施策や各種コンテンツのアイデアが出ます。

いったんセンスが身につくと、「お客さん側から見たら、これは分かづらいよね」「この言い方のほうが良いのでは」など、商品ページや店舗全体についても、**指示待ちにならず「自分の意見」を持てる**ようになります。

こういった感覚が身についた後で、商品企画や店舗全体のコンセプトの検討に入ると、空回りが少なく、スムーズに仕事が進み、**チームとしても成長できます。**

ワンポイント

レビュー分析は商品単位で見ていくので、手間はかかります。最初は上位商品や注力商品を中心に取り組みましょう。メーカーECなどで商品数が少ない人は、深掘りして分析する価値があります。ただ、商品がたくさんある場合でも、上位10商品程度を見ていくと、「だいたい同じだな」と傾向が分かってくる場合もあります。

法則 54 EC戦略としての「商品企画」と「商品開拓」

> メーカー型ECの「商品企画」と、仕入れ型ECの「商品開拓」について紹介していきます。どちらのタイプも、現在の商品を売りながら、同時に「新商品について考え続ける」必要がありますが、それぞれの事業特性によって取り組み方は異なります。

ECは、常に「新商品の検討」が必要

ECは、どの店にも「今の売れ筋商品が、将来儲からなくなるリスク」があります。商品が売れなくなるのではなく、**儲かる商品には自然と競合が増えるため、徐々にシェアと共に収益性が下がる**からです。もちろん極力対策しますが、同時に「儲かっているうちに、次の商品に投資をしていく」必要があるのです（法則23参照）。

その対策として、メーカー型ECでは「商品企画」を、仕入れ型ECでは「商品開拓」をすることになります。

スタイルは違いますが どちらの担当者も、日頃からの粘り強い観察でセンスを磨き、**「市場動向と自分の感覚をシンクロさせる」**ことが求められます。

メーカー型ECの「オリジナル商品企画」プロセス

以下、「新商品企画の成功率が高い人」の行動パターンを紹介していきます。

● **多角的・習慣的なリサーチ**

まず、**「圧倒的にリサーチして、企画をたくさん出し、たくさんボツにしている」**。生き残った商品がヒット作になります。リサーチでは、実店舗や街中、展示会、ネット上、ECサイト、各種ランキングなど、自分が扱う商品かどうかに限らず、自ジャンルの消費動向と心理を観察し続けています。

気になった商品は、**自分の生活を通して観察**します。すると「良いけどココだけ不便」「もっと小さい／大きいのが欲しい」などと見えてくるものがあります。**当該商品を「実現するための技術やメーカー」も調べます。**例えば食品の加工機械や名入れプリンタなどです。もちろん「顧客研究」も重要です。

● **厳選して、テスト販売**

次に、**たくさんの観点でアイデアを選別**します。原価・品質・競合・リピート性・メール便など運びやすさ・写真映え・通年売れるかなど。原価を抑えるよう**簡素化・入数削減の調整**もします。実現しそうなら試作し、モニターで検証。

試作で生き残った製品は、初回ロットをごく少なめで製造し、儲けを狙わずテスト販売。イマイチならこの時点でもボツになります。**ここまでで大量のボツ案が出ます。**テスト販売ではクラウドファンディングを使う

ケースが増えました。マージンはかなり取られますが、一定の注文数が蓄積されてから製造を開始する「受注生産」できるのがメリット。「販売目標の◯％達成で一般向けに発売」などと判断します。

　ここまでに紹介した一通りの商品企画プロセスは、「**繰り返し発生するルーチン**」なので、繰り返し取り組み続けることで、**プロセスが磨かれます**。「四半期に1つの新商品を出す」など目標化するとよいでしょう。

● **リリース後の磨き込みと販促**

　商品リリース後の販売は、モール検索順位のために初動で広告を打つこともありますが、**本格的な宣伝は「売れると分かってから」**です。良いポジショニングを取れていれば、ある程度は自然に売れていきます。

　販売開始後は、自社だけでなく**競合商品のレビューを読み込んで継続的に改善**します。商品の改善だけでなく、説明の仕方を改めるだけでも印象は変わります。ECモールは特に各商品が比較されるので、競合の不評なところ（例えば「ボリュームが少ない」）を踏まえて「ボリュームの多さを訴求する」などの調整をします。

仕入れ型ECの「仕入れ商品開拓」プロセス

　仕入れ型ECのMD業務については、業務編でも紹介しましたね。メーカー型のように「1つ1つ商品を狙って作る」というより、**仕入れ型ECでは、たくさんの商品に対し、一斉に仕入れるかの判断をします**。

● **新人MDはまずデータをよく見る**

　これにはデータが重要で、ジャッジは定量的です。年商数十億の店を作っ

たベテランMDいわく、**新人MDはまずデータに学び、徐々に「自分の感覚」を乗せる形で成長する**そうです。以下、「MD担当者の成長段階」を説明します。

最初は、**今扱っているものをきちんと売る**ことから始めます。これまでの商品を販売して売上を伸ばすことを考えます。次に「売れる商品」を仕入れます。ポイントは、自分の好みで仕入れないことです。むしろ**「市場の好みを理解し、自分を合わせていく」**イメージです。

● **自分の判断を言葉にする**

仕入れに際しては、ECでは他店の動向が見やすいので、**検索結果画面や競合分析ツールを使って競合動向や市場規模を判断**します。複数の商品を対象に仕入れ判断をするので、それぞれ売上や利益などの指標でランクを付けて判断します（既存の商品も同様です）。

そして、**なぜ自分はこの商品を仕入れるのかの「状況判断」を言語化してシートに記入**します。この情報は、販売担当者（SF）など社内に共有されます。チームワークのためだけでなく、自分の判断能力を磨くためでもあります。**適当な仕入れは、資金繰りを悪化させますから、1つ1つの判断を大切**にしましょう。

● **慣れてきたら「ひねった商品」も売る**

なお「すでに売れている商品」を扱うと、商品が回転して売上は伸びますが、他店に追随する形なので、利益はそんなには出ません。ただ、MDとしての経験は増えます。逆に、ライバルがいなくても、**需要自体が存在しなかったら参入しても売れない**ので要注意です。

慣れてきたら、「意外と利益が出る掘り出し物」など、ひねった商品を

見つけていきます。「集客力になる売れ筋商品」と「数は出ないけど儲かる商品」を組み合わせて利益を確保します。この判断は、普通にデータを見ているだけではなかなか分からない、ベテラン感覚が生きる領域です。

● **オリジナル商品の開発**

店によっては、小売であっても「儲かる商品」として**オリジナル商品や別注商品を開発**します。大手スーパーやコンビニがPB商品を作るように、売れ筋の類似商品をOEMメーカーで製造したり、メーカーに依頼して別注商品を作ったりすることもあります。こうなると、だんだんメーカー型の商品企画に近づいてきますね。

オリジナル商品は、Amazonなど「JANコードでカート統合される」ECサイトでも、別のJANコードなので巻き込まれなくなるメリットもあります。しかし、本法則で解説してきたように、オリジナル商品でヒットを作る人々がどれだけの労力を投入しているかを考えると、商品企画を安易に捉えないよう注意が必要です。

法則 55 既存商品を「EC向け商品」に変える、通販商品化のパターン

ECはニッチが売りやすい傾向にあるため、商品企画を考える時には「少しズラした商品」で考えるのがお勧めです。ここでは、既存の製品にあまり手を入れず、表現を調整して「通販商品化」する考え方を紹介します。色んなパターンを紹介するので、どれかは使えるはずです。

ECで重要な「通販商品」という考え方

法則1や法則50で紹介したように、ECはニッチな商品が売りやすいという原則があります。**特に食品ECでは、お客さんの近所にある「コンビニやスーパー、ホームセンターで手軽に手に入る商品」は、わざわざ中小ECから取り寄せる理由がありません。**それは大手ECの激戦区です。

だから、そういったリアルの売れ筋よりも「少しズラした商品」がECに向いているわけです。**このような「通販に向いた商品」へと見せ方を調整することを「通販商品化」と言います。**

既存商品を**通販商品化するパターンは以下の4種類**です。順に解説していきます。

- 下にズラす（直取引などで割安）
- 上にズラす（ワンランク上で高級）
- 奥行きでズラす（ストーリーの特別感）
- 専門化でズラす（ギフトなど別市場への転用）

下にズラす（直取引などで割安）

　業務用スーパーのような、訳ありによるお得感を出すのが、ポイントです。近所の工務店に頼むと割高になってしまう「洗面台の入れ替え」などは、ネットで洗面台を注文して、工事だけを頼むと、かなり割安に設置することができます。これは価格帯で下にズラすということです。**「実店舗ではありえないほどの大量まとめ買い」**もEC向きです。

訳あり商品：割れおかきとか、着物の端切れなど、通常の流通に乗らない端材や壊れ物を販売します。
端材の商品化：建築会社が家を建てる際に出る「木材の端材」に名入れして名札にするなど、本来は市場に乗せられないものを商品化します。
B品の商品化：ギフトや高級品にならないランクの商品を加工して販売。うなぎは高級品ですが、刻みうなぎはカジュアルな日用品です。

簡素化：既存の商品のムダを省きます。例えば、通常の商品は「実店舗の店頭に陳列する」ために派手なパッケージがありますが、ECでは無地でも構わないわけです。「安くするためパッケージも切り詰めました」といったアピールもします。他にも機能を削った商品もあります。

材料そのまま販売：業務用サイズのままバラさずに販売します。業務用イクラ1kgや、大豆製品の会社が「生の大豆をそのまま販売」など。業者さんなどがニッチな需要で購入します。

図55-1　下にズラす例

▲「有機黒にんにく アウトレット 1kg」
（岐阜・中津川 ちこり村 楽天市場店）
とにかく安く続けたい方に、規格外品を採算度外視の訳あり価格で提供

上にズラす(ワンランク上で高級)

　例えば、「ワンランク上の高級干物」は、**一般のスーパーには置かれないから、わざわざ取り寄せる意味があります**。生産量が少なかったり、直販でないと扱いづらいような商品こそ、全国からお客さんが集まるECでは逆に成立しやすいと言えます。

シン商品化：例えばパスタやパンのような「誰もが使ったことがある商品」を、「誰もが見たことがないコンセプト」でアップデートします。ZENBやBASE FOODなどD2Cが典型です。

高機能化：味噌に出汁や具材を入れて「チューブ型の即席味噌汁」にするなど、不便を解消する形でアップデートします。

高級すぎるネタ商品：1つ5,000円の超高級トイレットペーパーや「1枚3万円の高級ピザ」など。物珍しさでメディア露出が得やすいです。

図55-2　上にズラす例

▲ 東平玉露 三品種飲み比べセット
(長峰製茶)
一般的には安価なお試しセットを、高級茶の飲み比べとして差別化

奥行きでズラす（ストーリーの特別感）

　実店舗で伝えられる商品説明は、小さなPOPや店員さんからの説明程度に留まります。**ECであれば、実演販売のようにたくさん語れる**上に、都度説明する人件費がかかりません。つまり、実店舗に置かれた商品と品質や価格が同じでも、**ネットで売ったほうが良さやストーリーがちゃんと伝わって「良い商品に見える」**から売れるということです。

縁起物化：ストーリーを追加して、縁起物にします。甘栗屋さんが「受験生応援 勝栗（戦国時代に先勝祈願で渡した縁起物）」として販売するなど。
限定商品化：トッピングだけ変えて「春限定商品」「ハロウィン限定商品」。
リパックして説明：仕入れたスパイスをリパックして「本格カレースパイスセット」、ビールのセットを組み替えて「世界のスタウト飲み比べ５本パック」など。リパックの意図を説明するのが大切です。
体験化：園芸キット・親子で作るお菓子作り入門セットなどのキットや、頒布会形式で、毎月色んなお茶や映画やワインが届いて詳しくなれる等。デアゴスティーニが有名です。

専門化でズラす（ギフトなど別市場への転用）

　例えば、多くの商品に、「ギフト化」できる可能性があります。夫婦箸が結婚祝いとか、腕時計が入学祝いやペアウォッチなど。このように、**もともとの用途と別の用途＝別の市場を開拓**すると、競争が激しいエリアを回避できるかもしれません。

ギフト化：従来品をガラスの瓶や豪華な包装にしてギフト化します。ある

いは、面白い・かわいいパッケージにしてカジュアルギフト（プレゼント）にするなどがよい例です。「意外な商品がギフトになる」のは楽しいので、幅広い商品にチャンスがあります。

別用途の発見：マリモといえば阿寒湖の土産物ですが、アクアリウム用品にもなります。板金加工の会社が「鉄の表札」を作ったり、石材加工の会社が「石板のパンこね台」を作るなど用途を違えた多くの事例があります。

特定ユーザー専用：例えば、子供専用の日焼け止め、ペット専用ドライシャンプー、受験生専用ノートなど、商品自体は他のユーザーにも使えても、専用化することで対象者に刺さりやすくなります。

特定用途で訴求：普通のボストンバッグをあえて「修学旅行用ボストンバッグ」、ランニング用ポーチを「ゴルフ用ポーチ」など、専門店が自主的に「わざと特定用途に狭めて」販売します。

パラサイト商品：例えば「IKEA売れ筋家具の〇〇に取り付けるパーツ」など、売れ筋商品にパラサイトして、「隣接市場」を狙います。スマホケースが典型です。

図55-3 奥行きでズラす例

▲「レモン部」
（苗木部本店 By 花ひろばオンライン）
レモンの苗木を仲間と一緒に育てるという「大人の部活体験」を提案

図55-4 専門化でズラす例

▲「ライスショット お米の真空パック」
（ゴルフコンペ景品のエンタメゴルフ　本店）
お米をシャレの効いたパッケージにすることで、コンペ景品としてウケるものに

法則 56 ECの「サービス強化」の バリエーション

EC事業は、商品以外の「サービス要素で差別化している」ケースも多くあります。買い物をサポートしたり、リスクや不安を減らしてあげるなどして、「サービス力で競争力を高める」方法を解説します。他社と同じ商品でも差別化できるので、仕入れ型のお店にお勧めです。

サービス強化の必要性

他店と同じ商品を扱う仕入れ型ECでは、単純に大手と比べられると不利になりやすいです。そこで、中小事業者の作戦としては**「比べられにくい商売をする」**ことが有効です。具体的には、サービスで差をつけることです。

例えば**Amazon**などの大手**EC**サイトは、ただ物を買うだけならとても便利ですが、**「じっくり相談しながら何かを買いたい」**時や、**オーダーメイドの商品が欲しい時**などは、**必ずしも便利とは限りません**。こっちで買ったほうがいいな、と思ってもらえるサービスを検討しましょう。

お客さんのリスクを軽減

お客さんは買い物で失敗したらどうしよう、と不安になっているものです。その**不安を軽減してあげると、転換率が上がります。**「リスクを肩代わり」することが有効です。

返金保証サービス

- 30日以内なら使用中でも返品・返金OK（LTVの高い単品通販に多い）
- 某社では導入後に返品率が＋3％、しかし利益は10〜20％増加
- 「返金額以上に売れる」状態になるかどうか、廃棄や返金の損害と利益とのバランスを見極める必要がある
- 「低単価のお試し商品に限って返金保証を付ける」のも有効

返品期間を長くする

- 他店よりも返品期間を長くする。周りの競合商品と比べて、「はるかに安心」に見える
- 某大手アパレルも3カ月以内なら返品自由。期間延長を始めた頃は返品率が増えたものの、しばらくすると通常通りになった
- 返品された商品をどうするのかも考えることが前提。廃棄するのか、メルカリ・ヤフオクなどC2Cや、別店舗で売る場合も

試着サービス

- 試着・試用ができると、お客さんのリスクが減る。「何回でも返品交換無料」という形でサービス提供
- 有料の試着サービスとして提供することもできる。例えば2つ送って、片方購入・片方を返送してもらうなどのやり方もある

LTV
Life Time Valueの略。日本語では顧客生涯価値。ある顧客が企業と取引を開始してから終了するまでの期間にその企業にもたらすであろう利益を表す指標。

商品購入時の「追加オプション」

　商品に加え、別料金「追加オプションサービス」を提供します。**「有料サービス」は、在庫がなく、固定費がかかりづらいので、利益の源泉**となります。

カスタマイズ

・商品への名入れやカスタマイズ。ペンや手帳に名前を刻印するなど

追加保証

・別料金で、幅広い保証を提供する
・**AppleCare**が有名ですが、中小規模ECでも提供されている
・お客さんは安心して使え、売り手は追加収入が得られる
・「実際にどの程度の頻度で補償が発生するか」の想定が重要

メンテナンスサービス

・定期料金で、定期点検や換えのパーツ提供などのサポートを行う
・お客さんは製品を長く使え、売り手側は定期収入を得られる

相談しながら販売

　単価の高い買い物ほど、失敗した時のダメージが大きいため、比較しながら購入します。失敗リスクは大きな心理的負荷なので、お客さんとしては**「割高だとしても、安心できるほうが大事」**という判断をします。

無料相談からの販売

・チャットや電話など1to1の問い合わせに誘導して対応。手間がかか

るので、高単価・高LTV商材向け
- 「高単価で買い慣れない商品」を売るための方法。相談に乗って安心してもらうと、自然と売れる

特殊なお客さんへの対応

- 法人や大量購入する人（幹事や草野球チーム）は、数が少なくても単価が高いので、考慮すべき。カフェやオフィスの家具コーディネートサービスなども向いている
- 案内で「法人様はこちら」などと案内を掲示しておくと、当該客層からの注文が増える
- ある店が扱うスポーツ商品はかなり繊細で、専門的なCS体制を整えたところ、「Amazonで買ってがっかりした」人がどんどんこのお店に流れてきて、アスリート間でのクチコミで有名店に

特殊な買い方への対応

- 「1等から参加賞まで、ビンゴゲームの景品を全部」を選ぶのはかなり大変なので、手伝ってもらいながら買うほうが楽
- 成人式の着物レンタルなども、買い慣れていない上に大事な場面なので、単価よりも安心感を重視することになる
- 自動車用品は「車種に適合するか」で失敗が怖いので、問い合わせに誘導することで販売しやすくなる

とはいえ、1つ1つの問い合わせに答えるのには手間がかかります。こういう**サービス系ECでは「面倒な問い合わせや注文をサクサクこなせる体制作り」こそが 競争力の源です。**これはブラックオーシャン戦略の典型です（法則50）。

「問診票に沿ってご相談ください」「それに沿って、担当のコンシェルジュ

がご相談・対応します」といった流れを作ったり、顧客対応の手間を軽減する文面のテンプレートや、法人営業が使うような商談管理データベースで管理するなどというやり方もよいでしょう。

専用システムで買い物支援

ECモールが提供する買い物機能は、最大公約数で設計されています。 しかし「最大公約数では解決できないEC」もあります。

例えば、パターンオーダー的なカスタマイズ機能を提供します。ジュエリーのお店で、リングのデザインや宝石の種類、刻印の文字まで、お客さんが「画面で自由に選べる」機能を提供したり、シャツの生地や襟の形、袖の長さなどを自分で選べるようにします。

あるいは、コレクション的な履歴機能を提供します。例えば、ワインECで購入履歴を提供します。そこに、詳しいワインの情報を閲覧したり「自分の感想」を記入できるようにします。

実現方法としては、柔軟なカスタマイズ機能を持つショッピングカートが必要です。例えばShopifyは豊富なプラグインがあり、ecforceやecbeingは柔軟なカスタマイズが強みです。

> **ワンポイント**
>
> どうでもよい日用品ではなく「何かとても大切な買い物」であるならば、お客さんは、多少の安さよりも「安心感を重視する（失敗リスクを避ける）」「ちゃんとした専門店で買いたい」気持ちになります。デリケートな子供向けの物や、ギフトを買う時は、「とにかく激安の店！」という買い方はしないものです。顧客研究を重ねて、こういった心理に敏感になると、良い店作り・サービス設計がしやすくなります。

法則 57 顧客から見た、あなたの店の「存在意義」を考える

ここから店舗戦略の話です。 ちょっと抽象的ですが、まずは「ECにおける店舗」の存在意義を考えてみましょう。「○○という店舗で買った」とお客さんに覚えてもらえることが、ブランド化の第一歩だからです。1つ1つの商品を束ねる、「統一感のある店づくり」について紹介します。

ECの「店舗」に意味はあるか

実店舗であれば、物理的に商品を陳列し、お客さんは実際に商品を手にとって選びます。しかし、ECで陳列されているのは「商品情報」です。実際の商品は倉庫にあります。つまり、**ECでは「店舗」はなくても構わないわけです。**

実際、Amazonで買い物をする時、皆さんは「店舗」の存在をほぼ意識しませんよね。店の存在感がないので、お客さんは何を買おうが「Amazonで買った」という記憶になります。Amazon本体はそれでいいんでしょうが、店側としては空気扱いされているような気もします。

だから筆者は、**中小ECがお客さんの記憶に残って、ブランドを作るためには、「店舗」に存在感と存在意義を持たせる必要がある**、と考えています。

お客さん側の観点で考えてみましょう。**ECにおける店舗とは「選びや

すいカタログ」やメニュー表のようなものです。パラパラとめくりながら「こういう商品があるんだな、こういう商品もいいな」と眺めて、自分の商品選択の参考にします。特に自分が詳しくない買い物をする時にこういったものがあると助かります。検索したり、チャットで相談したりできると便利ですね。よくできたECサイト（店舗）やカタログは、「**買い物を手伝ってくれる存在**」です。

そこで、**EC事業者は「お客さんにとって存在意義のある店」を作って**上手に存在感を出していくことで、お客さんにとっても、売り手側にとって**もメリットが発生**します。以下、このような「ECならではの店づくり」について解説していきます。

お客さんにとっての「店舗」の存在意義

お客さんにとって理想的なお店はどんなところでしょうか？　**選ぶのを手伝ってくれるようなお店はお客さんにとって存在意義があります。**専門家が紹介してくれるラインナップの中から**自分にとって最適な商品を選べる**イメージです。

お客さんは楽で、安心で、迷わないし、「選ぶのが楽しい」気持ちにもなるかもしれません。商品力だけでなく「店としての魅力」でお客さんをひきつけます。

そうなるには当然、店側に専門家としての知見や説得力が必要です。それにはプロとしての研鑽が必要ですね。中小ならではのアプローチとして、専門店というだけではなく、人物としての「専門家」を全面に出す方法があります。

積極的に顔とプロフィールを出して、真摯な姿勢や個人的な思い入れ、人柄が伝わるようなエピソードや写真を載せます。これは、お客さんの記憶にも残りやすく、メディアに興味を持たれやすくなります。

売り手にとっての「店舗」の存在意義

このような「店舗」を作れると、売り手側にとっても大きなメリットがあります。まず、**「売れるものが売れる」ではなく「売りたい・お薦めしたいものが売れる」状態**になります。お客さんがお店の話を聞いてくれるということです。

リピートも期待できます。例えば、**自分の飼っている猫用品はこの店で買うとか、自分のオーガニックな食生活のための調味料はこの店で買うといったように、生活の一部になれると理想です。**あるいは、知人や友人にお勧めしてくれることによって、集客が増えるかもしれません。

すべてのお客さんとこのような関係を作れるわけではありませんが、**少しでも「お店のブランドを認識しているお客さん」がいるならば、それは経営の支えになる**はずです。また「話しやすいお客さん」がいると、顧客研究（法則53）がとてもはかどります。

「ECならではの店」を作ろう

物理的な**「集客の力学」**としては、商品やページ数が多ければ多いほど検索にヒットしやすく売れやすい傾向です。実際、昔のECは、ネット上で売っている商品が少なかったので「効率的にたくさん商品登録した者が

勝つ」時期がありました。「その商品を売っている」ことが店の価値でした。

しかし現在は「すでになんでもネット上に商品登録されている」時代になりました。「商品を売っている」だけではなかなか価値になりません。むしろ品数の多さが、お客さんからするとノイズになったりします。「自分の都合から外れた品揃え」は、強みどころか、むしろ選びづらさにすぎないわけです。

こうなると**「ブランドの力学」の観点からは、品揃えが絞り込まれ、立ち位置が明確なほうが、有利になってきます。**

実際、**本当は幅広い品揃えができるのに、思い切って特定カテゴリに絞った専門店に切り替えたら売上倍増した**という事例がいくつもあります。特定カテゴリに絞ったり、女性専門にするなどです。

このように**客層を絞り、その人のために設計された店舗は、「体験」を提供できます。**

買い物の参考になる情報や、背景のストーリーを感じる機会も提供されます。そのほうが「店の存在を覚えてもらいやすい」。

例えば、デパ地下でとんかつを買ったとして、それが「〇駅のデパ地下で買った」と思われるのか、「あの専門店のとんかつを買った」と思うのかの違いと同じです。

図57-1　ブランド認知を目指す

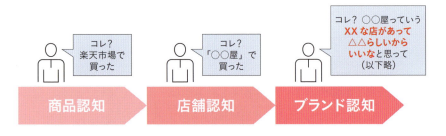

ネットで買ったとか、楽天市場で買ったとか、Amazonで買ったとかではなく、「この店で買った」「この店はこういうものを買う時に使いたい店だ」と覚えてほしいですよね。お店の存在感が上がるほど、指名買いの効果が期待できます。

ECで成功するために、必ずしも「店舗」が必要というわけではありません。ただ、専門店としてのコンテンツ発信や個別相談まで踏み込むことで、広がる世界もあります。

さしあたっては**「そういう世界もあるんだな」という認識を持って、次のページからの店舗戦略の検討に入ってください。**

> **ワンポイント**
> そもそも小売とは「小さく売る」という意味です。お客さん一人一人の話を聞きながら、1つ1つ販売していく。「その用途なら、実はこのメーカーのこの商品はあまり知られていない会社だけど結構良いですよ」など、複数のメーカーや商品を比較説明しながら販売する。つまり、小売は本来「商品紹介の専門家」です。

法則 58 「ABCDの法則」で、模倣できない店舗を作る

ここでは店舗戦略の考え方を紹介します。まず顧客満足につながる「強みへの投資」を行い、並行して強みが顧客に伝わるよう「ブランドへの投資」を行います。これを筆者は「ABCDの法則」と名付けて、店舗戦略の際に適用しています。

店舗戦略は「ABCD」で考える

店舗はどのように成り立っていて、模倣されにくい形で成長できるのか。これを理解するには、**ABCDの4要素**を理解・活用することが良い指針となります。法則52でも触れましたが、ここでより詳しく説明します。

まず、店舗には、強みの源泉となるAsset（アセット・強みをもたらす資産）があります。製造設備、取引先との関係、店長やスタッフの持つスキルやセンス、培われた文化などがあります。

このA（アセット）は、お客さんにBenefit（ベネフィット・顧客が得る利益）をもたらします。これは、商品戦略で紹介した「顧客研究」等を通じて理解されます。

固有のA（アセット）がB（ベネフィット）をもたらしているので、店舗の強みは「A→B」で表現できます。重要なアセットを見極めてそこに投資をすると、ベネフィットが増えるという関係です。

次の要素は、Concept（コンセプト・店舗の自己定義）です。これはA→Bの

関係を言語化したもので、店舗の方向性や、組織内の判断基準を明確にする効果があります。

最後の要素は、Design（デザイン・Conceptを視覚化したもの）です。これは店舗の雰囲気、ロゴ、広告など、あらゆる面でコンセプトを一貫して視覚化・表現する行為です。

図58-1 ABCDの法則の流れ

このように、**店舗が持つ強み（A→B）を、顧客に伝わるよう継続的に発信（C→D）し続けることで、店舗のブランディングが成功します。**この一連のプロセスを意識しながら店づくりを進めることで、他のお店にはない個性が育ち、長く愛されるお店になっていくのです。筆者はこれを、「ABCDの法則」と名付けました。

すぐに真似されない「強み」を作る（A→B）

お店を長く続けていくには、「すぐに真似されない強み」が必要です。「誰がやっても手堅く売れるテクニック」は、みんなが実行するので、すぐに陳腐化します。強みの決定打にはなりません。これを「テクニックのジレンマ」と呼びます。良いテクニックほど、このジレンマに陥りやすいのです。

競争を避けるには、アセットへの投資によって「参入障壁」を作ることです。他社が真似できないのが理想です。大切なのは、**お客さんに喜んでもらえる要因になっている自社の資産（アセット）を見つけ、守り、育てる**ことです。そうすることで、お客さんにもっと喜んでもらえる（ベネフィットが増える）ようになり、その結果としてお金をいただき、それでまた強みを育てることに使える（再投資）のです。

　販売編の「ダレナゼ」や顧客研究の話で感じていただけたかと思いますが、**お客さんがあなたの商品・店を選んだ理由には、裏でこのアセットが影響しているはずです。**

　設備や取引先、製造技術、接客技術、これまで積み上げてきた工夫、設備、信用などがアセットになり得ます。お客さんの気持ちを理解する力、魅力的な世界観を作り出す力など個人の才能やスキルもアセットと言えます。先代から引き継がれた基盤が強いアセットになっているケースもあるでしょう。

　それを**自覚し、自負心を持ち、磨くことで、競争力を高める**のです。アセットへの投資については、法則59で紹介します。大切なのは、自社のアセットが何で、それがどのようにお客さんの満足（ベネフィット）につながっているかを理解することです。

記憶に残る「ブランド」を作る（C→D）

　「ブランディング」について、多くの人が、ただデザインをかっこよくすることだと勘違いしています。確かに見た目は大切ですが、それだけでは不十分です。

ブランディングとは、お客さんの記憶に深く刻まれ、特定の商品やサービスを思い浮かべた時に、真っ先にあなたのお店を思い出してもらえるようになることです。これを**「純粋想起」**と呼びます。

　また、**デザインの土台となるのは、お店のコンセプト（考え方）**です。いくらかっこいいデザインを作っても、コンセプトとつながっていなければ意味がありません。コンセプトの作り方は法則59で紹介します。

　コンセプトとは、お店の自己定義です。「うちのお店は何のためにあるのか」「何を大切にしているのか」を明確に言葉で表します。これが経営戦略や社内の一体感、今後の計画づくりの基礎になります。

　この**コンセプトを目に見える形にしたものがブランドデザイン**です。言葉だけでは伝わりにくいので、写真、イラスト、映像、色使い、文字の形などを組み合わせて、お店の世界観を表現します。このデザインは継続的に発信していきます。また、お客さんの記憶に残る必要があります。**何より大切なのは、このデザイン化されたコンセプトを繰り返し発信し続けること**です。デザインの例は法則60で紹介します。

　ブランディングがうまくいっているかどうかを知る簡単な方法があります。それは、**お店の名前での検索（指名検索）が増えているかどうか**です。指名検索が増えるということは、そのお店のブランド力が高まっている証拠なのです。

　ブランド力の高いお店と、そうでないお店では、同じ売上でも意味が違います。例えば、お祭りで唐揚げの屋台を出せば、その場ではよく売れるでしょう。でも、お祭りが終わればその売上はなくなります。一方、その唐揚げ屋さんがブランドとして認知され、ファンが付いていれば、**普段からお店を探して買いに来てくれる**はずです。

　また、食べログで「居酒屋 団体」と検索して入るお客さんは、自分の都合を優先しています。でも、**「あのお店で食べてみたい」**と思うお客さ

販売編

業務編

組織編

戦略編

店舗戦略

んは、**お店のファン**と言えるでしょう。このようなファンを増やすことが、ブランディングの大きな目標なのです。

　結局のところ、**ブランディングとは、お店の強み（アセット）とお客さんの得られる価値（ベネフィット）の関係をコンセプトとして自己定義して、デザインでビジュアル化して、多くの人に伝えること**です。

　これがうまくいけば、売上も利益も増え、さらにお店の強みを育てることができます。そうして、忘れられない存在感のあるお店になっていくのです。

ワンポイント
ABCDを定義すると、チームの共通言語になります。
・我々はどんなベネフィットを提供していて、それはどんなアセットに由来しているのか
・店舗のコンセプトは何で、それをどんなデザイントーンで発信していくのか
それぞれ言葉にしていきましょう。共通言語ができれば店全体の品揃えや売り方にも一貫性が生まれます。ABCDがあることによって、レールから外れずに、その店らしさを生かして売上を作っていくことができるようになります。

法則 59 店舗コンセプトを語れるよう「言語化」する

「ABCDの法則」の実践編として、「C：コンセプト」の言語化について説明します。ダレナゼを把握して、顧客研究もできているなら、B（ベネフィット）はもう見えているはず。次はA（アセット）の棚卸しです。「強みを生み出している自社の資産」について振り返りましょう。

コンセプトの定義

コンセプトを定義するために、まず**あなたが持っているアセット（資産）と、お客様が感じているベネフィット（顧客提供価値）の関係を言葉で表現**してみましょう。

例えば、こんな感じです。

- お客さんが私たちを選んでいるのは、○○というベネフィットがあるからです。
- それは、私たちが持つ△△やXXというアセットによって生み出されています。
- だから私たちは、△△やXXを生かし、より○○になるよう磨きます。

アセットを整理するには、棚卸しが必要です。どのアセットが私たちの強みにつながっているのかを把握します。そして、そのアセットを特定したら、そこに対して投資を行っていきます。

大切なのは、**提供しているベネフィットや「選ばれる理由」に直接つながっているアセットを見つける**ことです。仮に「歴史ある社屋で文化遺産として認定されている」というアセットがあるとしても、それがベネフィットに貢献していなければ、コンセプトには含めません。**提供価値のキーになっているアセットを特定することで、何に力を入れて投資すべきかがはっきりします。**

例えば、あるEC事業者が「XXジャンルに特化した品揃えと専門知識に基づくきめ細かなサポートで、△△なお客さんに○○を提供する」をコンセプトとして定めたとします。この場合、当該商品ジャンルでの調達力アップや特化されたCS強化への投資が適切だと判断できます。

このように、**アセットとベネフィットの関係を言葉にすることが、店舗のコンセプトを定義する第一歩**となります。

アセットの洗い出しと分析

アセット候補を書き出してみてください。「組織的なもの」「個人的なもの」、京都・北海道などの立地由来の「地域ブランド」や、メーカーやOEM工場など他社との関係性も含みます。

次に、顧客研究やレビュー分析などで得られた知見と照らし合わせて、**「特にベネフィットに貢献していそうなアセット」に印を付けてみましょう。**この際、「競合他社にはない、自社だけの特徴は何か？」を考えると、より明確になります。ただし、単に「違う」だけでは不十分で、お客さんにとって価値があるかどうかが大切です。

組織的アセットの例

1. 設備：独自商品を製造できる、名入れできる、大型商品を扱う物流体制など
2. 生産・MD体制：製造や仕入れや在庫のコントロール能力
3. 人材：意欲と能力の高いスタッフ、職人の集団、培われた組織文化
4. ブランド力：蓄積された評判や認知度、表現や広報の能力
5. 取引先との関係：メーカーや委託先との関係による商品・情報調達
6. 許認可権・知的財産権：酒類や化粧品の製造免許や医薬品販売などの許可

個人的アセットの例

1. クリエイティブ能力：商品への興味や知識、トレンド把握、写真や文章や動画の表現力
2. 管理能力：データ分析、運営の仕組み化、管理コストを下げる工夫
3. コミュニケーション力：情報発信、社内外の関係者との関係構築、話題作り

立地的アセットの例

1. 地域ブランド：知名度や印象の良い地域ブランド名を使える
2. 産業集積地域：有田の陶磁器など地域の他事業者との連携しやすさ
3. アクセス：産地や材料手配、配送における地域的優位性

コンセプトの定義と絞り込み

「これこそが強みの源泉」と言えるアセットへと絞り込みます。以下は例です。

A社
- ニッチジャンルの中でトップクラスの知名度・検索結果上位の独占
- 数少ない原料を転用し、様々な加工品を生み出す商品企画力
- 少人数の正社員と、数多くのパート・フリーランスを組み合わせた少数精鋭の組織体制、拡大していく機動力を備える

B社
- リーダーを中心としたMD全メンバーの高い計数管理能力と育成体制
- 主要メーカーとの良好な関係に基づく、自ジャンル動向の早期把握
- MD・SF・BYから声を吸い上げて、自社システムに反映する能力

　これらは相互に関連し合っています。これを基に**コンセプトとして言語化し、自分たちが何者であるか定義します。**おそらく漠然とは意識していたと思いますが、言葉にするとクリアになり、関係者への共有もスムーズになります。
　例えば、こんな感じです。

- お客さんが私たちを選んでいるのは、体に良くて美味しいというベネフィットがあるからです。
- アセットは、○○産材料を生かす商品企画力と、蓄積された高評価レビューとリピーターです。
- だから私たちは、△△や××を生かし、より○○になるよう磨いていきます。

　自分たちが何者かが分かると、何者ではないかも分かります。つまり、専門化して不要な要素を手放せるかもしれません。具体的には、あまり動きのない商品をカットしたり、一部メーカーとの取引を中止したり、SNSやセールなどの販促習慣のうち一部をやめるなどです。手放す勇気を持つ

ためには、コンセプトが指針となります。

「理想論的なコンセプトを決めると売上が伸びなくなるかも」という心配があるかもしれません。理想論が先行するとそのリスクがありますが、「現実に売れている商品と顧客理解」に基づくのが大切です。むしろ**売れている理由を「コンセプトとして言語化する」**イメージです。「売れるコンセプト」を作りましょう。

「売れる商品を何でも扱う仕入れ型EC」の方は、コンセプトが作りにくいですね。分かります。今は手を広げる時期なのかもしれませんが、どこかのタイミングで、**自分の傾向を振り返って得意分野を見つける**とよいでしょう。「何が売れるか」から「お客さんの悩みをどう解決できるか」という観点での発想が広がると、データを見ているだけの競合よりも深い販売ができるようになります。

一度で終わらず、定期的に**「なぜお客さんは私たちを選んでくれるのか」「私たちにしかできないことは何か」**と自問自答します。根本的な問いかけを繰り返すうちに、自社の本質が見えてくるはずです。

> **ワンポイント**
>
> 個人的な好みや強みも大切にしましょう。特に後継社長は、先代が築き上げたものと「自分の得意分野や興味を組み合わせる」ことで、自分らしい事業を作り出せます。ただし複雑すぎるコンセプトは売れなくなるので要注意。売れないコンセプトは意味がありません。商品レビューやアンケートなどお客さんの実際の反応を論拠とすることで、迷子にならずに済みます。

法則 60 言語化したコンセプトを「デザインにして発信」する

店舗戦略とABCDの法則、最後の要素は「デザイン」です。店舗コンセプトをデザインに落とし込んで、お店の魅力を記憶してもらいます。伝わらなければ無いのと同じ。初見の人にも魅力が伝わるような、キャラの立った店舗にしましょう。

店舗コンセプトを「デザイン」に変換する

日々の売上は、**「お店のことを覚えてもらいつつ売れる」**のが理想です。例えば、デパ地下で何か買ったとして、お客さんが「デパ地下で買った」という認識なのか、「こういう店で買った」と記憶してもらえるのかで、その後の展開が変わります。口コミやレビューも期待できます。**毎日の販売において「お店の特徴を覚えてもらうための仕掛け」が伴っているかで、累積での成果が全く変わってきます**。特にECでは、実店舗以上に「買った店をまるで覚えてない」のが当たり前なので（特にモール型）、自覚的に取り組む必要があります。

目指す状態としては、「△△だから、この店で買うとよさそう」「△△だから買ってよかった」と思われることです。「○○と言えば、このお店」という連想が生まれる状態が理想です。「○○といえば××」のことを「純粋想起」と呼びます。これは店舗名やブランド名の検索、つまり「指名検索」を発生させます。**指名検索数はブランド化の指標です**。

ブランドを構成するデザインの要素

● ビジュアル要素

コンセプトをビジュアル要素で体現します。

ブランディングにおいては、**「コンセプトを抽象化して、ロゴやデザインに落とし込む」**のが大切です。図60-1に挙げたブランド力で有名な「タマチャンショップ」の「ニッポンのおかあちゃんになりたい。」というフレーズには、「母のような愛情と安心を提供する」という意味があります。色のトーンは「和＋モダン」を意識しており、日本らしさ（自然や産地や森や平和）を大切にしつつ、現代の環境に適応する、という意味を表しているそうです。

重要なのは一貫性です。同社では、Webも紙もパッケージも同じデザイントーンにして、「0.5秒でタマチャンショップだと伝わる」ことが目標です。継続発信していくことにより、いつの間にか誰もが覚えやすく、忘れられにくいお店ができあがっています。

これらのデザイン定義と運用ルールを「レギュレーション」と呼びます。

図60-1 コンセプトのビジュアル要素の事例

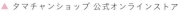

▲ タマチャンショップ 公式オンラインストア

日頃から雑誌や各種サイトで近いイメージのものを見つけて、参考にするのが分かりやすいでしょう。同業者のデザインを参考にするのは単なる模倣であり、陳腐になるので、むしろ別業種のデザインを参考にすることをお勧めします。

デザインと併せて重要なのが「イメージ写真」です。お店やスタッフの雰囲気を伝える写真、生産者の写真が使われます。日頃からたくさんストックしておきましょう。

例えば「人気パティシエが作る、テレビで話題の北海道スイーツ専門店」というコンセプトなら、紹介された雑誌の表紙、工房での製造風景、真剣なパティシエなどの素材があるとイメージが湧きます。逆に「メーカー直販だからできる即日配送！ 厨房機器が全○品の品揃え」というコンセプトなら、巨大な倉庫、大量の商品、商品チェックや丁寧な梱包や発送シーン、笑顔の受付担当スタッフの写真が並びます。

● **物理的な接点**

商品パッケージや販促物（ショップカードやステッカーなど）も、重要な媒体です。お店によっては簡素化する方針ですが、パッケージのデザインや、同梱するメッセージカードなどを通じて、お店の世界観を伝えることもできます。

● **店舗名**

店舗名もデザインの一部です。覚えやすいほうが、指名検索が増えます。Google検索やモール商品検索にも影響します。何屋であるかが分かることが望ましいので、例えば「坂本屋」が正式名称でも、「オーガニックワインの坂本屋」など、カテゴリ名を入れてみましょう。覚えやすいほうがよいです。メルマガでも、スマホは件名よりも送信者名が目立ちます。

● **ヘッダーとキャッチフレーズ**

ヘッダーやトップページには、ロゴやキャッチフレーズで、店舗紹介（店の強み、特徴）の要約を載せます。図60-2のお店は、実はところてん以外の商品も色々扱っています。しかし、**店を象徴するのはあくまでも「ところてん」なので、キャッチフレーズは大胆に絞っています。**
「薬剤師が作った化粧品」「力士監修の鍋の店」「漁師が作った海のごちそう」「皇室御用達の漬物屋」など、自分たちのプロフィールが生かせるかもしれません。自己紹介だけでなく、例えば「何回でも返品交換が無料」などの強みを、ここで伝えるのもよいでしょう。

また、ヘッダーに並ぶ「主要な商品カテゴリ」は、あなたのお店の主要な品揃えを表すので、これも重要なブランディング要素です。

図60-2 キャッチフレーズ・主要カテゴリを掲載したヘッダーの例

▲ ところてんの伊豆河童 本店

● **店舗紹介ページとストーリー**

会社概要や店舗紹介ページを見るユーザーは意外と多いものです。もっとも効果的にブランドイメージを明確に伝えられるページでもあるのでしっかり作り込みます。

事実をそのまま載せるのではなく、あくまでもイメージを演出することです。店舗紹介ページを開いていない人にも強みが伝わるように、「店舗

紹介ページの要約」を随所に掲載しましょう。

　最近は量販品ではない「ストーリーのある」ブランドに追い風が吹いています。**ストーリーは、単なる事実の羅列ではありません。そこには多くの場合、社会的な意義や正義が含まれています**。試してみると、「店長さんの思いに共感しました」などという声も聞けるものです。

「子供のアレルギーに悩んでいた母親が、安全な食品を作るため起業」
「アフリカでカカオ農園の現状を目の当たりにし、フェアトレードのチョ
　コレート販売を始めた」
「伝統工芸の技術を守るために、現代的なデザインの製品を作り始めた」
「着物をもっとカジュアルに楽しんでほしい」

図60-3　店舗紹介ページの事例

▲ 猫用品専門店『nekozuki』
安心しているネコの画像になごむ、ネコと飼い主の暮らしに寄り添うコンセプトに沿ったデザイン

図60-4　ストーリーの事例

▲ 宮川洋蘭 森水木のラン屋さん
初代、二代目、三代目と花、洋蘭の生産に至った深いストーリーを丁寧に紹介している

「便利すぎる世の中で、手触りの大切さを伝えたい」
「働く人々にもっとリラックスしてほしい」
「失われつつある伝統を守りたい」

　など、「エピソードを体現するような画像」と一緒にサイトに載せられないか、考えてみましょう。

　ただし、言いたいことをすべて載せると、一番伝えたいことが埋もれてしまいます。言葉は、削れば削るほど伝わるものです。一番伝えるべきことは何か。省略できることは何か。考えましょう。

　コツは、見出しで伝えることです。お客さんはだいたい流し読みモードでページを見ているので、見出しに要点が入っていれば情報は伝わります。

　また、店舗紹介ページが目につきやすいよう、このページへの導線（リンク）も各所に載せましょう。せっかく作るので、会社案内や採用ページなど色んなところに転用するのもお勧めです。

法則 **61**

「会計分析」でコスト削減・投資判断する

> ここからは「企業戦略」について紹介します。企業戦略とは、会計や組織全体のマネジメントや新しい販路開拓など、実際に大きな投資を決定し、実行していくためのプロセスです。自社の収支構造を把握し、コストを抑えつつ、投資を考えましょう。

収支構造を把握する

EC事業を経営していると、日々の業務に追われてしまい、収支がどうなっているかを把握する時間がなかなか取れないものです。

背景として、ECは価格競争が自然発生しやすく、クーポン提供や広告で自然と日々販促費用を使ってしまい、収支構造がカオスで把握できずコントロールできない、ということがよく起こります。

対策として、大量の数字に惑わされないよう**「ECの基本的な収支構造」**を頭に入れましょう。数字と数字がどのように影響し合うのか、状況をどう見立てて経営判断をするのかがポイントです。

モノを販売しているわけですから、基本構造はどの会社でも同じです。売上があって原価があって販売管理費があって、売上から各種コストを引いたら儲けになりますよね。

まず利益と費用の「概念」を整理しましょう。売上から費用を引くと利益が出ますよね。この費用には2種類あります。変動費と固定費です。

変動費は、商品が売れるたびに発生する費用です。商品の原価やモールECのマージンのことです。どちらも原価率が何％とかマージンが何％とか、比率で表現されます。

この、1つ1つの商品からどのように利益が出ているか——つまり商品ごとの変動費と利益——の管理は、MD担当者の利益管理業務として紹介しています（法則24）。以下はその続きの話なので、まだ読んでいない方はいったんそちらを参照してください。

売上から変動費を引くと「限界利益」というものになります。これから**さらに固定費を抜くと営業利益、つまり最終的な利益**になります。固定費とは普通家賃や人件費を指しますが、実はここでは販促費も固定費に含めます（そのほうが管理しやすいからです）。以上を踏まえると、公式は以下になります。

限界利益＝売上－商品原価－変動費（運賃・モール費用・決済費用）

営業利益＝限界利益－固定費（販促費・人件費 etc.）

このように構造を可視化した上で、過去の数字も見ながら各要素のバランスが健全かどうかを判断・調整します。大事なのは数字と数字の関係性、構造の把握です。流れをつかみましょう。

なお、構造は同じなのですが、扱う商品によって、各項目の比率が全く変わってきます。収支構造のサンプルを用意しました（図61-1参照）。2つ

図 61-1 収支構造を把握する

仕入れ型 EC の例

	項目	結果	比率
売上高（千円/月）		114,922	
変動費	商品原価	98,337	85.57%
	物流費	2,376	2.07%
	決済費用	3,738	3.25%
	モール課金	4,479	3.90%
	ポイント付与額	3,182	2.77%
	小計	112,112	
限界利益		2,810	
固定費	販促費	600	21.35%
	人件費	1,300	46.26%
	その他経費	200	7.12%
	小計	2,100	
営業利益		710	

小規模メーカー EC の例

	項目	結果	比率
売上高（千円/月）		12,000	
変動費	商品原価	4,000	33.33%
	物流費	865	7.21%
	決済費用	465	3.88%
	モール課金	473	3.94%
	ポイント付与額	853	7.11%
	小計	6,656	
限界利益		5,344	
固定費	販促費	1,100	20.58%
	人件費	2,100	39.30%
	その他経費	1,700	31.81%
	小計	4,900	
営業利益		444	

のお店の、売上高の違いと、営業利益の違いと、比率の違いを見てください。

コスト削減で利益確保

　以上の構造を踏まえると、儲からない場合は、概ね以下のパターンのいずれかです。

- 原価が高すぎる（値下げしすぎている）
- 販促費をかけすぎている
- 人件費が高すぎる（人数が多すぎる）

　他にも運賃やモール課金のコストが気になるかもしれませんが、乗り換えても大幅に条件が変わるわけではなく、コントロールしやすいのは

上記の要素です。**各要素が悪化している場合、そうなるなりの「理由」があるはずです。状況を把握して、対処可能かどうかを探りましょう。**

まず、価格が妥当かどうかを考えます。「売上さえ伸びれば販促費や値下げ分をカバーできる」と思い込んでいるケースがよくありますが、実際はそんなことはありません。

法則24で述べたように、値下げで売るよりも「値上げして売上を減らす」ほうがよいかもしれません。

コンサルティング先の事例では、**常時行っていたセールをすべて中止した結果、売上は大きく落ちましたが、収益は大幅に改善しました。**いわゆる減収増益です。送料の価格転嫁も有効です。遠隔地への送料は別料金にしたり、同時に複数購入割引などのまとめ買い促進をしていきます。

広告費も、運用がほったらかしで無駄になっているケースが非常に多いです。社員や外注先など誰かが代理で運用してくれるからと言っても、必ずしも費用対効果を見てくれるとは限りません。**「販促費は前々月の限界利益の〇％まで」などと何かしら上限を決めた上で、レポーティングを義務付け、**ちゃんとチェックする機会を作りましょう。

いずれにせよ「なんとなく安売り」や「なんとなく宣伝出しっぱなし」には要注意です。

ちなみに、セールを止めたこの会社は、**セール準備に費やしていた時間を「本当の顧客サービス」に使えるようになり、本当の意味で競争力が高まり、新規EC事業が成長しました。**

余剰を作って競争力に投資

　以上のように、無駄を省き、利益と時間を確保しながら、中長期の投資をします。

　大規模な設備投資や、外注やアウトソーシングしていたものを内製化したり、逆にノンコア業務を外注したりします。このような投資は、**特定の方針に対して「賭ける」「振り切る」ので、競争力を高めると同時に、リスクを抱える**側面を持ちます。
　多くの経営者が二の足を踏むなかで「決断をした人が競争力を獲得する」構造があります。もちろん成功の保証はないのですが、決断できる経営者は、失敗する投資があったとしても「中長期的には」必ず報われるように思います。

　法則54の商品企画と同様、「失敗リスク」を観察して洗い出して整理し、できる範囲でリスクは最小化し、「失敗しても死なない」という状況を担保した上で、「最後は決断」なのだろうと思います。

　規模が小さいからこそ、リソース集中できるのが中小事業者です。単月・単年度の収支にこだわりすぎず、借り入れも活用します。「3年後にどのような会社にしたいか」「そのためには今何をすべきか」を考えましょう。

ワンポイント
楽天市場は請求項目の種類が多すぎて見づらく、項目ごとに請求タイミングも様々なので、「儲かったと思っていたら後から赤字が発覚した」ケースをよく聞きます。注意して見るようにしましょう。

法則 62 EC多モール展開など「幅広い販路開拓」を考える

> EC事業者の投資として重要な「販路開拓」について解説します。ECモール出店や本店（独自ドメイン店）だけでなく、ふるさと納税やBtoB販売など様々な販路を視野に入れて、上手に活用していきましょう。特定販路に依存しないことは、事業のリスクヘッジにもなります。

まず「旗艦店」の確立

複数店舗で運営する際のメイン店舗を**「旗艦店」**と呼びます。

販路開拓に際しては、まず1店舗目＝**旗艦店の訴求やオペレーションを確立してから他の店舗に横展開していく**という運用になります。これは実店舗のチェーン展開と同じですね。旗艦店は、本店（独自ドメイン店）もしくは楽天市場店というケースが多いようです。

商品マスタやOMS（法則18参照）を導入して、多店舗展開や販路拡大をしていきます。**言わずもがな、多店舗展開では、商品管理体制が生命線になります。**商品マスタの確立は必須です。

傾向として、仕入れ型で品数が多い店は管理が行き届いており、品数の少ないメーカーなど、**1つ1つの商品にこだわった店のほうが、管理はざっくり**としていて、販路を広げた際に混乱に陥ることがあります。

その後の展開は、店舗特性によります。

仕入れ型で、商品数が多く、個々の商品ページが比較的シンプルな店な

ら、多店舗展開が早めに始められます。OMSを使って各ECモールに横展開していくことが王道になります。商品数が多いので、スムーズに露出面を増やしていくことができます。また、複数モール店を運営することは、特定ECモールだけに依存しないリスクヘッジになります。

オリジナルブランドなど、独自商品を上手に説明しながら販売する場合は、「売れる表現」が確立されているかどうかで、多店舗に広げた後の効率が全く変わります。確立されていない状態で**むやみに横展開すると、露出が増えることで少し売上は伸びるのですが、忙しくなって自分たちの在り方を掘り下げることがしづらくなります。**

「磨いてから広げる」べきで、ダレナゼや顧客研究など、基本の重要施策を一通り実施しましょう。組織編で紹介したように、時間捻出も大切です。

ECモールの多店舗展開

多数のECモールに出店することは、純粋に販路拡大につながります。楽天市場、Amazon、Yahoo!ショッピングなど各ECモールは、それぞれに別の顧客を抱えているからです。LINEギフトのような用途特化型ECモールもあります。

また、**各モールそれぞれに、登録商品情報の仕様やルール変更などの要求があり、出店者は振り回される構造**があります。Amazonはカート争奪戦になるという特性から仕入れ商品は売りづらいなどのモールごとの特性もあります。自分たちとの相性を見極め、メリットと手間を比較しましょう。

店舗側としては、目先の判断で「今お得なモールはどこか」を追うより、**すべてのモールで共通して発揮できる商品や、裏側のオペレーションを磨くほうが大事です**。

本店（独自ドメイン店）の構築

独自ドメインで構築するお店をEC本店や公式ショップなどと呼びます。

ECモールと本店の関係は帆船と汽船に似ています。ECモールは帆船と同じく、風を受けて走ります。世の中の例えば母の日ギフトのようなトレンドという風を受けて、売れます。**本店は汽船のようなもので、自分の中に動力源を持っていないといけません。**

ただ帆船は風次第で業績が上がったり下がったりしますが、汽船は天候によらず自分の力で進むことができます。

コロナ禍を経て、世の中がEC慣れしたせいか、**以前よりもEC本店で売上は作りやすくなっている**ように感じます。ただ、アカウント登録の手間があるため、Amazon Payなどアカウントを流用できるオンラインの決済は必要です。

本店を構築するためのショッピングカートはfutureshopやShopify、makeshopなど、様々あります。単品通販カートで別業態の専門店を作るケースもあります。傾向としては、他にないオリジナル商品と「選ぶのが大変な商品」が有利です。

「ECモールに依存しない売上が欲しい」というのはリスク対策としては当然ですが、**本店は向いている商品と向いていない商品があります。**大きな投資をする前に、冷静に見極めましょう。

いきなり「理想の本店」を作るよりも、まず本店への商品登録をして買える状態だけを担保して、次にコンテンツを増やし（コンテンツマーケティングについては法則8参照）、お客さんが集まるようならさらに作り込むといった「段階的な投資」がお勧めです。

その他の様々な販路

　以下はその他の販路です。EC事業を立ち上げて、1店舗目が売れていなくても、ふるさと納税やB2Bやモール出店など、**これまでと違う販路を作ることで売れ始める場合もあります。**

● BtoB取引の推進

- BtoCの店なのに事業者からの発注がある程度ある場合は、「大量購入をご希望の方はこちら」といった案内を作ると、同様の発注が増えます。
- BtoBの専門ショップを作るのもよいでしょう。「Bカート」というBtoB専門のショッピングカートがあります。

● 実店舗との連携

- 販売編のプッシュ集客（法則7）で、クーポン提示やLINEの友達オファーでECに誘導ができます。
- 実店舗のイベントをECサイトで紹介したり、店頭在庫を検索できるようにして、実店舗に送客するケースもあります。
- 催事・ポップアップストアは集客だけでなく顧客研究や行列写真による商品ページ素材（エビデンス）作りにもなります。

● 卸販売

- ECでブランドが育つと、大手通販事業者、スーパー、ドラッグストア、道の駅、土産物屋などへの卸売機会にもつながります。
- 「ECで売れているあの商品」というブランドがあれば、強気になれるし買い叩かれません。
- 卸先で認知が増えれば、ブランド名で検索して本店や直販サイトにお客さんが流入してきます。

- 卸した先のサイトが競合になりますが、「通販限定・直販限定商品」を持っておくと安心です（例：ヘパリーゼに対してのヘパリーゼZ）。

● **ふるさと納税**

- 食品メインの印象ですが、スキー場のチケットや人間ドックのような意外な商品でも出品できます。
- ECモールと同様に、比べられている自覚を持ち、ダレナゼを理解して、検索キーワードや写真やキャッチコピーの調整をしましょう。
- 普通の買い物と比べ、ふるさと納税は価格競争が少ない印象です。
- ふるさと納税の対象商品になっておくと、今後行政の様々な取り組みで連携が期待できます。

● **越境EC**

- 販路は、Amazon.comで北米に販売したり、Taobaoで中国に販売したり様々です。補助金やJETROなどの支援が色々あります。
- 売る以前に当該国に輸出できるか、どんな補助金があるかなどの事前調査が必要です。AI翻訳を使うと比較的調べやすいです。
- 当該地域（例：インドネシア）のEC専門家に販売パートナーになってもらう選択肢もあります。逆に自分たちが他国のメーカーの国内代理店になることもできますね。

> **ワンポイント**
> 今後は、LINEギフトのような、従来型ECとは別の文脈で商品提案するサービスも増えるでしょう。例えばスマホやPCに含まれたAIがパーソナルアシスタント（秘書）化して、個人の行動履歴に対して商品をレコメンドするなどです。常に「新しい販路」が発生するので、自店舗やブランドを磨きながら、新しいチャンスにアンテナを張りましょう。

法則 63 等身大の「経営目的と理念」を設定する

「等身大の現実的な経営理念」を作ります。抽象的なポエムではなく、経営者の「個人的な信条・心構え」を言葉にすることで、考え込んだり迷ったりを減らす意味があります。そして、それを企業理念としてチーム全体で共有しておくことで、仕事の呼吸がかみ合いやすくなります。

「収益と成長」以外で、大事なことは何？

　理想的な仕事とは何でしょうか。例えば久しぶりに高校の同級生に会って、互いの仕事の話になった時、相手に「言うほどの仕事じゃないけど、とにかく給料が良いんだよ！」と言われたら逆に心配になりますよね。給料の高さは良い仕事の1つの要素ですが、すべてじゃないはずです。

　理想的な商売とは何でしょうか。上場企業は、株主からお金を出資してもらうので、成長して、株主に還元していくことが求められます。業績のほうが人間よりも偉い。一方、我々中小の商売はどうでしょうか。収益を上げることは重要ですが、そこまで成長し続けなければいけない義務は負っていません。

　「自分の社会的な存在意義」や日々の成長を実感しながら、満足して働くことが大切だと思います。**だから「業績が良い」だけが、良い商売の絶対条件じゃない。利益も売上も重要ですが、それ以外の要素もあります。**みんなが気分よく仕事をしていて、売上・利益も先々大丈夫だと予想がつい

ていて、お客さんも取引先もご機嫌で、金融機関の人も「調子良さそうですね」と言ってくれる。こういう安定感が大切だと思います。

そう考えると中小事業者では、業績は目的ではなく「手段」という捉え方も可能ではないでしょうか。それならば、**自分の心の中の好き嫌いが結構大事なはずです。**

だから、自分たちの価値観についてちゃんと考えて言葉にしてみませんか。それが企業理念です。以上を踏まえると、中小ECらしい企業理念は、２ステップで作るのがおすすめです。**初めに経営者や中核メンバーの「自分理念」を言葉にする。次に企業理念にまとめる。**まずは、自分の中で楽しいと思える「自分理念」を起点とするのがよいと思います。

まず「自分理念」について考える

筆者がセミナーで使う表現で**「やるとHP（ヒットポイント）が回復する、好きな仕事」**というものがあります。ドラクエなどのRPG的な話です。誰しも、やっていると楽しい仕事があるはず。「自分が好きなこういう商品を研究して人に伝えていくのが楽しい」「継いだ仕事で商品はすごく好きっていうほどじゃないけど人の成長をサポートするのが楽しい」など。逆にドラクエにおける毒の沼のような**「やればやるほどHPが減る、苦手な仕事」**もあります。

今の仕事がマンネリな人でも、このあたりのことを自覚しつつ周囲の人と調整やトレードをすると仕事が楽しくなり、場合によっては業績も上がります。中小の運営効率は、社長や店長やメンバーの気持ちが大きく影響するので、実はかなり重要な要素です。一度、自分は何をするのが好きか、

紙に書いて考えてみてください。

　個人の価値観や信念は、内面的で個人的なものです。しかし、こういう言葉があります。「**最も個人的なことは、最も普遍的である**（カール・ロジャーズ）」。

　自分の個人的な価値観の中で、「多くの人に共通する普遍性」を見つけていただきたいと思います。それが経営理念の土台になります。皆さんの仕事の中にも、普遍的な価値のある要素があるはずです。

　「○○○で困っている人を助けたい」「子供の人生の選択肢や可能性を広げたい」「年を取っても、誰もがいきいきと過ごせる世界にしたい」「食の安全を守りたい」……多くの人が「そうだね」と思うことを探してください。何度も考えて話すうちに、**「人から共感されて、かつ仕事にも生きる普遍的な言葉」が見つかる**はず。それが理念です。

　この後、会社の理念に使うことを考えると、この「理念に沿った行動を心がけると、お客さんが喜ぶ」「企画がはかどる」「迷った時の判断・実行の参考になる」といった効果があるものにしましょう。

個人の価値観を土台にして「企業理念」を作る

　企業理念は、「ミッション」「ビジョン」「バリュー」の3つの要素で表現されることが多いです。

　「ミッション」は、組織の社会的な役割や存在意義のこと。存在意義のある会社は、自然と世の中から応援されます。ABCDの法則を思い出してください。**ミッションは、店舗コンセプトに「社会的な存在意義」を付け足したものとして考える**とよいでしょう。「○○したい人に○○を提供す

図63-1　企業理念「ミッション」の例

▲「よなよなエール」などのクラフトビールメーカー、(株)ヤッホーブルーイングのミッション

ることを通して、世の中がもっと△△にする」。△△に社会的存在意義を付け足すとミッションになります。

例えば、「アレルギーで誕生日ケーキが食べられなくて困っている子供と親御さんに、みんなと同じように華やかで美味しく体に優しいケーキを提供します。**これにより、どんな子供も祝福され、楽しく生きられる世の中を作ります**」といったイメージです。

「ビジョン」は、組織がどんな存在になるのかという「目標」のこと。自店舗で定義したカテゴリの中で一番を目指すという決意表明であり、ABCDにおける「アセットへの投資方針」とも言えます。例えば「乳・卵・小麦粉不使用の子供向け◯◯で、品揃えと認知度No.1を目指す」など。

「バリュー」は、この企業の中で働くメンバーが重視する働き方です。

EC事業は外部環境による売上の変動が多くありますし、法則17で紹介したようにバトンリレー構造になっているので、助け合いが重要な仕事です。このバリューに沿って働いているか、バリューに沿って働くとみんなが自然と連携を取れるような、そういった社内の動きやすさを考慮して設定しましょう。

例：
- 「丁寧なものづくり」：1つ1つの商品に込められた想いを大切にし、その価値を正確に伝える
- 「誠実なコミュニケーション」：生産者と消費者の間の透明性の高い情報共有を心がける
- 「継続的な学習」：伝統技術と最新のデジタル技術の両方に精通するため、常に学び続ける

　手前味噌ですが、コマースデザインも理念を設定し、すっかり社内に定着しています。社員からは、「新人さんも早く、理念研修を受けたほうがいいですね」「在宅スタッフの方も、理念研修を受けてくれるといいな」という言葉が自然に出るぐらいに浸透しています（興味があれば コマースデザインのWebサイトをご覧ください）。

　「理念作りよりも先に取り組むべきこと」はたくさんあります。ただ、うまく作ることができれば、確実に仕事はしやすくなります。

　理念の第一の条件は「こういう価値観を大切に、仕事をしていきたい」と心から思っていることだと思います。いつかそういった想いが生まれてきたら、それが理念を作る時です。

> **ワンポイント**
> 「利益をガンガン伸ばすことにモチベーションが湧かない」という経営者の方が、「お客さんと社内メンバーがどうなりたいかを理解してそれを支援する」という理想を設定したら元気になりました。人は、意外と「自分のため」には頑張れないのかもしれません。

法則 64 チームの未来を「経営計画」で描き、共有する

組織が拡大すると、作業の移管から「判断業務の移任」へと進みます。そこで、適切な経営方針を文書にまとめて、全社へ方針発表を行うことで、チーム全体の視野が広がり、自律的な判断と行動が促進されます。一人経営でも大いに意味があります。

EC経営計画と方針発表の重要性

EC事業は、少ない人数から立ち上がり、うまくいくと短期間で拡大します。「委任期（法則34）」を迎えた組織では複数の担当者が連携しながら自律判断をする必要が発生します。

が、この際に必ず混乱が生じます。なぜなら、**プレイヤーとしてやってきたリーダーは、最初は「未来について言語化する習慣がない」**からです。不確かな未来を言語化するよりも、「今見て今動く」ほうが自分は早いです。しかし、自分は動きやすくても、メンバーは動きにくいのです。

- リーダーが今週しか語らないと、メンバーは今日しか見えません
- リーダーが今年全体を語れば、メンバーはこの半年を考えられます
- リーダーが3年先を語ると、メンバーは今年全体を考えられます

そこで「リーダーの頭の中」を共有することが必須です。**お勧めなのが文書化された経営計画**です。それを「経営方針発表会」として全社に発表

することで、目指す方向や判断基準を共有できて、メンバー間の連携もスムーズになります。

また、これは経営者やリーダークラスのメンバーが、**自分の考えている方針を言語化する機会**にもなります。もし、頭の中にたくさんの方針と施策予定があるならば、経営方針を文書にまとめてメンバーに提供する時期かもしれません（方針の言語化については法則48も参照）。

経営方針の構造

①現状認識

最初に伝えるべきことは、過去・現在・未来の「状況認識」です。

- 過去：これまで自分たちはどうだったかの振り返り、ねぎらい
- 現在：現状どうなっているか、機会と危機について
- 未来：そして今後何を目指すか、過去と現在から導き出される方向性

言い換えると、現在我々がどのような状況に置かれているか、一方で何を目指しているか、つまり「理想と現実のギャップ」とも言えます。これはすなわち、次に何をしていくかの方針が生まれます。内容は以下のような箇条書き程度でOKです。

状況
- 過去：昨年は○○のため○○だった
- 現在：○○により○○が発生している
- 未来：○○によって○○を目指す！

各部への目標展開
- MD担当：いついつまでに、○○を実現する
- SF担当：いついつまでに、○○を実現する
- BY担当：いついつまでに、○○を実現する

書式はドキュメントでもスライド方式でもOK。最初はドキュメントのA4数枚程度でもよいと思います。

● **②本書に基づいて作る**

具体的な活動項目は、本書の内容が参考になります。ここまですべての法則を読んだ方は分かると思いますが、**実は「戦略編」から時計回りにマンダラをたどると、経営計画をカバーできます。**

戦略編
- 企業戦略：収支構造と数値計画、理念
- 店舗戦略：自分たちのABCD、ブラックオーシャン
- 商品戦略：現在の商品動向、今期の注力商品

販売編
- ダレナゼ、販促方針（集客・接客・追客）

業務編
- バトンリレー図、業務方針（MD・SF・BY）

組織編
- 組織図、組織の取り組み（セルフ・ワーク・チームマネジメント）

ただし、全部カバーするのは大変なので、全体を視野に入れつつ、必要

な箇所から軽く作っていくのが現実的だと思います。

● ③「業務方針」を定める

過去と現在と、未来の大方針は経営者が書きます。経営者から各部署に対してのリクエストも書きます。その後、MDやSFやBYなどの各部署で、リーダーやメンバーが方針や計画として書いていきます。

会議をして話し合いながら進めましょう。最初は経営者が一人で考えて、次にマネージャーを巻き込んで考えます。上流から徐々に具体的な計画にし、合意ができたらその合意した内容を全社で発表します。

図64-1は、**業務方針の例**です。MD・SF・BYそれぞれの業務方針を文

図64-1 業務方針の例（MD業務部分を抜粋）

MD業務の方針

商品について

当社の中心カテゴリ
・トップス、ボトムス、アウターを中心カテゴリとする
・アクセサリー、小物は補完カテゴリとする

重点商品の定義
・MD担当は季節ごとの重点商品を決め、カレンダーに記入
・SF担当者と連携して、販売を強化する
・商品ページ制作や販促のための情報提供をする

巡回確認
・商品ランクAの商品と重点商品は、週1回以上点検する

在庫について

在庫数の設定はMD担当者の権限とし「商品ごとの在庫管理」を徹底する。

毎月のチェック
・MD担当は、商品ごとの在庫回転率を毎月チェックする
・年12回転以上で、値下げなしで売り切ることを目指す
・期末決算時に、在庫を○億円以内に抑える

設定の見直し
・適正在庫量と発注点を見直し、状況報告する
・不良在庫の処分・販売中止・メーカー取り寄せ化の検討も報告
・滞留商品は売り切る。所定の値引き率を超える場合は要決裁

章にまとめたものです。SF担当はどこまで値下げをしていいかとか、CS担当はどのような顧客対応をすべきかといった目安であり、このように動いてほしいというリーダーからの期待でもあります。

こういった定義がないと、メンバー全員が「それはちょっと社長に聞いてみないと分かりません」とお互いに言い合って会社全体のスピードが落ちていきます。社長待ちだというのは、メンバーにとってはある種ラクな状態ですが、EC事業は市場の変化が速いため、非常に危険です。

● ④「全社プロジェクト予定」を決める

各部署やプロジェクトの方針をまとめます。こういう理想を目指して現状がこうなので、今年はこれとこれとこれのプロジェクトを実行します、という話の流れになります。

ここでいうプロジェクトとは、例えば問い合わせの効率化・削減、新商品とか新しいシステムの導入、新しい工場や物流センターを作るとか物流委託するなどです。このプロジェクトは複数部署のメンバーが共同して遂行することになります。プロジェクト計画は法則47を参照してください。

経営方針の発表

経営計画書を作成したら、次は方針発表会の実施です。最初に経営者が発表して、その後の発表は各チームのリーダーが行うのが理想です。聞く側としては、全社員に参加してもらいます。取引先や金融機関などに発表する人もいます。

お互いが何をしているかを見られる状態になると、全社の見通しが良くなります。あの部署の人も頑張っているんだな、社長はこういう未来を見ているんだなということが伝わると望ましいです。仕事内容がガラス張り

になると、他のメンバーへの義理を果たすべく一人一人によりちゃんと働こうという思いも生まれると思います。**方針発表会で情報共有した後、毎週や毎月の全体会議でも進捗を共有**（法則48）します。

　試しにやってみてうまくいくようなら、それ以降、**計画書の作成と発表機会は、半年に１回などでルーチンの予定に組み込みます。**準備は大変ですが、経営者は自然と自分の頭を整理することになり、これが経営に安定をもたらします。

　人間ですから未来を見通すことは難しいですし、状況が変わる場合があります。だとしても何も言わないよりははるかに良いです。EC業界は変化が速いため、必要に応じて修正し、そのたびに修正点を共有していくとよいでしょう。

> **ワンポイント**
> 重要なのは完璧さではなく、まず始めることです。この本にあることを網羅的に１つの文書にざっと書いてみる。紙とペンを用意して、手書きでざっと書いてみると方針が出やすくなると思います。自分の頭の中を人に見せると、周りの人がサポートしてくれることがよくあります。私たちはコンサルタントなので経営方針に意見をしたり伴走できます。気軽にお問い合わせください！

みんなで「一隅」を照らそう

「あなたのお店は、実は世界一」という話をします。
　仮に、自分の店の売上が月50万円だとします。少ないと思うかもしれませんが、ゼロではありません。「売上がゼロではない」というのと、「世界一」というのは、実は同じ意味です。
「売上ゼロじゃない」なら、買ってくれた人がいます。例えば商品がアパレルなら「ユニクロじゃなく、あなたの店で買った」。ユニクロのコスパを知らないはずがないし、他にも良いお店はたくさんあるのに、あなたのお店で買っているわけです。すごいことです。

「そのお客さんは」世界のどの店でもなくあなたの店・商品がベストだと考えて買ったわけです。だから「世界一」。買ったお客さんの人数は少なくても、だからこそ何かの理由があるはず。
　その意味を、もっと大切にしませんか。例えば「どうしてもこういうデザインの服が欲しいけど、私すごく体が大きくて、他の店にはなくて、あなたの店だけにあったよ、ありがとう」というメッセージかもしれません。よく観察して、深掘っていきましょう。つまり本書の最初で紹介した「ダレナゼ」です。
　商売をしていると、他の誰かと比べがちです。それもよいですが、周りから言われる褒め言葉や、選んでくれた人を参考に、自分の強みを教えてもらうのもまた、良いものです。買う側にとっては、お店の大小ってあまり関係ないですよね。
　最澄という昔のお坊さんの言葉に「一隅（いちぐう）を照らす者、これ国の宝なり」というものがあります。一隅とは隅っこという意味です。私たち中小の事業者が、それぞれの分野を照らすことで、隅々まで明るい世の中になると筆者は信じています。
　小さくても、存在感のあるお店を目指しましょう。筆者も頑張ります。

ECマンダラ図について補足

　本書のマンダラは、5つの円からなります（下図）。フルサイズ版は16ページを参照して「特典ページ」からダウンロードしてください。

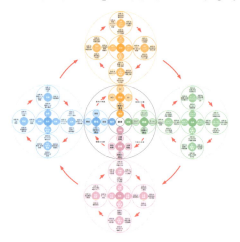

　真ん中にズームすると、以下の「EC経営全体」の円があります。中心に「経営」があり、周りには**経営の4要素「販売」「業務」「組織」「戦略」**があります。このレイアウトは、空海が平安時代に日本に持ち込んだ仏教の図解「曼荼羅（マンダラ）」が参考です。

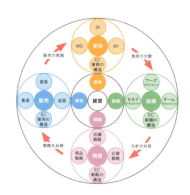

この図は、太陽が巡るような「時計回りで循環する構造」です。「販売」を実践するべく「業務」を行い、業務が忙しくなると「組織」を調整し、組織のメンバーに対して「戦略」を伝え、戦略を実践するべく「販売」が行われます。

　これは物事の「分類」と「サイクル」を同時に表現した図なんです。経営が各要素に分割され、上下左右で回りながら相互に影響するダイナミクスを表現しようと、わざわざマンダラの形にしました。

　1つ下の階層も同じ構造です（下図）。左側の「販売」の円の周囲でも、「EC販売の構造→集客→接客→追客」という時計回りのサイクルが回っていますよね。販売以外も同様です。

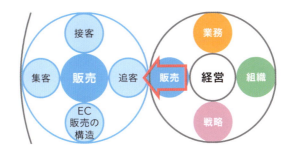

　経営とは、このように複数のプロセスが同時に回りつつ、相互に影響し合う構造を踏まえた活動だと考えます。だから、どこかのサイクルが停滞すると、バランスが悪くなるわけです。ご参考になりましたら幸いです。

あとがき

　私の「中小ECに対する思い入れ」を力説させてください。私は、ECを含む**中小規模の事業者には、社会的な存在意義がある**と信じています。

　現代の社会では、ECに限らず、GoogleやAmazonや楽天などの大手プラットフォーマーが「便利」を提供してくれています。ですが、**世の中を「豊か」にするのは、数多くの中小事業者です。豊かさとは、選択肢の広さ**だからです。あらゆるプラットフォームは「器」であり、その中で活躍する「中身」は、概ね中小事業者です。

　さらに、中小事業者は、社会に対して「豊かな選択肢」だけでなく、**「人の成長機会」**も提供しています。少数の大企業が便利なサービスを提供する現代では、大多数の人間が「お客さん側＝与えられる側」になりかねません。しかし**人には、役割と居場所が必要です。**人は、職場など集団の中で、自分の役割や持ち場を持ち、課題と向き合って工夫したり、他者と関わっていく中で成長します。そういった人が多いほうが、良い世の中になります。

　小さな事業であろうとも、その仕事は働き手の人生そのもので、そのように生み出された価値がお客さんの心を動かす。そういった中小事業ならでは存在感を発揮することで、私たちは、豊かな商売ができると信じています。

　この本が、皆さんの商売の助けとなることで、人の成長とより良い世の中に少しでも貢献できればと願っています。

謝辞

　この本の執筆にあたり、数多くの方に協力をいただきました。この場を借りて感謝を申し上げます。編集・DTPの宮崎さん、インプレスの渡辺さん、15年前は前任の編集者だった柳沼編集長。癖の強い筆者の意向を丁寧に扱って頂き、感謝申し上げます。

　コマースデザインのPJチームの山川さんと鈴木さん。お互いを慮りながら、各自の強みを発揮する素晴らしいチームでした。コンサルチームと、坂本の時間を捻出すべく頑張った皆さん、協力ありがとう。執筆を支援してくれた石黒くん、亀田くん、鳴瀬さん、槐さん。特に、増田さんと味藤さんの知識と情熱がなくては、この本は書けませんでした。

　うえぽんさん、長田さん、笹原さん、佐藤さん、慎ちゃん、寳さん、もっちーさん、ヨナイさん、丁寧なアドバイスと応援に心から感謝します。弊社支援先と研修受講生の皆さん、この本は皆さんとの対話の結晶です。事例に協力頂いた皆様もありがとうございました。

　妻であり、かつ共同経営者の川村さん。短期的な都合で後回しにされがちな我々の理想を、誰よりも大切に守り、育ててくれたおかげで、ここまで来ました。心から感謝します。最後に息子へ。我々大人はこんな感じで支え合って世の中を回していて、自分の役割があるのは大変だけど幸せなことです。いずれ自分らしい役割に出会える日を、楽しみにしてください。

　この謝辞を最後まで読んじゃったあなた、素敵な読者に恵まれて私は幸せです。いつかどこかでお会いしましょう！

索引

アルファベット

ABCDの法則	292
BEAFの法則	63
BY	101
CS	152
LTV	283
MD	101
OMS	105
ROAS	146
SEO	37
SF	101
UGC	27, 87, 90
ZMOT	96

あ

アップセル施策	70
意味性・独自性・継続性	251
売上方程式	32
追客	24, 26
追客系指標	35

か

旗艦店	313
企業戦略	263, 266
季節性商品	120
既存商品	124
強化理論	232
業務棚卸し	205, 208
クロスセル施策	69
限界利益	309
顧客研究	267

さ

衆議専決	226
集客	24, 25
集客系指標	35
収支構造	308
商品戦略	263, 264
商品マスタ	104
棲み分け構造	28
責任・権限一致の原則	226
接客	24, 25
接客系指標	35
損失回避バイアス	86

た・な

ダレナゼ	29
適正在庫	116
店舗戦略	263, 264
値上げ耐性	132

は

ハイブリッド型組織	215
バトンリレー構造	99
販促カレンダー	138
フック集客	36, 39, 53
プッシュ集客	36, 38, 48
ブラックオーシャン戦略	253, 256
プル集客	36, 37, 41

ま

問題解決思考	189
メガネ理論	174

ら

利益系指標	35
利益の単品管理	131
流通加工	161

著者プロフィール

坂本 悟史（さかもと・さとし）
コマースデザイン株式会社 代表取締役

楽天でのECコンサル・マーケ経験を経て、妻である川村と共に同社を設立。前著『売れるネットショップ開業・運営』は、ベストセラー。中小企業の実態を理解して寄り添うスタンスで、規模を問わず多くの店舗から高い評価を得る。ブログ「ECバカ一代」では、マニアックに業界動向を継続発信中。中小店舗の個性が活きる「豊かなEC業界」を本気で目指している。

コマースデザイン株式会社

EC事業コンサルティング会社。
販促・業務・組織・戦略の各テーマを横断したEC事業の経営全般を、クライアント個々の事情を踏まえた「壁打ち」と呼ばれる対話型コンサルで支援している。コンサルタントやメンバーの話しやすさに定評がある。業界内で注目を集める成功事例は多数。育成のためのEC研修やセミナー、ツールなどのサービスも提供。ブログ、X、YouTubeチャンネル（@CommerceDesign）などで最新情報を発信中。特に無料メルマガは人気で読者も多い。
公式サイト https://www.commerce-design.net/

STAFF

ブックデザイン	沢田幸平（happeace）
DTP・編集	宮崎綾子
作図	STUDIO d³、丸木由美
校正	株式会社聚珍社
デザイン制作室	今津幸弘
デスク	渡辺彩子
副編集長	田淵豪
編集長	柳沼俊宏

■商品に関する問い合わせ先

このたびは弊社商品をご購入いただきありがとうございます。本書の内容などに関するお問い合わせは、下記のURLまたは二次元バーコードにある問い合わせフォームよりお送りください。

https://book.impress.co.jp/info/

上記フォームがご利用いただけない場合のメールでの問い合わせ先
info@impress.co.jp

※お問い合わせの際は、書名、ISBN、お名前、お電話番号、メールアドレス に加えて、「該当するページ」や「具体的なご質問内容」「お使いの動作環境」を必ずご明記ください。なお、本書の範囲を超えるご質問にはお答えできないのでご了承ください。

●電話やFAXでのご質問には対応しておりません。また、封書でのお問い合わせは回答までに日数をいただく場合があります。あらかじめご了承ください。
●インプレスブックスの本書情報ページ https://book.impress.co.jp/books/1123101100 では、本書のサポート情報や正誤表・訂正情報などを提供しています。あわせてご確認ください。
●本書の奥付に記載されている初版発行日から3年が経過した場合、もしくは本書で紹介している製品やサービスについて提供会社によるサポートが終了した場合はご質問にお答えできない場合があります。

■落丁・乱丁本などの問い合わせ先
  FAX 03-6837-5023
  service@impress.co.jp

※古書店で購入された商品はお取り替えできません。

売れる！ EC事業の経営・運営
ネットショップ担当者、チームのための成功法則。

2024年10月21日　初版発行

著者　　坂本悟史・コマースデザイン株式会社
発行人　高橋隆志
編集人　藤井貴志
発行所　株式会社インプレス
　　　　〒101-0051　東京都千代田区神田神保町一丁目105番地
　　　　ホームページ　https://book.impress.co.jp/

本書は著作権法上の保護を受けています。本書の一部あるいは全部について(ソフトウェア及びプログラムを含む)、株式会社インプレスから文書による許諾を得ずに、いかなる方法においても無断で複写・複製することは禁じられています。

Copyright © 2024 Satoshi Sakamoto. All rights reserved.
印刷所　株式会社 暁印刷
ISBN978-4-295-02035-6　C0034
Printed in Japan